테마별 실무서 9

법인전환 세무

◈ 한국세무사회

발간사

　세무사는 공공성있는 세무전문가로 납세자권익 보호와 성실한 납세의무 이행에 이바지하는 사명이 있습니다. 이 때문에 세무사는 모름지기 높은 전문성과 책임성을 갖춰야 하고 이를 위한 연구와 교육은 아무리 강조해도 지나치지 않습니다.

　한국세무사회는 그동안 많은 세법책과 실무서를 발간하면서 회원의 전문성과 책임성을 함양하기 위해 노력해왔습니다. 하지만 회원보다는 관성적인 출판에 그치고 저자 편의가 앞서 사업현장의 회원님을 만족시키는데 부족함이 참 많았습니다.

　제33대 한국세무사회는 도서출판까지 혁신하여 사업현장의 회원들의 직무 요령, 리스크 관리 및 컨설팅기법 등을 망라해 회원들이 책상머리에 두고 수시로 회원을 돕는 '실사구시 지침서'를 어떻게 마련할지 고민해왔습니다.

　그 결과 세목별 기본서, 신고실무도 회원친화적으로 형식과 콘텐츠도 바꾸고 회원님이 전문적인 핵심직무를 수행할 때 유용한 길잡이가 될 '테마별 실무서 시리즈'를 새롭게 내게 되었습니다.

　'한국세무사회 테마별 실무서'는 사업현장에서 부딪히는 핵심주제 50개를 추출하고 각 테마마다 최고의 전문가가 참여하여 관계법령, 예규 및 판례의 나열 아닌 직무요령과 리스크 관리, 컨설팅 기법 등 권위있는 전문 집필자의 노하우까지 담아냈습니다.

　조세출판사에 큰 획을 그을 책이 될 '한국세무사회 테마별 실무서 시리즈'가 앞으로 개정과 증보를 거듭하면서 사업현장의 회원님을 최고의 조세전문가로 완성시키는 기념비적인 책이 되리라 믿어 의심치 않습니다.

　어려운 여건에도 남다른 열정과 전문성으로 '한국세무사회 테마별 실무서'가 탄생하는데 함께해주시는 집필진 세무사님과 한국세무사회 도서출판위원회 위원님께 고마움을 전합니다.

2025년 2월

한국세무사회 회장 구재이

CONTENTS

법인전환 세무

▶▶▶▶ **제1편 · 법인전환의 개요** ·· 15
- 01. 법인전환의 의의 ··· 15
- 02. 법인전환의 필요성/효과 ····································· 15
  - 1) 세제 혜택 ··· 16
  - 2) 책임의 범위 (유한 책임) ······························ 17
  - 3) 자본조달의 원활화 및 다양화 ······················· 17
  - 4) 세무조사 가능성 완화 ································ 17
  - 5) 사업승계 용이 (부의 이전) ·························· 18
- 03. 법인전환시 장단점 비교 ····································· 18
- 04. 법인전환의 필요성 판단 ···································· 19
  - 1) 법인전환의 불필요성 ·································· 19
  - 2) 법인전환의 부담 ······································· 19
- 05. 법인전환 조세지원 ·· 20
- 06. 법인전환의 유형 ··· 20
  - 1) 사업양수도 법인전환 ·································· 20
  - 2) 현물출자 법인전환 ···································· 20
  - 3) 중소기업 통합에 의한 법인전환 ···················· 21
- 07. 법인전환 시기 ·· 21
  - 1) 사업양수도 법인전환 ·································· 21
  - 2) 현물출자 법인전환 ···································· 21
  - 3) 중소기업 통합에 의한 법인전환 ···················· 21

CONTENTS

08. 법인전환 시 발생하는 비용 ·· 22
    1) 세금 관련 비용 ··· 22
    2) 법인설립 비용 ·· 22
    3) 세무 및 회계 비용 ·· 22
    4) 법무 비용 ··· 23
    5) 감정평가 비용 ·· 23

》》》 제2편 • 법인 신규설립 ·· 25
01. 회사의 구분 (상법상 5가지) ······································ 25
    1) 주식회사 ·· 26
    2) 유한회사 ·· 26
    3) 합명회사 ·· 26
    4) 합자회사 ·· 27
    5) 유한책임회사 ··· 27
02. 주식회사의 개요 ·· 28
    1) 주식회사 ·· 28
    2) 주식회사의 주요 장단점 ·· 30
    3) 주식회사의 설립 절차와 법적 요건 ······················ 30
03. 법인 설립유형 ·· 31
    1) 발기설립 ·· 31
    2) 모집설립 ·· 32

CONTENTS

- 04. 발기인의 구성과 책임 ··· 33
  - 1) 발기인 ·· 33
  - 2) 발기인의 자격 및 인원 ··· 33
  - 3) 발기인의 책임 ·· 33
- 05. 회사의 설립목적 및 상호 ··· 35
  - 1) 회사의 설립목적 ··· 35
  - 2) 회사 상호 ··· 35
- 06. 정관의 작성과 효력 ·· 37
  - 1) 정관의 역할 ··· 38
  - 2) 정관의 기재사항 ··· 38
  - 3) 정관의 효력발생 ··· 41
  - 4) 정관 작성 시 유의사항 ··· 41
  - 5) 정관의 효력 발생 시기와 조건 ····································· 41
  - 6) 정관 변경의 절차와 요건 ·· 41
  - 7) 정관의 효력과 법적 구속력 ··· 42
- 07. 발행주식의 종류 등 결정 ··· 43
  - 1) 주식발행사항 ··· 43
  - 2) 주식의 종류와 수의 결정 ·· 43
  - 3) 액면주식 발행 시 주식의 발행가액 등의 결정 ················ 43
  - 4) 무액면주식 발행 시 주식의 발행가액 등의 결정 ············· 43
- 08. 주식인수 및 출자이행 ·· 44
  - 1) 발기인의 주식인수 ·· 44
  - 2) 주식인수증 ··· 44
  - 3) 발기인의 인수가액 전액 납입 ····································· 44
  - 4) 주식 인수금 납입기관 ·· 45

CONTENTS

  5) 현물출자로 이행하는 경우 ·················· 45
  6) 주식인수금의 가장납입 문제 ················ 45
  7) 가장납입의 효력 ······························ 45
 09. 임원선임 및 설립경과 조사 ·················· 46
  1) 임원의 선임 ·································· 46
  2) 설립경과 조사 및 보고 ······················ 47
  3) 변태설립사항에 대한 검사인의 조사·보고 ········ 47
 10. 주식회사 설립등기 및 법인신고 ·············· 50
  1) 법인설립 등기 ································ 50
  2) 법인설립신고 및 사업자등록 (세무서) ········ 53
 11. 세금납부 및 소요비용 ·························· 54
  1) 등록면허세 납부 ······························ 54
  2) 등기수수료 ···································· 59
  3) 법무사 법정수수료 ···························· 59

》》》 제3편 · 사업양수도 법인전환 ·················· 61
 1) 법인전환 세무 한눈에 보기 ···················· 61
 2) 업무기준표 ······································ 63

3-1편. 서론 ·· 66
 01. 사업양수도 법인전환 방식의 의미 ············ 66
 02. 사업양도에 따른 부가가치세 과세문제 ········ 66
 03. 장점 ·· 70
 04. 단점 ·· 70

CONTENTS

3-2편. 세 감면 사업양수도 ····· 71

1장. 개요 ····· 71

2장. 조세지원 ····· 71
- 01. 양도소득세 이월과세 ····· 71
  - 1) 이월과세의 의미 ····· 71
  - 2) 신청절차 ····· 72
  - 3) 양도소득분 개인지방소득세 이월과세 ····· 72
- 02. 취득세 감면 ····· 73
  - 1) 취득세 감면 ····· 73
  - 2) 농어촌특별세 과세 ····· 73
- 03. 조세감면 등 승계 ····· 74
  - 1) 창업중소기업 및 창업벤처중소기업 ····· 74
  - 2) 수도권과밀억제권역 밖으로 이전하는 중소기업 등 ····· 76
  - 3) 미공제세액 승계 ····· 77

3장. 조세지원의 요건 ····· 80
- 01. 조세지원 대상업종 ····· 80
- 02. 전환당사자 : 거주자일 것 ····· 84
- 03. 개인 기업 대표자의 발기인 참여 요건 ····· 85
- 04. 개인 기업 대표자의 출자액 요건 ····· 86
- 05. 신설법인 자본금 요건 : 순자산가액 이상일 것 ····· 86
- 06. 사업의 포괄적 양도기한 ····· 92

07. 대상 자산 : 사업용 고정자산 요건 ·· 92
08. 이월과세적용신청서 제출 요건 ··· 100

4장. 조세지원의 사후관리 ·· 102
  01. 양도소득세 등 이월과세 규정의 사후관리 ······················ 102
    1) 법인이 거주자로부터 승계받은 사업을 폐지하는 경우 ··· 102
    2) 거주자가 법인전환으로 취득한 주식 또는 출자지분의
       50% 이상을 처분하는 경우 ·· 105
  02. 취득세 감면 규정의 사후관리 ··· 107

5장. 절차 ·· 108

6장 법인전환(사업양수도) 체크리스트 ······································ 121

7장 사례해설 ··· 123

3-3편. 일반 사업양수도 ··· 131
  01. 개요 ··· 131
  02. 절차 ··· 131
    1) 양도소득세 예정신고 ·· 131
    2) 양도소득세 확정신고 ·· 132

CONTENTS

〉〉〉 제4편 · 현물출자 법인전환 ·········· 139
   1) 법인전환 세무 한눈에 보기 ·········· 139
   2) 업무기준표 ·········· 141

1장 개요 ·········· 145
   01. 현물출자의 개념 ·········· 145
   02. 현물출자의 장점과 단점 ·········· 147
      1) 현물출자의 장점 ·········· 147
      2) 현물출자의 단점 ·········· 148

2장 조세지원 ·········· 149
   01. 양도소득세 등 이월과세 ·········· 149
      1) 이월과세의 의미 ·········· 150
      2) 신청절차 ·········· 150
      3) 양도소득분 개인지방소득세 이월과세 ·········· 150
   02. 취득세의 감면 등 ·········· 151
      1) 취득세 감면 ·········· 151
      2) 농어촌특별세 과세 ·········· 152
      3) 국민주택채권의 매입면제 ·········· 152
   03. 조세감면 등 승계 ·········· 153
      1) 창업중소기업 및 창업벤처중소기업 ·········· 153
      2) 수도권과밀억제권역 밖으로 이전하는 중소기업 등 ·········· 155
      3) 미공제세액 승계 ·········· 156

3장 조세지원의 요건 ·········· 159
   01. 조세지원 대상업종 ·········· 159
   02. 전환당사자 : 거주자일 것 ·········· 162

03. 현물출자 이행 요건 ··· 163
04. 신설법인 자본금 요건 : 순자산가액 이상일 것 ············· 164
05. 대상 자산 : 사업용 고정자산 요건 ······························· 169
06. 이월과세적용신청서 제출 요건 ····································· 178

4장 조세지원의 사후관리 ··· 180
01. 양도소득세 등 이월과세 규정의 사후관리 ··················· 180
   1) 법인이 거주자로부터 승계 받은 사업을 폐지하는 경우 ··· 180
   2) 거주자가 법인전환으로 취득한 주식 또는 출자지분의
      50% 이상을 처분하는 경우 ······································· 186
02. 취득세 감면 규정의 사후관리 ······································· 188

5장 절차 ··· 190

6장 법인전환(현물출자) 체크리스트 ································ 201

7장 사례해설 ·· 205

>>>> 제5편 ● 중소기업 통합 법인전환 ······························ 219
1) 법인전환 세무 한눈에 보기 ··· 219
2) 업무기준표 ··· 221

1장. 중소기업 통합 법인전환 의의 ····································· 224
01. 중소기업 통합 법인전환의 개요 ··································· 224
02. 중소기업 통합의 장점 및 단점 ····································· 224
   1) 장점 ··· 224

CONTENTS

   2) 단점 ·· 225
  03. 중소기업 통합방법의 결정 ······················· 225
   1) 개인중소기업간의 통합 ························· 226
   2) 개인기업과 법인기업의 통합에 의하여 법인을
    설립하는 경우 ····································· 226
   3) 개인기업이 법인기업에 흡수통합되는 경우 ········ 227

2장 조세지원 ··· 229
  01. 양도소득세의 이월과세 ··························· 229
   1) 이월과세의 의미 ································· 229
   2) 신청절차 ··· 230
   3) 양도소득분 개인지방소득세 이월과세 ········ 230
  02. 취득세의 감면 등 ·································· 231
   1) 취득세 감면 ······································ 231
   2) 농어촌특별세 과세 ····························· 231
  03. 조세감면 등 승계 ·································· 232
   1) 창업중소기업 및 창업벤처중소기업 ········ 232
   2) 수도권과밀억제권역 밖으로 이전하는 중소기업 등 ···· 234
   3) 미공제세액 승계 ································ 235

3장 조세지원의 요건 ·································· 238
  01. 조세지원 대상업종 ································ 238
  02. 통합 당사자의 범위 ······························· 242
   1) 중소기업기본법에 의한 중소기업의 범위 ········ 242
   2) 소유와 경영의 실질적인 독립성 ·············· 246
   3) 규모 확대 등에 대한 중소기업 유예기간 적용 ········ 247

CONTENTS

    03. 통합 범위의 요건 ·· 249
        1) 사업장별 통합 ·· 249
        2) 주된 자산 승계 요건 ······································ 250
        3) 사업의 동일성 유지 ······································· 250
        4) 법인사업자 1년 이상 운영 ··························· 255
    04. 소멸되는 사업장의 중소기업자 요건 ··················· 256
    05. 취득하는 주식 : 순자산가액 이상일 것 ············· 257
    06. 대상 자산 : 사업용 고정자산 요건 ···················· 261
    07. 이월과세적용신청서 제출 요건 ···························· 269

4장 조세지원의 사후관리 ·· 271
    01. 양도소득세 등 이월과세 사후관리 ···················· 271
        1) 통합법인이 승계받은 사업을 폐지하는 경우 ············· 271
        2) 해당 중소기업인이 통합으로 취득한 주식 또는
           출자지분의 50% 이상을 처분하는 경우 ············· 271
    02. 취득세 감면 규정의 사후관리 ···························· 273

5장 절차 ·· 275

6장. 법인전환(중소기업통합) 체크리스트 ···························· 287

7장 중소기업 통합에 의한 법인전환의 사례해설 ············ 291

>>> **제6편 영업권 평가 등** ··· 305
　01. 영업권의 개념 ··· 305
　02. 영업권의 평가 ··· 306
　　1) 영업권의 시가 ··· 306
　　2) 시가가 불분명한 경우 ··· 306
　03. 영업권 평가 실무 절차 ··· 308
　　1) 개인사업자 결산 ··· 308
　　2) 영업권 가평가 및 예상 세액 검토 ····································· 308
　　3) 영업권 본 평가 후 법인전환 ·· 308
　04. 영업권 세무처리 ··· 309
　　1) 법인의 영업권 세무처리 ··· 309
　　2) 개인의 영업권 세무처리 ··· 311
　05. 영업권 관련 주요 예규판례 ··· 312

제1편

법인전환의 개요

01 법인전환의 의의

　개인기업의 법인전환은 개인이 운영하던 사업체를 법인으로 전환하는 과정을 말한다. 사업의 구조, 책임 범위, 세금 혜택 등을 보다 효율적으로 관리하기 위한 목적에서 이루어진다.

　개인기업이 법인으로 전환될 때는 기업의 소유와 경영이 분리되며, 기업경영상 권리·의무의 주체가 개인 중심에서 법인으로 조직형태가 변경된다. 법인전환을 통해 회사는 법적으로 독립된 존재로 인정받으며, 사업 운영 및 책임에 있어 다양한 법적 및 재정적 혜택을 누릴 수 있다.

　법인전환을 위해서는 경우에 따라 시가평가, 감정평가, 법원의 심사 등 복잡한 절차를 거쳐야 하며, 전환 시 발생하는 세금 및 수수료 등의 비용도 고려해야 한다.

02 법인전환의 필요성/효과

　법인전환은 주로 세제 혜택, 사업 확장과 리스크 관리의 필요성에서 이루어진다.

개인사업자로 사업을 시작하는 것이 초기에는 용이하지만 일정 규모 이상으로 사업이 성장하게 되면 법인전환의 필요성이 커진다. 그 이유는 다음과 같다.

1) 세제 혜택

법인으로 전환할 경우 세금 혜택은 고려할 중요한 요소이다. 법인세율과 소득세율의 차이로 인해 동일한 이익을 내는 기업의 경우, 법인이 세금 측면에서 유리할 수 있어 법인전환 시 세금 절감을 기대할 수 있다.

개인사업자의 종합소득세는 최고 45%의 누진세율이 적용되기 때문에, 성공적으로 사업을 운영하여 매출이 오를수록 소득의 절반을 세금으로 부담해야 한다는 점이 기업의 리스크로 작용할 수 있다. 반면 법인은 법인세율을 적용받아 세율 구조가 유리할 수 있다. 법인은 비용 처리나 이익 분배에서 더 많은 선택권을 가질 수 있기 때문에 세금 부담을 전략적으로 줄이는 데 도움이 된다.

예를 들어, 법인 대표로서 월급이나 배당을 통해 수익을 분배하면 세금을 효율적으로 관리할 수 있게 된다. 2024년을 기준으로 개인사업자의 소득세율과 법인의 법인세율을 과세표준을 기준으로 하면 다음과 같다.

과세표준	개인의 종합소득세 세율	법인세 세율
1,400만원 이하	6%	9%
1,400만원 초과 ~5,000만원 이하	15%	
5,000만원 초과~8,800만원 이하	24%	
8,800만원 초과~1억5천만원 이하	35%	
1억5천만원 초과~2억원 이하	38%	
2억원 초과~3억원 이하	38%	19%
3억원 초과~5억원 이하	40%	
5억원 초과~10억원 이하	42%	
10억원 초과~200억원 이하	45%	
200억원 초과~3,000억원 이하	45%	21%
3,000억원 초과		24%

2) 책임의 범위 (유한 책임)

개인기업에서는 경영자가 사업에서 발생하는 모든 채무와 손실에 대해 무한책임을 진다. 사업이 실패할 경우, 경영자의 개인 자산까지 법적 문제에 휘말릴 위험이 있음을 의미한다.

반면, 법인은 경영자와 분리된 독립된 법적 실체이기 때문에, 법인의 주주나 임직원은 법인의 부채에 대해 개인적인 책임을 지지 않는다. 법인의 부채는 해당 법인이 법인 이름으로 소유한 자산으로 변제하면 그만이다. 이는 개인사업자의 무한책임에 비해 큰 장점이다.

이러한 책임의 제한은 사업 규모가 커지면서 법적 리스크가 증가할 때 특히 중요해진다. 법인으로 전환하면 사업 실패 시 경영자의 재정적 부담이 줄어들어, 리스크를 더 효율적으로 관리할 수 있다.

3) 자본조달의 원활화 및 다양화

개인기업에서 법인으로 전환하면 투자 유치가 훨씬 용이해진다. 신뢰성 있는 법적 실체를 갖추게 되면 외부 투자자나 파트너들과의 관계에서 신뢰를 높일 수 있고, 금융기관으로부터 대출을 받을 때도 더 유리한 조건을 제시받을 수 있는 경우가 많다. 법인은 안정된 사업체로 평가되기 때문에, 더 큰 자본을 빠르게 조달하는 데 도움을 준다.

또한 개인기업은 투자자들이 자본을 투입하기에 한계가 있지만, 법인은 주식이나 채권을 발행할 수 있기 때문에 외부로부터 자본을 조달할 수 있다. 이를 통해 대규모의 자본을 유치하여 사업 확장에 필요한 재원을 마련하는 것이 용이하다.

4) 세무조사 가능성 완화

법인은 회계기준에 따라 재무제표를 작성하고 공시해야 한다. 외부 감사나 세무대리인을 통해 재무제표가 검증될 수 있으며, 일정 규모 이상일 경우 외부 회계 감사가 의무화된다. 이러한 체계적이고 투명한 회계 처리로 인해, 세무 당국이 법인의 수입·지출 내역을 쉽게 파악할 수 있어 의심될 여지가 적다.

개인사업자와 달리 사업에서 발생한 이익이나 자산의 흐름을 명확하게 관리할 수 있기에 회계의 투명성, 엄격한 세금 신고와 납부 절차, 자산 구분의 명확성, 체계적인 세무 관리, 구조화된 사업 형태 등을 통해 세무조사 가능성이 낮아지는 경향이 있다. 이러한 특성 덕분에 법인의 세무 관리가 상대적으로 더 신뢰할 수 있다고 판단하게 되는 것이다.

5) 사업승계 용이 (부의 이전)

개인사업자의 경우 사망이나 은퇴 시 사업 승계가 복잡할 수 있으나 법인사업자는 지분 양도, 세제 혜택, 자산 구분의 명확성, 안정된 지배구조, 재무적 안정성 등의 이점을 통해 개인사업자에 비해 사업 승계가 더 유리하다. 이러한 이유로 많은 기업이 법인 형태로 사업을 운영하고, 승계 시 법인의 구조적 장점을 적극 활용한다.

법인은 주식이나 지분을 소유하는 형태이기 때문에, 승계 시 주식 양도를 통해 소유권을 이전할 수 있다. 주식을 양도하면 경영권과 소유권이 함께 승계되므로, 사업의 연속성을 유지할 수 있다. 또한 법인은 승계 시 여러 세제 혜택을 활용할 수 있는데, 가업승계공제와 같은 세제 지원 제도를 통해 상속세나 증여세 부담을 완화할 수 있다.

03 법인전환시 장단점 비교

항목	장점	단점
책임	유한책임 : 주주나 출자자는 투자한 금액만큼의 책임만 지고, 개인 자산이 보호된다.	책임은 제한되지만, 경영 실패 시 회사 자산으로만 채무를 변제해야 하므로 자산 부족 시 회생이 어려울 수 있다.
세금	법인세 혜택 : 법인세율이 적용되어 세금 부담이 경감될 수 있다. 다양한 비용처리를 통한 절세가 가능하다.	이중과세 문제 : 법인의 이익을 분배 및 배당 할 때 법인세와 근로소득세, 배당소득세를 모두 부담해야 하는 이중과세가 발생할 수 있다.
자본조달	자본 조달 용이 : 주식 발행을 통해 외부 투자자로부터 대규모 자본을 유치할 수 있다. - 대출 및 투자 유치가 쉬워진다.	외부 자본의 유치로 인해 경영권 분산 및 의사결정 과정이 복잡해질 수 있다.

항목	장점	단점
신용도	법인 형태의 회사는 대외 신용도가 높아지며, 금융기관에서의 대출이 용이하다.	법인의 신용도는 회사 자체의 재무 상태에 따라 좌우되므로, 재무구조가 악화되면 신용도가 낮아질 수 있다.
지속성	법인은 영속성이 인정되어, 경영자의 변경이나 사망에도 지속적으로 운영될 수 있다.	법인의 지속성에도 불구하고 경영권 분쟁이나 주주 간의 갈등이 발생할 수 있다.
운영	소유와 경영의 분리 : 전문 경영인을 선임하여 경영 효율성을 높일 수 있다.	주주총회, 이사회 등 의사결정 절차가 복잡하고, 경영 효율성이 떨어질 수 있다.
사업승계	주식이나 지분을 통한 사업 승계가 용이해지며, 기업의 장기적인 운영 계획을 수립할 수 있다.	승계 시 주식 가치 평가, 세금 문제 등 복잡한 절차를 거쳐야 하며, 비용 부담이 발생할 수 있다.

04 법인전환의 필요성 판단

1) 법인전환의 불필요성

소규모 개인기업의 경우 법인전환이 오히려 불필요하거나 기업활동에 제약이 될 수 있다. 소규모 기업의 경우 세 부담은 법인보다 개인기업으로 유지하는 것이 더 유리할 수 있다.

2) 법인전환의 부담

법인전환을 위한 비용 부담과 절차의 복잡성이 주된 걸림돌로 작용한다. 법인전환 시 부동산 명의 이전에 따른 양도소득세, 취득세, 등록면허세 등의 세금과 법무사 수수료, 감정평가 보수 등 다양한 비용이 발생하며, 절차 또한 복잡하여 많은 시간과 노력이 필요하다.

05　법인전환 조세지원

　법인전환을 장려하기 위해 조세특례제한법을 통해 법인전환에 대한 조세 지원을 제공하고 있다. 법인전환 시 발생하는 세금 부담인 양도소득세, 취득세 등은 일정 요건을 충족할 경우 이월과세 또는 감면받을 수 있다.

　또한 개인사업자의 이월결손금 및 세액감면, 세액공제 혜택을 법인으로 승계 할 수 있으며, 영업권 평가시 세무상 무형자산으로 계상하여 법인의 자본구조와 재무 건전성을 향상시키는 데 도움이 된다. 무형자산으로 계상된 영업권은 법정 감가상각 기간에 따라 상각하여 세금 절감 효과를 제공하는 등 이러한 세제 혜택을 통해 법인전환에 소요되는 비용을 절감할 수 있다.

06　법인전환의 유형

　개인사업자가 법인 형태로 확장하거나 사업 인수할 때 활용되는 법인전환의 유형에는 사업양수도 법인전환, 현물출자 법인전환, 그리고 중소기업 통합에 의한 법인전환이 있으며, 각 방식은 자산 이전, 세무 처리, 법적 절차에서 차이가 있으며, 이러한 점을 고려해 적절한 법인전환 방식을 선택해야 한다.

1) 사업양수도 법인전환

　기존의 개인사업자가 운영하던 사업체의 자산, 부채, 영업권 등 모든 권리와 의무를 법인에게 양도하여 법인을 설립하는 방식이다. 사업양수도 법인전환은 사업의 모든 권리와 의무를 법인에 양도하는 방식으로, 양도차익 과세와 자산 이전 비용이 발생할 수 있다.

2) 현물출자 법인전환

　개인사업자가 소유한 자산인 부동산, 설비 등을 현물로 출자하여 법인을 설립하는 방식이다. 출자한 자산을 법인의 자본으로 인정받는다. 개인사업자가 보유한 자산을 활용하므로 현금을 별도로 준비하지 않아도 법인설립이 가능하다.

3) 중소기업 통합에 의한 법인전환

중소기업들이 통합하여 하나의 법인으로 전환하는 방식이다. 기존의 개별 사업체들이 통합되어 법인을 설립함으로써 규모의 경제와 경영 효율성을 확보할 수 있다. 규모가 작은 중소기업들이 합병을 통해 법인을 설립하고, 경쟁력을 강화하고자 할 때 활용된다.

07 법인전환 시기

법인전환은 전환 방식에 따라 적절한 시점이 달라지며, 각 유형마다 고려할 요소가 다르므로 사업의 재무 상태와 시장 상황을 신중하게 평가한 후 적절한 시기를 선택하는 것이 중요하다.

1) 사업양수도 법인전환

매출이 안정적으로 유지되는 시점, 또는 새로운 사업 기회를 모색하는 시기가 적당하다. 개인사업자의 자산과 부채를 법인으로 양도하는 절차가 포함되기 때문에, 사업 실적이 일정 수준으로 유지되고 있을 때 전환하는 것이 좋다. 법인이 출발할 때부터 안정적인 재무 상태를 유지할 수 있다. 또한, 주요 거래처와의 계약이 변경될 가능성이 있는 경우, 계약 갱신 시점에 맞춰 전환하면 혼란을 줄일 수 있다.

2) 현물출자 법인전환

자산 가치가 높은 시기, 특히 부동산이나 기계설비 등 자산의 평가액이 높은 시점이 적절하다. 현물출자 방식은 자산을 평가하여 법인 자본금으로 출자하는 것이므로, 자산 가치가 높을 때 전환하면 법인의 자본금을 높이는 데 유리하다. 또한, 법인설립 이후 세무상 감가상각을 고려할 때 자산 가치가 높은 시기에 출자하는 것이 절세 효과를 극대화할 수 있다.

3) 중소기업 통합에 의한 법인전환

두 개 이상의 기업이 통합할 때, 시너지 효과가 기대되는 시점이 적합하다. 중소기업 통합에 의한 법인전환은 사업 확장이나 시장 점유율 확대를 목표로 할 때 많이 이루어진다. 따라서 통합으로 인한 비용 절감이나 기술적 협업 등의 효과가 극대화될 수 있는 시기를 선택하는 것이 중요하다. 또한, 시장 상황이나 정부의 지원 정책 등을 고려하여 결정할 수 있다.

08 법인전환 시 발생하는 비용

법인전환 시에는 다양한 비용이 발생하며, 이는 전환 방식에 따라 달라질 수 있다. 법인전환에 수반되는 주요 지출 항목은 다음과 같다.

1) 세금 관련 비용

① 양도소득세 : 개인사업자가 보유한 부동산 등 자산을 법인에게 양도할 때 발생한다.
② 취득세 : 법인이 자산을 취득할 때 발생하는 세금으로, 자산의 종류와 가액에 따라 다르게 책정된다.
③ 등록면허세 : 법인설립 및 자산 등록 시 부과되는 세금이다.
④ 부가가치세 : 자산 양도 시 부가가치세가 발생할 수 있으며, 자산 종류에 따라 다르다.

2) 법인설립 비용

① 등록수수료 : 법인설립 등기를 위해 법원이나 관할 관청에 지급해야 하는 수수료이다.
② 공증 비용 : 정관 등의 서류를 공증받기 위해 발생하는 비용이다. 해당 서류가 법적 요구 사항을 충족하고 있음을 보장하는 역할이다.
③ 상호등록비 : 상호를 등록하기 위한 비용으로 향후 발생할 수 있는 상호 사용에 관한 분쟁을 예방하는 데 도움이 된다.
④ 기타 행정 비용 등 : 필요에 따라 각종 서류를 발급받거나 제출할 때 비용이 발생할 수 있으며, 사무실 임대, 비품 구매 등 초기 운영을 위한 비용이 포함될 수 있다.

3) 세무 및 회계 비용

① 세무자문 수수료 : 법인전환 컨설팅으로 법인전환 관련 세무계획 수립 및 전략 수립

에 대한 자문 비용이다.
② 세무 신고 대행 수수료 : 법인설립 및 법인전환 후 발생하는 세무 신고 대행 시 발생하며 양도소득세, 부가가치세, 법인세 신고 등이 있다.
③ 회계 장부 작성 비용 : 법인전환 후 세무 처리 및 회계 장부를 작성하고 유지하는데 필요한 비용이다.

4) 법무 비용

① 법무사 수수료 : 법인설립 및 사업 양수도 계약 등 법적 절차를 진행하기 위해 법무사에게 지급하는 보수이다.
② 변호사 수수료 : 복잡한 법률문제나 계약 사항에 대한 자문을 받을 경우 지급한다.

5) 감정평가 비용

① 자산 평가비 : 현물출자 등으로 자산을 법인에 출자할 때 자산의 가치를 평가하기 위해 감정평가사에게 의뢰할 경우 발생하는 비용이다.

법인전환은 초기 비용이 발생하지만, 장기적으로 세금 절감 및 사업 확대의 기회를 제공할 수 있으므로, 전체적인 비용을 고려하여 전략적으로 진행하는 것이 중요하다.

제2편 법인 신규설립

[법인설립 구성 단계]

1단계 : 설립할 회사 정하기

2단계 : 발기인 구성

3단계 : 설립목적 및 회사상호

4단계 : 발기인의 정관작성

5단계 : 주식발행사항의 결정

6단계 : 주식인수 및 출자이행

7단계 : 임원선임 및 설립결과조사

8단계 : 주식회사 설립등기 및 사업자 신고

01 회사의 구분 (상법상 5가지)

상법상 법인회사는 주식회사, 유한회사, 합명회사, 합자회사, 유한책임회사로 나뉘며, 각 회사는 법적 성격과 책임 구조가 다르다. 법인설립 시 이들 회사 형태의 차이를 이해하고, 기업의 목적과 경영 스타일에 맞는 형태를 선택하는 것이 중요하다.

1) 주식회사

주식회사는 1인 이상의 주주로 구성되며, 주주는 회사의 채권자에게 직접적인 책임을 지지 않고, 자신이 보유한 주식의 인수가액 범위 내에서만 간접적으로 유한책임을 부담한다.

주식회사에는 여러 주주들이 참여하므로, 중요한 의사 결정을 내리기 위해 주주총회가 정기적으로 개최된다. 또한, 회사의 운영을 위해 이사회와 대표이사가 업무를 집행하며, 이들의 직무를 감독하기 위해 감사 등 감사 기관이 존재한다. 감사는 이사의 직무를 감시하고, 회사의 업무와 재산 상태를 조사한다.

주식회사는 주식을 통해 자본을 모으는 방식으로 자본 집중이 용이하고, 주주가 유한책임을 지므로 사업 실패에 대한 위험 부담이 적은 편이다. 이러한 이유로 주식회사는 공동기업 형태로 많이 활용되며, 우리나라에서 약 94%의 법인이 주식회사 형태를 취하고 있다. 대규모 자본이 필요한 사업, 투자자와의 이해관계가 명확해야 하는 경우, 상장 계획이 있는 기업에 적합하다.

2) 유한회사

유한회사는 1인 이상의 사원으로 구성되며, 사원은 주식회사와 마찬가지로 회사 채권자에 대해 직접적인 책임을 지지 않고 자신이 출자한 금액 범위 내에서만 유한책임을 부담한다.

유한회사의 조직은 주식회사와 비슷하지만, 이사회가 존재하지 않고 사원총회에서 업무를 수행할 이사 및 회사 대표를 선임하는 방식으로 운영된다. 선임된 이사는 정관이나 사원총회 결의에 특별한 규정이 없을 경우 각자 회사의 업무를 집행하고 회사를 대표할 권한을 갖는다.

유한회사는 비공개적이고 폐쇄적인 구조를 가지며, 주식회사에 비해 설립 절차가 간단하고 사원총회 소집 절차도 간소하다는 특징이 있다. 사원총회와 대표이사로 경영 구조가 단순하여 가족기업이나 소규모 사업체, 자본 유지보다는 안정적 경영이 중요한 경우에 적합하다.

3) 합명회사

합명회사는 2인 이상의 무한책임사원으로 구성되며, 무한책임사원은 회사에 출자의무를 지고, 회사 채권자에 대해서는 직접적이고 연대하여 무한책임을 부담한다.

무한책임사원은 합명회사의 업무를 집행하며, 업무집행을 전담할 사원을 별도로 지정할 수 있다. 만약 특정 사원을 업무집행사원으로 정하지 않았다면, 모든 사원이 회사를 대표하게 된다. 여러 명의 업무집행사원을 선임한 경우에는 각 업무집행사원이 회사를 대표할 수 있다.

사원 간의 신뢰가 매우 중요한 회사 형태이다. 주로 전문직 종사자들이 공동으로 사업을 운영할 때 사용한다. 소규모 전문 서비스 제공, 사원 간 신뢰가 필수적인 사업에 적합한 편이다.

4) 합자회사

합자회사는 1명 이상의 무한책임사원과 1명 이상의 유한책임사원으로 구성된다. 무한책임사원은 회사 채권자에게 직접적이고 연대하여 무한책임을 지는 반면, 유한책임사원은 일정 금액을 출자할 의무만 부담하고, 그 출자가액 중 이미 이행된 부분을 제외한 금액을 한도로 책임을 진다.

무한책임사원은 특별한 정관 규정이 없는 한 각자가 회사의 업무를 집행할 권리와 의무를 가지며, 유한책임사원은 대표권이나 업무집행권은 없지만 회사의 업무와 재산 상태를 감시할 권리를 갖고 있다.

무한책임사원의 결단력과 유한책임사원의 자본 투자를 결합할 수 있다. 파트너십 경영이 필요한 사업, 외부 자본 유치가 필요하지만, 경영권은 유지하고 싶은 경우에 적합한 회사 형태이다.

5) 유한책임회사

유한책임회사는 사적 자치가 널리 인정되는 조합의 성격을 가지면서 사원의 유한책임이 보장되는 기업 형태로, 사모 투자펀드나 벤처기업 같은 신생 기업에 적합하도록 설계된 회사 유형이다. 공동기업의 형태를 취하면서도 유한책임이 가능한 기업에 대한 수요를 반영하여 도입된 회사의 형태이다.

유한책임회사는 1인 이상의 유한책임사원으로 구성되며, 이들은 출자금액 한도 내에서만 간접적이고 유한한 책임을 진다. 회사를 대표하는 사람은 업무집행자로, 정관에 사원 또는 외부 인사를 업무집행자로 지정해야 한다. 또한, 정관이나 모든 사원의 동의를 통해 둘 이상의 업무집행자가 공동으로 회사를 대표하도록 정할 수도 있다.

모든 사원이 출자액에 한해 책임을 지며, 법인의 특성과 파트너십의 유연성을 결합한 회사 형태이므로 벤처 기업이나 스타트업에서 선호하는 구조이다.

02 주식회사의 개요

상법에 규정된 5가지 회사 형태 중 우리나라에선 약 94%의 법인이 주식회사 형태를 취하고 있다. 가장 일반적인 기업 형태로 자리 잡은 주식회사에 대해 구체적으로 알아보겠다.

1) 주식회사

주식회사는 자본을 주식으로 나누어 출자자가 주주가 되는 회사로, 주주들은 자신이 인수한 주식의 금액 한도 내에서만 회사 채무에 대해 책임을 지게 된다. 주식의 소유권은 양도가 자유로워 주주의 출입이 용이하고, 자본 조달의 유동성이 높다.

주식회사 형태로 신규 법인을 설립하는 것이 많은 이유는 주식회사가 자본 조달의 용이성과 경영의 유연성, 주주의 책임 제한 등 여러 가지 측면에서 효율적인 법인 형태이기 때문이다.

(1) 자본금과 주식

① 자본금

회사의 자본금은 발행된 주식의 액면가 총합으로 구성된다. 자본금은 회사 설립 시와 이후 증자 등을 통해 조달되며, 자본금의 증가 또는 감소는 법적 절차를 통해 가능하다.

* 법인 최저자본금 제도는 2009년 상법 개정으로 폐지되었다. 그전까지는 법인설립 시 일정한 최소 자본금이 필요하였으나 최저자본금 제도 폐지로 소규모 창업자들의 법인설립이 용이해졌다.

② 주식

주식은 회사의 지분을 의미하며, 주식의 양도를 통해 쉽게 소유권을 이전할 수 있다.

주주는 주식을 통해 회사의 이익 배당과 잔여재산 분배에 참여할 권리를 가진다.

(2) 주주의 책임 제한

주식회사의 주주는 회사의 채무에 대해 출자한 금액 한도 내에서만 책임을 지며, 회사의 부채가 증가해도 주주의 개인 자산은 보호된다.

(3) 이사회와 경영

주식회사는 이사회를 통해 경영이 이루어지며, 이사회는 회사의 중요한 경영 사항을 결정한다. 이사회의 의장인 대표이사는 회사의 업무를 총괄하여 운영한다.

(4) 의사결정 구조

① 주주총회

주식회사의 최고 의사결정 기관으로, 회사의 주요 사항(정관 변경, 이사 선임 등)을 결정한다.

② 이사회

회사의 일상적인 경영을 책임지며, 주주총회의 위임을 받아 중요한 사항을 결의한다.

(5) 이익 배당

주식회사는 영업활동을 통해 발생한 이익을 주주들에게 배당할 수 있다. 배당은 주식 수에 비례하여 지급되며, 주주총회에서 결정된다.

(6) 법적 규제와 공시

주식회사는 법적 요건에 따라 정관을 작성하고, 주식 발행, 재무제표 공시 등 여러 규제를 준수해야 한다. 상장된 주식회사는 특히 금융감독원과 증권거래소의 공시 규정을 따라야 한다.

2) 주식회사의 주요 장단점

장점	단점
가. 자본 조달 용이성 : 주식 발행을 통해 대규모 자본을 신속히 조달할 수 있다. 나. 투자 유동성 : 주식의 양도가 자유로워 투자 회수가 용이하고, 자본의 유동성이 높다. 다. 경영과 소유의 분리 : 주주가 직접 경영에 참여하지 않아도 되며, 전문 경영인을 통해 경영을 위임할 수 있다 라. 지속 가능성 : 주주의 교체가 경영에 큰 영향을 미치지 않으므로 회사의 지속성이 높다.	가. 복잡한 설립 절차 : 발기인, 정관 작성, 주식 발행 등의 복잡한 절차가 요구된다. 나. 규제 준수 부담 : 공시 의무, 회계 감사, 주주총회 개최 등 다양한 법적 규제를 준수해야 한다. 다. 이해관계 조정의 어려움 : 주주 간, 또는 주주와 경영진 간의 이해관계 충돌이 발생할 수 있다. 라. 비용 부담 : 설립 및 운영 과정에서 법적, 행정적 비용이 많이 발생한다.

3) 주식회사의 설립 절차와 법적 요건

주식회사의 설립은 여러 단계로 구성되며, 법적 요건을 충족해야 한다. 주요 절차는 다음과 같다.

(1) 발기인 구성 및 정관 작성

최소 1인 이상의 발기인이 필요하며, 발기인은 회사 설립을 주도한다. 정관에는 회사의 목적, 상호, 자본금, 주식 발행에 관한 사항이 포함된다.

(2) 자본금 납입

발기설립의 경우 발기인들이 모든 주식을 인수하고, 모집설립의 경우 발기인 일부와 외부 투자자가 주식을 인수하여 자본금을 납입한다.

(3) 설립 총회 및 이사 선임

모집설립의 경우 설립 총회를 통해 이사, 감사 등을 선임하고, 정관 및 설립 과정을 승인한다.

(4) 설립 등기

상업 등기소에 설립 등기를 함으로써 법인으로서의 주식회사가 성립된다.

주식회사는 그 특성상 대규모 자본을 필요로 하는 다양한 산업 분야에서 활용되며, 현대 경제의 주요한 기업 형태로 자리 잡고 있다. 회사 설립 시 주식회사의 특성과 운영 구조를 충분히 이해하고, 회사의 목적과 상황에 맞는 설립 전략을 세우는 것이 중요하다.

03 법인 설립유형

주식회사 설립 과정에서 자본을 어떻게 조달하는지에 따라 발기설립과 모집설립으로 구분할 수 있다.

구분	발기설립	모집설립
자본조달	발기인 전원이 주식 인수	발기인 일부 주식 인수, 나머지는 일반 대중 모집
절차	간단하고 신속	복잡하고 시간이 걸림
경영통제	발기인이 모든 지분을 보유하여 완전한 경영 통제	외부 주주의 참여로 경영 통제권이 분산될 수 있음
자본 규모	소규모 자본 조달에 적합	대규모 자본 조달이 가능
위험 분산	발기인이 모든 위험 부담	외부 주주 참여로 위험이 분산됨

1) 발기설립

발기설립은 회사 설립 시 발기인이 설립에 필요한 모든 주식을 인수하여 자본금을 조달하는 방식이다. 발기인만으로 설립이 가능하며, 외부 투자자를 모집하지 않는다.

발기인만 주식을 인수하므로 설립 절차가 간단하고, 설립 비용이 상대적으로 적다. 외부 투자자를 모집하는 과정이 없으므로 설립이 신속하게 진행된다. 발기인들이 모든 주식을 보유하므로 경영권과 의사결정권을 완전히 통제할 수 있지만, 초기 자본 조달에 한계가 있고 발기인들이 전적으로 자본을 부담하므로 재무적 부담이 크다. 외부 투자자가 없기 때문에 경영 투명성이 떨어질 수 있다.

창업 초기 IT 스타트업에서 창업자가 지분을 모두 가지며 빠르게 사업을 시작하고자 할 때 또는 가족 구성원들이 주주가 되어 회사의 경영을 안정적으로 운영하려는 경우 등에 적합한 형태이다.

2) 모집설립

모집설립은 발기인이 일부 주식을 인수하고, 나머지 주식을 일반 대중에게 모집하여 자본금을 조달하는 방식이다. 외부 투자자를 통해 자본을 유치하며, 발기인과 외부 주주가 함께 주식을 소유하게 된다.

외부 투자자를 통해 대규모 자본을 조달할 수 있어 회사의 재무 기반이 강해진다. 자본이 외부 투자자들에게 분산되므로 발기인 개인의 재무적 부담이 줄어든다. 또한 공개적으로 주식을 모집하면서 회사의 인지도가 높아질 수 있다. 다만, 주식 청약, 납입, 주식 배정 등 과정이 복잡하고, 공개모집을 위한 공시와 법적 절차로 인한 비용이 증가한다. 또 외부 주주가 참여함에 따라 발기인의 경영 통제권이 약화 될 수 있다.

대형 인프라건설 회사가 외부 투자자를 모집하여 자금을 확보하려는 경우 또는 기술 개발에 많은 자본이 필요한 벤처기업 등에서 초기 투자금을 마련하려는 경우에 적합하다.
발기설립과 모집설립은 각각의 장단점이 있어, 회사의 목적, 자본 필요성, 경영 통제 욕구 등에 따라 적절히 선택해야 한다. 기업의 성격에 맞는 설립 방식을 통해 효율적인 법인설립과 안정적인 경영을 추구하는 것이 중요하다.

04 발기인의 구성과 책임

1) 발기인

주식회사를 설립하는 사람을 발기인이라고 한다. 주식회사 설립 절차에는 발기인이 중요한 역할을 하므로, 누가 발기인이 될 수 있는가는 주식회사 설립에 있어서 중요한 문제이다.

발기인은 주식회사를 설립할 때 회사의 정관을 작성하고 그 정관에 기명날인 또는 서명을 해야 한다.

2) 발기인의 자격 및 인원

발기인이 될 수 있는 자격조건에는 제한이 없다. 따라서 법인이나 미성년자도 주식회사의 발기인이 될 수 있다.

주식회사 설립 시 필요한 발기인의 인원수에는 제한이 없으므로, 발기인의 구성은 1인만으로도 가능하다.

2명 이상의 발기인이 회사설립에 관한 의사가 합치하여 단체를 만든 경우 그 단체는 발기인조합계약에 의해 체결된 조합에 해당하며, 민법에 따른 조합규정이 적용된다. 따라서 발기인조합의 의사결정은 발기인의 과반수로 한다.

다만, 상법에서 발기인 전원의 동의가 필요한 것으로 규정하고 있는 정관작성이나 주식발행사항을 결정할 때(정관에 달리 정함이 없는 경우)에는 발기인 전원의 동의가 있어야 한다.

3) 발기인의 책임

(1) 회사에 대한 책임

발기인은 회사 실립을 주도하며, 설립 절차에서 발생하는 손해나 문제에 대해 회사에 책임을 질 수 있다. 상법 제321조에 따른 발기인의 회사에 대한 책임은 다음과 같다.

① 정관 작성 및 자본금 납입

발기인은 회사의 정관을 작성하고, 설립 시 자본금 납입 등 필요한 절차를 성실하게 이행해야 한다. 이를 소홀히 하여 회사에 손해를 입힌 경우, 그 손해에 대해 회사에 배상 책임을 진다.

② 현물출자나 그 평가의 적정성 보증
발기인이 현물출자를 통해 자본금을 형성하는 경우, 그 현물의 가치를 부풀리거나 부정확하게 평가하여 회사에 손해를 입히면, 회사에 대한 손해배상 책임이 있다.

③ 설립 관련 부당한 이득 금지
발기인은 회사 설립 과정에서 부당한 이익을 취해서는 안 된다. 이를 위반하면 회사에 손해를 끼친 것으로 간주되어 배상 책임을 진다.

(2) 제3자에 대한 책임

발기인은 회사 설립 과정에서 제3자에게 손해를 입혔을 경우에도 책임을 질 수 있다. 발기인의 제3자에 대한 책임은 다음과 같다.

① 허위 또는 부정한 정보 제공에 대한 책임
발기인이 회사 설립 시 제3자에게 허위 정보나 부정확한 정보를 제공하여 손해를 입힌 경우, 그 손해에 대해 제3자에게 배상 책임을 진다. 예를 들어, 설립 과정에서 자본금 납입에 관한 허위 사실을 알리거나, 자산 평가를 잘못하여 투자자에게 손해를 입혔다면 이에 대한 책임이 발생한다.

② 법령이나 정관 위반에 따른 손해 배상
발기인이 상법이나 정관의 규정을 위반하여 제3자에게 손해를 입혔다면, 그 손해를 배상할 책임이 있다. 이는 설립 절차의 위법성 또는 무효에 관한 문제를 포함할 수 있다.

(3) 공동책임

발기인은 보통 여러 명으로 구성되며, 발기인들이 연대하여 책임을 진다고 규정하고 있다. 즉, 한 명의 발기인이 잘못을 저질렀다고 해도, 다른 발기인도 연대하여 그 책임을 부담하게 된다.

이러한 책임 구조는 회사 설립 과정에서 발기인들이 신중하게 업무를 처리하도록 유도하는 중요한 장치이다.

05 회사의 설립목적 및 상호

1) 회사의 설립목적

회사의 설립목적을 정하는 과정은 매우 중요하며, 여러 법적·실무적 고려 사항이 필요하다. 설립 목적은 회사의 활동 범위를 규정하고, 회사 운영의 법적 근거가 되며, 이해관계자들에게 회사의 방향성을 명확히 제시하는 역할을 한다.

(1) 목적의 구체성

법적 효력을 갖추기 위해서는 설립목적이 구체적이고 명확해야 한다. 임원, 주주, 회사 거래처 등 이해관계자가 예측할 수 있도록 구체적, 개별적으로 작성해야 한다. 예를 들어, "정보통신 서비스 제공"과 같은 표현 대신 "정보통신, 소프트웨어 개발, 온라인 플랫폼 운영, 데이터 분석 및 관련 서비스 제공"과 같이 구체적이면서도 확장 가능한 범위로 설정하는 것이 좋다.

(2) 관련 법률 및 규제 검토

특정 사업 분야에는 별도의 법적 규제가 존재할 수 있다. 인허가가 필요한 사업 활동을 포함할 경우 관련 기관의 허가를 받아야 회사 설립이 가능하므로, 목적을 정할 때 이러한 요건을 충분히 고려하여 설립 목적을 설정해야 한다.

(3) 다양성 및 확장성 고려

사업 목적을 설정할 때는 회사의 장기적 성장을 고려하여 다양성과 확장성을 염두에 두는 것이 중요하다. 초기 사업이 성공적으로 운영될 경우, 이후 추가적인 사업 분야로 진출할 수 있는 가능성을 열어두어야 한다. 향후 사업 확장 시 정관을 변경하는 번거로움이 생길 수 있기 때문에 처음 설립할 때 구체적이면서도 확장 가능한 범위로 설정하는 것이 좋다.

2) 회사 상호

주식회사의 이름을 상호라고 한다. 주식회사의 상호는 원칙적으로 자유롭게 정할 수 있으나, 주식회사의 상호에는 반드시 '주식회사'라는 문자를 사용해야 한다. 상호를 결정할 때 동일한 영업에는 단일한 상호를 사용해야 하며, 설립하려는 주식회사에 지점이 있는 경우 지점의 상호에는 본점과의 종속관계를 표시해야 한다.

※ 타인이 등기한 상호는 동일한 특별시·광역시·시·군에서 동종영업의 상호로 등기하지 못한다. 회사설립 등기를 하기 전 선정한 상호가 기존 회사의 상호와 동일한지 여부를 반드시 확인해야 한다. 새로 지은 상호가 이미 등기되어 있는지 알아보려면 〈인터넷등기소〉에서 확인할 수 있다.

제2편 법인 신규설립

06 정관의 작성과 효력

※ 표준 정관의 참고 예시

1. 정관 양식

정   관

제 1 장 총칙

제1조(상호) 당 회사는 '주식회사 ...(회사명)' 또는 '...(회사명) 주식회사' 라고 부른다.

제2조(목적) 당 회사는 다음 사업을 목적으로 한다.
1)
2)
3)
4)
5) 위 각 호에 관련된 부대사업 일체

제3조(본점과 지점) 당 회사는 본점을 (...특별시·광역시·시·군) 내에 둔다. 필요에 따라 국내 및 해외에 지점 또는 출장소 및 영업소를 둘 수 있다.

제4조(공고방법) 당 회사의 공고는 (...시·도) 내에서 발행하는 일간 (..신문)에 게재한다.

제 2 장 주식(株式)과 주권(株券)

제5조(회사가 발행할 주식의 총수 및 각종 주식의 내용과 수) 당 회사가 발행할 주식의 총수는 __주로서 보통주식으로 한다.

법인의 설립 과정에서 정관 작성은 매우 중요한 단계이다. 정관은 법인의 기본적인 운영 원칙과 내부 규정을 정하는 문서로서, 법인설립 시 필수적으로 작성해야 하는 서류이다. 정관은 법인의 정체성과 운영 방침을 규정하는 법적 문서로, 법인 내부뿐 아니라 외부 이해관계자와의 관계에서도 중요한 역할을 한다.

1) 정관의 역할

(1) 법적 구속력

정관은 법적 문서로서, 법인과 구성원들에게 구속력을 가진다. 모든 구성원은 정관을 준수해야 하며, 정관의 내용은 법원의 판단 근거가 될 수 있다.

(2) 조직 운영 기준 제시

정관은 법인의 조직 운영에 필요한 구체적인 절차와 규정을 제공한다. 이를 통해 법인 운영의 일관성과 투명성을 확보할 수 있다.

(3) 외부 신뢰성 확보

정관은 법인의 대외적 신뢰성을 높이는 요소로 작용한다. 정관에 명시된 규정을 통해 법인은 대외적으로 일관된 운영 원칙을 제시할 수 있다.

2) 정관의 기재사항

(1) 절대적 기재사항

절대적 기재사항은 정관에 반드시 포함되어야 하는 사항들로, 법인의 기본적인 정보를 제공하며, 법적 효력 발생을 위해 필수적이다.

① 목적
법인이 수행하려는 사업의 구체적인 내용과 범위를 명시한다. 이는 법인의 정체성과 활동 범위를 규정하는 핵심 요소이다.

② 상호
법인의 명칭으로, 다른 법인과 중복되지 않는 고유한 이름이어야 한다. 상호는 법인의 대외적 신분을 나타내며, 사업 활동의 신뢰성을 높인다.

③ 회사가 발행할 주식의 총수

주식회사의 경우, 설립 시 발행할 주식의 총수를 명시해야 한다. 액면주식을 발행하는 경우, 각 주식의 액면가를 정하여 이를 정관에 기재해야 하며, 발행가액은 액면가 이상으로 정할 수 있다.

④ 1주의 금액

주식의 액면가를 명시하며, 이는 주주의 권리와 책임의 범위를 규정하는 기준이 된다. 1주당 100원 이상이어야 하며, 무액면주식으로 발행할 수도 있다.

⑤ 회사설립 시에 발행하는 주식의 총수

주식회사의 경우, 설립 시 발행하는 주식의 총수를 명시해야 한다. 이는 자본구조와 관련된 필수적인 정보이다.

⑥ 본점의 소재지

법인의 주된 사무소 위치를 기재한다. 이는 법인의 법적 관할권과 관련된 중요한 정보이다.

※ 본점소재지
- 본점소재지는 회사의 주소가 된다.
- 정관에 창립총회 소집 장소에 대해 규정이 없으면, 발기인은 회사 본점소재지 또는 인접한 장소에서 창립총회를 개최해야 한다.
- 본점소재지는 회사설립무효의 소, 회사설립취소의 소 및 채권자에 의한 설립취소의 소와 같은 회사 관련 소송이 제기될 경우에 소송의 관할 표준지가 된다.

⑦ 회사가 공고하는 방법

회사의 공고는 관보 또는 시사에 관한 사항을 게재하는 일간신문에 공고해야 한다. 다만, 회사는 그 공고를 정관으로 정하는 바에 따라 회사의 인터넷 홈페이지에 게재하는 방법으로도 할 수 있다.

⑧ 발기인의 성명, 주민등록번호, 주소

법인 설립을 주도하는 발기인의 정보는 필수적으로 기재해야 하며, 이는 법인의 설립 책임자를 명확히 하기 위함이다.

(2) 상대적 기재사항

상대적 기재사항은 법적으로 필수적이지 않지만, 법인의 효율적 운영을 위해 선택적으로 포함할 수 있는 사항들이다. 특정 권리나 의무가 발생하는 경우에 포함되어야 하며, 상황에 따라 법적 효력이 결정된다. 상대적 기재사항에는 변태설립사항과 그 밖의 상대적 기재사항이 있다.

① 변태설립사항

주식회사 설립 당시에 발기인에 의해 남용되어 자본충실을 해칠 우려가 있는 사항으로서, 반드시 정관에 기재해야만 효력이 있는 다음의 사항을 말한다.

---

1. 발기인이 받을 특별이익과 이를 받을 자의 성명
2. 현물출자를 하는 자의 성명과 그 목적인 재산의 종류, 수량, 가격과 이에 대하여 부여할 주식의 종류와 수
3. 회사성립 후에 양수할 것을 약정한 재산의 종류, 수량, 가격과 그 양도인의 성명
4. 회사가 부담할 설립비용과 발기인이 받을 보수액

현물출자에 관한 사항은 출자재산을 과대평가할 위험이 있기 때문에 현물출자 하는 사람의 성명과 그 목적재산의 종류, 수량, 가격 등을 정관에 작성하도록 하고 있다. 변태설립사항은 모집주주의 주식청약서에 기재해야 하고, 검사인의 조사를 받도록 하고 있다.

현물출자를 하는 발기인은 납입기일에 지체없이 출자의 목적인 재산을 인도하고 등기, 등록 그 밖의 권리의 설정 또는 이전을 요할 경우에는 이에 관한 서류를 완비하여 교부하여야 한다.

② 그 밖의 상대적 기재사항

그 밖에 주식매수선택권의 부여, 종류주식발행, 전환주식의 발행, 서면투표의 채택, 감사위원회 등 이사회 내부위원회의 설치, 이사 임기의 총회종결까지의 연장, 대표이사를 주주총회에서 선임하는 것, 이사회소집기간의 단축 등은 정관에 기재하여야 효력이 있다.

(3) 임의적 기재사항

임의로 정관에 기재하는 사항으로는 주식회사의 본질, 법의 강행규정, 사회질서에 반하지 않는 범위에서 회사 운영에 대한 사항(예 : 이사·감사의 수, 총회의 소집 시기, 영업연도, 지점의 설치·이전·폐지 등) 등이 있으며, 정관에 기재하면 효력이 발생한다. 법인의 효율적 운영을 위해 선택적으로 포함할 수 있는 사항들이다.

3) 정관의 효력발생

(1) 정관의 공증

정관은 공증인의 인증을 받음으로써 효력이 발생한다.

※ 자본금 총액이 10억원 미만인 회사를 발기 설립하는 경우에는 공증인의 공증을 받을 필요 없이 각 발기인이 정관에 기명날인 또는 서명함으로써 효력이 생긴다.

(2) 공증 절차 및 필요서류

정관의 인증을 촉탁하려면 정관(전자문서로 작성된 정관은 제외함) 2통을 제출하여야 한다.

정관의 인증은 촉탁인 또는 그 대리인으로 하여금 공증인 앞에서 제출된 각 정관에 발기인이 서명 또는 기명날인하였음을 확인하게 한 후 그 사실을 적는 방법으로 한다. 공증인은 정관 중 1통은 자신이 보존하고 다른 1통은 촉탁인 또는 그 대리인에게 돌려주어야 한다.

4) 정관 작성 시 유의사항

법인의 목적은 명확하고 구체적으로 기재해야 하며, 모호한 표현은 피해야한다. 상법 및 관련 법령을 준수하여 작성해야 하며, 위반 시 정관의 효력이 부정될 수 있다. 법인의 장기적인 운영 방침을 포함하므로, 미래의 확장 가능성도 고려하여 작성해야 한다.

5) 정관의 효력 발생 시기와 조건

정관은 법인이 설립되면서 효력이 발생한다. 구체적으로는 정관이 작성되고, 발기인의 동의 및 공증을 거친 후 법인 설립 등기가 완료되면 효력이 발생한다.

6) 정관 변경의 절차와 요건

정관은 법인의 기본 규정으로, 변경이 필요할 때는 엄격한 절차를 거쳐야 한다.

(1) 주주총회 결의

정관 변경은 주주총회의 특별 결의가 필요하다. 이는 보통 주식의 3분의 2 이상의 찬성으로 결정된다.

(2) 변경 내용 작성 및 변경 등기

변경된 내용을 정관에 반영하고, 정관 수정본을 작성한다. 정관변경은 그 변경으로 효력이 발생하며, 등기가 필요한 사항은 등기를 해야한다.

정관 변경 시 주주들의 이익 보호를 고려해야 하며, 사전에 충분한 논의와 검토가 필요하다. 정관 변경은 회사의 안정성을 저해할 수 있으므로, 최소한으로 유지하는 것이 바람직하다.

7) 정관의 효력과 법적 구속력

정관은 법적 문서로서 법인과 그 구성원들에게 구속력을 가지며, 법인의 운영에 관한 최우선적인 규범이 된다.

(1) 내부 효력

정관은 이사, 감사, 주주 등의 법인 내부 구성원들에게 구속력을 발휘한다. 구성원들은 정관에 따라 의사결정을 해야 하며, 정관을 위반하는 행위는 무효로 처리될 수 있다.

(2) 외부 효력

정관은 법인의 대외적 활동에도 영향을 미친다. 법인은 정관에 규정된 목적과 규정에 따라 대외적 계약이나 법적 분쟁에서 정관을 근거로 삼을 수 있다.

정관은 법인의 설립과 운영에 있어 핵심적인 법적 문서로, 명확하고 구체적으로 작성되어야 하며, 법인 운영의 모든 단계에서 중요한 기준으로 작용한다. 절대적, 상대적, 임의적 기재사항을 이해하고 적절하게 반영함으로써 법인의 운영을 효율적이고 안정적으로 관리할 수 있다.

07 발행주식의 종류 등 결정

1) 주식발행사항

주식발행사항 이란 정관의 절대적 기재사항(① 회사설립 시에 발행하는 주식의 총수와 ② 1주의 금액) 외에 자본금에 관한 구체적인 사항을 결정하는 것이다.

회사설립 시에 발행하는 주식에 관한 다음의 사항에 대해 정관에 다른 규정이 없는 경우 발기인 전원의 동의로 결정하는 사항을 말한다.

> 1. 주식의 종류와 수
> 2. 액면주식의 경우에 액면 이상의 주식을 발행할 때에는 그 수와 금액
> 3. 무액면주식을 발행하는 경우에는 주식의 발행가액과 주식의 발행가액 중 자본금으로 계상하는 금액

2) 주식의 종류와 수의 결정

주식의 표준이 되는 보통주 외에 우선주, 후배주, 혼합주, 의결권제한주식, 전환주식, 상환주식 등과 같은 종류주식을 발행하는 경우에는 그 발행하는 ① 주식의 종류와 ② 수를 결정해야 한다.

3) 액면주식 발행 시 주식의 발행가액 등의 결정

상법에서는 회사설립 시 액면미달의 가액으로 주식을 발행하지 못하도록 금지하고 있지만, 자본충실의 이념상 액면가액 이상으로 발행하는 것은 허용하고 있다. 따라서 이 경우에는 그 액면가액과 몇 주를 발행할지를 결정해야 한다.

4) 무액면주식 발행 시 주식의 발행가액 등의 결정

무액면주식을 발행하는 경우에는 주식의 발행가액과 주식의 발행가액 중 자본금으로 계상할 금액을 정해야 한다.

08 주식인수 및 출자이행

1) 발기인의 주식인수

각 발기인은 서면에 의하여 주식을 인수해야 하며, 발기인이 설립등기를 신청할 때에는 주식의 인수를 증명하는 정보를 제공해야 한다.

2) 주식인수증

주식인수증은 아래의 내용대로 작성하면 된다.

> 1. 상호 : 주식을 발행하는 회사의 상호
> 2. 인수할 주식의 종류와 수 : 본인이 인수하는 주식 종류와 수량 [(예) 우선주 : 1,000주]
> 3. 1주의 금액 : 정관에 기재된 회사의 1주의 금액
> 4. 인수주식 총액 : 위 2. 및 3.에 따라 인수한 주식의 총 금액
> 5. 납입기관 및 장소 : 주식금액을 납입하기 위한 납입장소, 회사의 주식이 발행됨과 동시에 발기인이 결정하게 된다. 발기설립의 경우 주식인수증에 기재된 납입기관이 기준이 된다.
> 6. 주식을 인수하는 사람의 성명, 주민등록번호, 주소를 기재 후 기명날인

3) 발기인의 인수가액 전액 납입

발기인이 회사의 설립 시에 발행하는 주식의 총수를 인수한 때에는 지체 없이 각 주식에 대하여 그 인수가액의 전액을 납입해야 한다.

> ※ 납입금에 대한 상계허용
>   개정 전「상법」제334조에서는 주주의 납입금에 관하여 회사와 상계 할 수 없도록 금지하고 있었으나, 이를 삭제(법률 제10600호, 2011.04.14.)하여 납입금에 관하여 회사와 합의로 상계를 할 수 있도록 하였다(「상법」제421조 제2항 참조).
>
> ※ "상계"란 쌍방이 서로 같은 종류를 목적으로 한 채무를 부담한 경우에 그 쌍방의 채무의 이행기가 도래한 때에는 각 채무자는 대등액에 관하여 소멸시킬 수 있는 권리를 말한다(「민법」제492조 제1항).

4) 주식 인수금 납입기관

발기인이 인수가액의 전액을 납입할 경우에는 납입을 맡을 은행 그 밖의 금융기관과 납입장소를 지정해야 한다.

설립등기를 신청하는 경우 주금의 납입을 맡은 은행, 그 밖의 금융기관의 납입금 보관을 증명하는 정보를 제공해야 하므로, 납입금을 보관한 은행이나 그 밖의 금융기관은 발기인 또는 이사의 청구를 받으면 그 보관금액에 관하여 증명서를 발급해야 한다.

다만, 자본금 총액이 10억원 미만인 회사를 위의 방법에 따라 발기설립하는 경우에는 증명서를 은행이나 그 밖의 금융기관의 잔고증명서로 대체할 수 있다. 이 경우 은행이나 그 밖의 금융기관은 증명한 보관금액에 대하여는 납입이 부실하거나 그 금액의 반환에 제한이 있다는 것을 이유로 회사에 대항하지 못한다.

5) 현물출자로 이행하는 경우

현물출자란 금전 이외의 재산(예를 들어 토지나 건물과 같은 부동산, 유가증권 등의 동산, 그 밖에 특허권·지상권 등의 무형자산)으로 하는 출자를 말한다.

현물출자를 하는 발기인은 납입기일에 지체없이 출자의 목적인 재산을 인도하고 등기, ·등록 그 밖의 권리의 설정 또는 이전을 요할 경우에는 이에 관한 서류를 완비하여 교부하여야한다.

6) 주식인수금의 가장납입 문제

발기인이 납입 또는 현물출자의 이행을 가장하는 행위를 한 때에는 5년 이하의 징역 또는 1천500만원 이하의 벌금에 처해지며, 이러한 행위에 응하거나 이를 중개한 자도 같은 처벌을 받는다.

발기인 및 발기인의 가장납입 행위에 응하거나 중개한 자가 받을 징역과 벌금은 병과 될 수 있다. 발기인이 법인인 때에는 그 행위를 한 법인의 이사, 집행임원, 감사 그 밖에 업무를 집행한 사원 또는 지배인이 벌칙을 부담한다.

7) 가장납입의 효력

판례는 가장납입 행위가 이루어졌다고 하더라도 회사의 설립이나 증자와 같은 집단적 절차의 일환을 이루는 주식인수금 납입의 효력은 있다고 판시하였다(대법원 1997.05.23. 선고, 95다5790 판결).

> ※ 주금 가장납입의 효력
> — 일시적인 차입금으로 단지 주식인수금 납입의 외형을 갖추고 회사설립이나 증자 후 곧바로 그 납입금을 인출하여 차입금을 변제하는 주금의 가장납입의 경우에도 금원의 이동에 따른 현실의 불입이 있는 것이고, 설령 그것이 실제로는 주금납입의 가장 수단으로 이용된 것이라고 할지라도 이는 그 납입을 하는 발기인 또는 이사들의 주관적 의도의 문제에 불과하므로, 이러한 내심적 사정에 의하여 회사의 설립이나 증자와 같은 집단적 절차의 일환을 이루는 주금납입의 효력이 좌우될 수 없다(대법원 1997.05.23. 선고, 95다5790 판결).

09 임원선임 및 설립경과 조사

1) 임원의 선임

(1) 발기인의 이사·감사 선임

발기인의 인수가액에 대한 전액 납입과 현물출자의 이행이 완료된 때에는 발기인은 지체 없이 의결권의 과반수로 이사와 감사를 선임해야 한다. 발기인이 여러 명일 경우 발기인의 의결권은 그 인수주식의 1주에 대하여 1개로 한다.

(2) 대표이사의 선임

대표이사는 설립 등기 시 등기해야 할 사항이므로 설립등기 전에 대표이사를 선임해야 한다. 그러나 정관으로 주주총회에서 대표이사를 선정할 것을 정할 수 있다. 또한 대표이사를 정할 경우에는 여러 명의 대표이사가 공동으로 회사를 대표할 것을 정할 수 있다.

※ 대표이사는 이사 중에서 선임한다. 이사가 1인인 경우 사내이사가 회사를 대표하게 된다. 이사가 2인인 경우 각 이사가 회사를 대표하지만 주주총회에서 회사를

대표할 이사를 선임할 수 있다. 이사가 3인 이상인 경우 사내이사 중에서 대표이사를 선임한다.

※ 이사는 3명 이상이어야 한다. 다만, 자본금 총액이 10억원 미만인 회사는 1명 또는 2명으로 할 수 있다. 이사의 임기는 3년을 초과하지 못한다(상법 제383조).

(3) 감사제도

감사는 이사의 직무 수행을 감사한다. 영업에 관한 보고를 요구하거나 재산 상태를 조사 할 수 있다. 자본금 10억원 미만의 경우 감사를 선임하지 않을 수 있다(상법 제409조 제4항).

(4) 발기인의 의사록작성

발기인은 의사록을 작성하여 의사의 경과와 그 결과를 기재하고 기명날인 또는 서명해야 한다.

2) 설립경과 조사 및 보고

(1) 이사·감사의 설립경과 조사·보고

이사와 감사는 취임 후 지체없이 회사의 설립에 관한 모든 사항이 법령 또는 정관의 규정에 위반되지 않는지의 여부를 조사하여 발기인에게 보고해야 한다.

(2) 이사·감사가 조사·보고에 참여할 수 없는 경우

이사와 감사중 발기인이었던 자현물출자자 또는 회사성립 후 양수할 재산의 계약당사자인 자는 위의 조사·보고에 참가하지 못하며, 이사와 감사의 전원이 여기에 해당하는 때에는 이사는 공증인으로 하여금 위의 조사·보고를 하게 해야 한다.

※ 이사와 감사 또는 공증인의 조사보고에 관한 정보는 회사설립 등기 신청 시 제공해야 한다.

3) 변태설립사항에 대한 검사인의 조사·보고

(1) 검사인의 선임

정관으로 변태설립사항을 정한 때에는 이사는 이에 관한 조사를 하게 하기 위하여 검사인의 선임을 법원에 청구해야 한다.

검사인의 신청은 서면으로 하며, 그 신청서에는 가. 신청의 사유, 나. 검사의 목적, 다. 신청 연월일, 라. 법원의 표시를 기재하고 이사가 기명날인하여 회사 본점소재지를 관할하는 지방법원합의부에 제출한다.

※ 공증인 또는 감정인이 조사할 수 있는 예외적인 경우

변태설립사항 중 가. 발기인이 받을 특별이익과 이를 받을 자의 성명, 나. 회사가 부담할 설립비용과 발기인이 받을 보수액에 관해서는 공증인의 조사·보고로, 다. 현물출자를 하는 자의 성명과 그 목적인 재산의 종류, 수량, 가격과 이에 대하여 부여할 주식의 종류와 수, 라. 회사성립 후에 양수할 것을 약정한 재산의 종류, 수량, 가격과 그 양도인의 성명과 「상법」 제295조에 따른 현물출자의 이행에 관해서는 공인된 감정인의 감정으로 검사인의 조사에 갈음할 수 있다.

이 경우 공증인 또는 감정인은 조사 또는 감정결과를 법원에 보고해야 한다.

(2) 검사인의 조사·보고

검사인은 변태설립사항과 현물출자의 이행을 조사하여 서면으로 법원에 보고해야 한다. 조사보고서를 작성한 후 지체 없이 그 등본을 각 발기인에게 교부해야 한다. 조사보고서에 사실과 다른 사항이 있는 경우에는 발기인은 이에 대한 설명서를 법원에 제출할 수 있다.

※ 검사인의 조사·보고를 생략할 수 있는 경우

검사인의 조사보고에 관한 것은 다음의 어느 하나에 해당할 경우에는 적용하지 않는다.

1. 현물출자 또는 회사성립 후에 양수할 것을 약정한 재산총액이 자본금의 5분의 1을 초과하지 않고 5천만원을 초과하지 않는 경우
2. 현물출자 또는 회사성립 후에 양수할 것을 약정한 재산이 거래소에서 시세가 있는 유가증권인 경우로서 정관에 적힌 가격이 다음의 방법으로 산정된 시세 중 낮은 금액을 초과하지 않는 경우
   (1) 정관의 효력발생일부터 소급하여 1개월간의 거래소에서의 평균 종가, 효력발생일부터 소급하여 1주일간의 거래소에서의 평균 종가 및 효력발생일의 직전 거래일의 거래소에서의 종가를 산술평균하여 산정한 금액
   (2) 효력발생일 직전 거래일의 거래소에서의 종가

(3) 부당한 변태설립사항에 대한 법원의 변경처분

법원은 검사인 또는 공증인의 조사보고서 또는 감정인의 감정결과와 발기인의 설명서를 심사하여 변태설립사항을 부당하다고 인정한 때에는 이를 변경하여 각 발기인에게 통고할 수 있다.

변태설립사항의 변경에 관한 재판은 이유를 붙인 결정으로써 하여야 하며, 법원은 재판을 하기 전 발기인과 이사의 진술을 들어야 한다.

발기인과 이사는 변태설립사항의 변경에 관한 재판에 대하여 즉시항고를 할 수 있다.

법원의 변경에 불복하는 발기인은 그 주식의 인수를 취소할 수 있다. 이 경우 정관을 변경하여 설립에 관한 절차를 속행할 수 있다.

법원의 통고가 있은 후 2주내에 주식의 인수를 취소한 발기인이 없는 때에는 정관은 통고에 따라서 변경된 것으로 본다.

※ 이 경우 법원의 처분으로 정관변경이 이루어졌고, 변경처분 재판의 등본은 회사설립 등기와 함께 제공해야 하는 정보이므로, 변경된 정관에 공증인의 인증을 받을 필요는 없다.

(4) 부실 조사 · 보고 등에 대한 처벌

① 부실한 보고를 하거나 사실을 은폐한 경우

이사, 감사, 검사인 또는 공증인이 주식 또는 출자의 인수나 납입, 현물출자의 이행, 변태설립사항에 대해 법원 또는 발기인에게 부실한 보고를 하거나 사실을 은폐한 때에는 5년 이하의 징역 또는 1,500만원 이하의 벌금에 처해진다.

② 조사 · 보고 직무에 대해 부정한 청탁을 받은 경우

이사, 감사, 검사인 또는 공증인이 회사설립 사항에 대한 조사 · 보고에 대한 직무에 대해 부정한 청탁을 받고 재산상의 이익을 수수, 요구 또는 약속한 때에는 5년 이하의 징역 또는 1,500만원 이하의 벌금에 처해진다.

※ 이 경우 이사, 감사, 검사인 또는 공증인이 수수한 이익은 몰수되며, 그 이익 전부 또는 일부를 몰수할 수 없는 때에는 그 가액을 추징한다. 위의 이익을 약속, 공여 또는 공여의 의사를 표시한 자도 5년 이하의 징역 또는 1,500만원 이하의 벌금에 처해진다.

③ 징역과 벌금의 병과

이사, 감사, 검사인 또는 공증인이 받을 징역과 벌금은 병과 될 수 있다.

④ 법인에 대한 벌칙 적용

이사, 감사 또는 공증인이 법인인 때에는 그 행위를 한 법인의 이사, 감사 그 밖의 업무를 집행한 사원 또는 지배인이 벌칙을 부담한다.

10 주식회사 설립등기 및 법인신고

1) 법인설립 등기

회사는 본점소재지에서 설립등기를 함으로써 성립한다. 회사의 등기는 법률에 다른 규정이 없는 경우에는 그 대표자가 신청하며, 변호사, 법무사 등 전문가에게 위임 할 수 있다.

(1) 등기신청기간

주식회사의 설립등기는 대표이사가 다음의 구분에 따른 기간에 신청해야 한다.

구분		등기신청 기간
발기설립의 경우	정관에 변태설립사항이 있는 경우	이사·감사의 조사·보고가 종료한 날부터 2주 이내
	정관에 변태설립사항이 없는 경우	검사인의 조사절차 및 법원의 변경처분 절차가 종료한 날부터 2주 이내
모집설립의 경우		창립총회가 종결한 날 또는 창립총회에서 변태설립사항의 변경절차가 종료한 날부터 2주 이내

※ 등기신청인이 회사설립 등기를 등기기간 내에 하지 않은 때에는 500만원 이하의 과태료가 부과된다.

(2) 등기신청 방법

① 방문신청

신청인 또는 그 대리인이 등기소에 출석하여 신청정보 및 첨부 정보를 적은 서면을 제출하는 방법이다.

다만, 대리인이 변호사[법무법인, 법무법인(유한) 및 법무조합을 포함함]나 법무사[법무사법인 및 법무사법인(유한)을 포함함]인 경우에는 자격자대리인의 사무소 소재지를 관할하는 지방법원장이 허가하는 1명을 등기소에 출석하게 하여 그 서면을 제출할 수 있다.

② 인터넷신청

대법원 인터넷등기소 사이트에 접속하여 등기신청서 및 첨부 서류 양식 그리고 작성방식에 따라 작성하여 전자 신청할 수 있다.

(3) 설립등기사항

설립등기 신청인은 설립등기신청서에 다음의 사항을 기재하여 등기해야 한다.

- 목적, 상호, 회사가 발행할 주식의 총수, 액면주식을 발행하는 경우 1주의 금액, 본점소재지(지점을 둔 경우에는 그 지점소재지도 기재), 회사가 공고를 하는 방법
- 자본금의 액
- 발행주식의 총수, 그 종류와 각종 주식의 내용과 수
- 주식의 양도에 대해 이사회의 승인을 받도록 정한 때에는 그 규정
- 주식매수선택권을 부여하도록 정한 때에는 그 규정
- 지점의 소재지
- 회사의 존립기간 또는 해산사유를 정한 때에는 그 기간 또는 사유
- 주주에게 배당할 이익으로 주식을 소각할 것을 정한 때에는 그 규정
- 전환주식을 발행하는 경우에는 가. 주식을 다른 종류의 주식으로 전환할 수 있다는 뜻, 나. 전환의 조건, 다. 전환으로 인하여 발행할 주식의 내용, 라. 전환청구기간 또는 전환의 기간
- 사내이사, 사외이사 그 밖에 상무에 종사하지 않는 이사, 감사 및 집행임원의 성명과 주민등록번호
- 회사를 대표할 이사 또는 집행임원의 성명·주민등록번호 및 주소
- 둘 이상의 대표이사 또는 대표집행임원이 공동으로 회사를 대표할 것을 정한 경우에는 그 규정

> - 명의개서 대리인을 둔 때에는 그 상호 및 본점소재지
> - 감사위원회를 설치한 때에는 감사위원회 위원의 성명 및 주민등록번호

(4) 설립등기 신청 시 필요서류

설립등기 신청 시 다음의 정보를 제공해야 한다.

> - 정관
> - 주식의 인수를 증명하는 정보
> - 주식의 청약을 증명하는 정보
> - 발기인이 주식발행사항(주식의 종류와 수, 액면이상의 주식을 발행하는 때에는 그 수와 금액)을 정한 때에는 이를 증명하는 정보
> - 「상법」 제298조 및 제313조에 따른 이사와 감사 또는 감사위원회 및 공증인의 조사보고에 관한 정보
> - 「상법」 제299조, 제299조의2 및 제310조에 따른 검사인이나 공증인의 조사보고 또는 감정인의 감정에 관한 정보
> - 위의 검사인이나 공증인의 조사보고 또는 감정인의 감정결과에 관한 재판이 있은 때에는 그 재판이 있음을 증명하는 정보
> - 발기인이 이사와 감사 또는 감사위원회 위원의 선임을 증명하는 정보
> - 창립총회의사록
> - 이사, 대표이사, 집행임원, 대표집행임원, 감사 또는 감사위원회 위원의 취임승낙을 증명하는 정보
> - 명의개서대리인을 둔 때에는 명의개서대리인과의 계약을 증명하는 정보
> - 주금의 납입을 맡은 은행, 그 밖의 금융기관의 납입금보관에 관한 증명서. 다만, 자본금 총액이 10억원 미만인 회사를 발기설립하는 경우에는 은행이나 그 밖의 금융기관의 잔고를 증명하는 정보로 대체할 수 있음.

(5) 지점설치 등기

회사설립과 동시에 지점을 설치하는 경우에는 설립등기를 한 후 2주 내에 지점소재지에서 다음의 사항을 등기해야 한다.

- 목적, 상호, 사원의 성명·주민등록번호 및 주소, 본점의 소재지, 회사가 공고를 하는 방법
- 지점의 소재지(다른 지점의 소재지는 제외함)
- 존립기간 그 밖의 해산 사유를 정한 때에는 그 기간 또는 사유
- 회사를 대표할 사원을 정한 경우에는 그 성명·주소 및 주민등록번호
- 수인의 사원이 공동으로 회사를 대표할 것을 정한 때에는 그 규정

2) 법인설립신고 및 사업자등록 (세무서) * QR코드 자료실 참고

(1) 사업자등록 기한 및 발급

사업개시일부터 20일 이내에 필요서류를 납세지(본점 또는 주사무소 소재지) 관할 세무서장에게 제출하여 법인설립신고 및 사업자등록을 해야 한다. 사업자등록증은 신청일부터 2일 이내(주말, 공휴일 제외)에 발급된다.

(2) 미등록 시 불이익

사업자등록을 기한 내에 하지 않는 경우 다음과 같은 불이익이 따른다.

① 미등록가산세

사업개시일부터 사업자등록을 신청한 날의 직전일까지 발생한 공급가액 합계액에 1%를 곱한 금액을 가산세로 부과한다.

② 매입세액 불공제

사업자 등록 전 발생한 매입세액은 공제 받을 수 없다. 다만 공급시기가 속하는 과세기간의 종료일로부터 20일 이내에 등록을 신청한 경우, 등록 신청일부터 공급시기가 속하는 과세기간 기산일까지 역산한 기간에 발생한 매입세액은 공제받을 수 있다.

(3) 필요서류

법인설립신고 및 사업자등록 신청 시 다음의 서류를 제출하여야 한다.

- 법인설립신고 및 사업자등록신청서
- 정관 1부
- 임대차계약서 사본(사업장을 임차한 경우만 해당함) 1부
- 「상가건물 임대차보호법」의 적용을 받는 상가건물의 일부를 임차한 경우에는 해당 부분의 도면 1부
- 주주 또는 출자자명세서 1부
- 사업허가·등록·신고필증 사본(해당 법인만 해당함) 또는 설립허가증사본(비영리법인만 해당함) 1부
- 현물출자명세서(현물출자법인의 경우만 해당함) 1부
- 자금출처소명서(2008년 7월부터 금지금 도·소매업 및 과세유흥장소에의 영업을 영위하려는 경우만 해당함) 1부
- 본점 등의 등기에 관한 서류(외국법인만 해당함) 1부
- 국내사업장의 사업영위내용을 입증할 수 있는 서류(외국법인만 해당하며, 담당 공무원 확인사항에 의하여 확인할 수 없는 경우만 해당함) 1부

11 세금납부 및 소요비용

1) 등록면허세 납부

(1) 등록면허세

주식회사 설립 시에는 납입한 주식금액이나 출자금액 또는 현금 외 출자가액의 1천분의 4에 해당하는 등록면허세를 납부하게 된다. 다만, 세액이 112,500원 미만인 경우에도 최소 112,500원은 납부해야 한다. 따라서 자본금 28,125,000원까지는 등록면허세가 112,500원으로 동일하다.

주식회사의 지점 또는 분사무소를 설치할 경우에는 매 1건당 40,200원을 납부한다.

등기내용		과세표준	세율
영리법인 설립 및 합병	설립과 납입	납입 주식금액, 출자가액	4/1,000 (비영리 2/1,000)
	자본 출자 증가	납입액, 출자가액	4/1,000 (비영리 2/1,000)
본점 및 주사무소 이전		1건당	112,500원
지점 및 분사무소 설치		1건당	40,200원

※ 지방교육세는 등록면허세액의 20%에 해당하는 금액을 납부한다.

(2) 과밀억제권역에 따른 중과세

과밀억제권역이란 인구와 산업이 지나치게 집중되었거나 집중될 우려가 있어 이전하거나 정비할 필요가 있는 지역을 말한다.

과밀억제권역에서 법인을 설립(설립 후 또는 휴면법인을 인수한 후 5년 이내에 자본 또는 출자액을 증가하는 경우를 포함함)하거나 지점이나 분사무소를 설치함에 따른 등기를 할 때에는 위 등록면허세의 세율의 3배로 중과세 한다. 이 때 최소 납부세액은 112,500원의 3배인 337,500원이다.

(3) 과밀억제권역의 범위

현재 과밀억제권역으로 지정된 지역의 범위는 다음과 같다(「수도권정비계획법」 제6조, 「수도권정비계획법 시행령」 제9조 및 별표1).

ㄱ. 서울특별시
ㄴ. 인천광역시[강화군, 옹진군, 서구 대곡동·불로동·마전동·금곡동·오류동·왕길동·당하동·원당동, 인천경제자유구역(경제자유구역에서 해제된 지역을 포함) 및 남동 국가산업단지는 제외함]
ㄷ. 경기도 중 의정부시, 구리시, 남양주시(호평동, 평내동, 금곡동, 일패동, 이패동, 삼패동, 가운동, 수석동, 지금동 및 도농동만 해당함), 하남시, 고양시, 수원시, 성남시, 안양시, 부천시, 광명시, 과천시, 의왕시, 군포시, 시흥시[반월특수지역(반월특수지역에서 해제된 지역을 포함함)은 제외함]

※ 예외적으로 과밀억제권역(「산업집적활성화 및 공장설립에 관한 법률」을 적용받는 산업단지를 제외함)에 설치가 불가피하다고 인정되는 업종으로서 「지방세법 시행령」 제26조 제1항 각 호에서 정하는 업종에 대해서는 등록면허세 3배가 가산되지 않는다.

※ 중과세 예외 - 지방세법 시행령 제26조

제26조(대도시 법인 중과세의 예외) ① 법 제13조 제2항 각 호 외의 부분 단서에서 "대통령령으로 정하는 업종"이란 다음 각 호에 해당하는 업종을 말한다.

1. 「사회기반시설에 대한 민간투자법」 제2조 제3호에 따른 사회기반시설사업(같은조 제9호에 따른 부대사업을 포함한다)
2. 「한국은행법」 및 「한국수출입은행법」에 따른 은행업
3. 「해외건설촉진법」에 따라 신고된 해외건설업(해당 연도에 해외건설 실적이 있는 경우로서 해외건설에 직접 사용하는 사무실용 부동산만 해당한다) 및 「주택법」 제4조에 따라 국토교통부에 등록된 주택건설사업(주택건설용으로 취득한 후 3년 이내에 주택건설에 착공하는 부동산만 해당한다)
4. 「전기통신사업법」 제5조에 따른 전기통신사업
5. 「산업발전법」에 따라 산업통상자원부장관이 고시하는 첨단기술산업과 「산업집적활성화 및 공장설립에 관한 법률 시행령」 별표1의2 제2호 마목에 따른 첨단업종
6. 「유통산업발전법」에 따른 유통산업, 「농수산물유통 및 가격안정에 관한 법률」에 따른 농수산물도매시장·농수산물공판장·농수산물종합유통센터·유통자회사 및 「축산법」에 따른 가축시장
7. 「여객자동차 운수사업법」에 따른 여객자동차운송사업 및 「화물자동차 운수사업법」에 따른 화물자동차운송사업과 「물류시설의 개발 및 운영에 관한 법률」 제2조 제3호에 따른 물류터미널사업 및 「물류정책기본법 시행령」 제3조 및 별표1에 따른 창고업
8. 정부출자법인 또는 정부출연법인(국가나 지방자치단체가 납입자본금 또는 기본재산의 100분의 20 이상을 직접 출자 또는 출연한 법인만 해당한다)이 경영하는 사업
9. 「의료법」 제3조에 따른 의료업
10. 개인이 경영하던 제조업(「소득세법」 제19조 제1항 제3호에 따른 제조업을 말한다). 다만, 행정안전부령으로 정하는 바에 따라 법인으로 전환하는 기업만 해당하며, 법인전환에 따라 취득한 부동산의 가액(법 제4조에 따른 시가표준액을 말한다)이 법인 전환 전의 부동산가액을 초과하는 경우에 그 초과부분과 법인으로 전환한 날 이후에 취득한 부동산은 법 제13조 제2항 각 호 외의 부분 본문을 적용한다.
11. 「산업집적활성화 및 공장설립에 관한 법률 시행령」 별표1의2 제3호 가목에 따른 자원재활용업종

12. 「소프트웨어 진흥법」제2조 제3호에 따른 소프트웨어사업 및 같은 법 제61조에 따라 설립된 소프트웨어공제조합이 소프트웨어산업을 위하여 수행하는 사업
13. 「공연법」에 따른 공연장 등 문화예술시설운영사업
14. 「방송법」제2조 제2호·제5호·제8호·제11호 및 제13호에 따른 방송사업·중계유선방송사업·음악유선방송사업·전광판방송사업 및 전송망사업
15. 「과학관의 설립·운영 및 육성에 관한 법률」에 따른 과학관시설운영사업
16. 「산업집적활성화 및 공장설립에 관한 법률」제28조에 따른 도시형공장을 경영하는 사업
17. 「벤처투자 촉진에 관한 법률」제37조에 따라 등록한 벤처투자회사가 중소기업창업 지원을 위하여 수행하는 사업. 다만, 법인설립 후 1개월 이내에 같은 법에 따라 등록하는 경우만 해당한다.
18. 「한국광해광업공단법」에 따른 한국광해광업공단이 석탄산업합리화를 위하여 수행하는 사업
19. 「소비자기본법」제33조에 따라 설립된 한국소비자원이 소비자 보호를 위하여 수행하는 사업
20. 「건설산업기본법」제54조에 따라 설립된 공제조합이 건설업을 위하여 수행하는 사업
21. 「엔지니어링산업 진흥법」제34조에 따라 설립된 공제조합이 그 설립 목적을 위하여 수행하는 사업
22. 「주택도시기금법」에 따른 주택도시보증공사가 주택건설업을 위하여 수행하는 사업
23. 「여신전문금융업법」제2조 제12호에 따른 할부금융업
24. 「통계법」제22조에 따라 통계청장이 고시하는 한국표준산업분류(이하 "한국표준산업분류"라 한다)에 따른 실내경기장·운동장 및 야구장 운영업
25. 「산업발전법」(법률 제9584호 산업발전법 전부개정법률로 개정되기 전의 것을 말한다) 제14조에 따라 등록된 기업구조조정전문회사가 그 설립 목적을 위하여 수행하는 사업. 다만, 법인 설립 후 1개월 이내에 같은 법에 따라 등록하는 경우만 해당한다.
26. 「지방세특례제한법」제21조 제1항에 따른 청소년단체, 같은 법 제45조에 따른 학술단체·장학법인 및 같은 법 제52조에 따른 문화예술단체·체육단체가 그 설립 목적을 위하여 수행하는 사업
27. 「중소기업진흥에 관한 법률」제69조에 따라 설립된 회사가 경영하는 사업
28. 「도시 및 주거환경정비법」제35조 또는 「빈집 및 소규모주택 정비에 관한 특례법」제23조에 따라 설립된 조합이 시행하는 「도시 및 주거환경정비법」제2조 제2호의 정비사업 또는 「빈집 및 소규모주택 정비에 관한 특례법」제2조 제1항 제3호의 소규모주택정비사업
29. 「방문판매 등에 관한 법률」제38조에 따라 설립된 공제조합이 경영하는 보상금지급책임의 보험사업 등 같은 법 제37조 제1항 제3호에 따른 공제사업

30. 「한국주택금융공사법」에 따라 설립된 한국주택금융공사가 같은 법 제22조에 따라 경영하는 사업
31. 「민간임대주택에 관한 특별법」 제5조에 따라 등록을 한 임대사업자 또는 「공공주택 특별법」 제4조에 따라 지정된 공공주택사업자가 경영하는 주택임대사업
32. 「전기공사공제조합법」에 따라 설립된 전기공사공제조합이 전기공사업을 위하여 수행하는 사업
33. 「소방산업의 진흥에 관한 법률」 제23조에 따른 소방산업공제조합이 소방산업을 위하여 수행하는 사업
34. 「중소기업 기술혁신 촉진법」 제15조 및 같은 법 시행령 제13조에 따라 기술혁신형 중소기업으로 선정된 기업이 경영하는 사업. 다만, 법인의 본점·주사무소·지점·분사무소를 대도시 밖에서 대도시로 전입하는 경우는 제외한다.
35. 「주택법」에 따른 리모델링주택조합이 시행하는 같은 법 제66조 제1항 및 제2항에 따른 리모델링사업
36. 「공공주택 특별법」에 따른 공공매입임대주택(같은 법 제4조 제1항 제2호 및 제3호에 따른 공공주택사업자와 공공매입임대주택을 건설하는 사업자가 공공매입임대주택을 건설하여 양도하기로 2022년 12월 31일까지 약정을 체결하고 약정일부터 3년 이내에 건설에 착공하는 주거용 오피스텔로 한정한다)을 건설하는 사업
37. 「공공주택 특별법」 제4조 제1항에 따라 지정된 공공주택사업자가 같은 법에 따른 지분적립형 분양주택이나 이익공유형 분양주택을 공급·관리하는 사업

② 삭제 〈2020.08.12.〉

③ 법 제13조 제3항 제1호 각 목 외의 부분 단서에서 "대통령령으로 정하는 업종"이란 제1항 제3호의 주택건설사업을 말하고, 법 제13조 제3항 제1호 각 목에도 불구하고 직접 사용하여야 하는 기한 또는 다른 업종이나 다른 용도에 사용·겸용이 금지되는 기간은 3년으로 한다. 〈개정 2010.12.30.〉

④ 법 제13조 제4항에서 "대통령령으로 정하는 임대가 불가피하다고 인정되는 업종"이란 다음 각 호의 어느 하나에 해당하는 업종을 말한다. 〈신설 2010.12.30.〉

1. 제1항 제4호의 전기통신사업(「전기통신사업법」에 따른 전기통신사업자가 같은 법 제41조에 따라 전기통신설비 또는 시설을 다른 전기통신사업자와 공동으로 사용하기 위하여 임대하는 경우로 한정한다)
2. 제1항 제6호의 유통산업, 농수산물도매시장·농수산물공판장·농수산물종합유통센터·유통자회사 및 가축시장(「유통산업발전법」 등 관계 법령에 따라 임대가 허용되는 매장 등의 전부 또는 일부를 임대하는 경우 임대하는 부분에 한정한다)

2) 등기수수료

(1) 상업등기

다음에 해당하는 상업등기의 신청수수료는 매 건마다 30,000원으로 한다.

> 1. 회사 또는 합자조합의 설립등기(합병·분할·분할합병 및 조직변경으로 인한 설립등기와 외국회사의 영업소설치등기를 포함한다)
> 2. 본점(합자조합의 주된 영업소 및 외국회사의 영업소를 포함한다)을 다른 등기소 관할구역으로 이전하는 경우의 신소재지에서 하는 본점이전등기

그 밖의 상업등기의 신청수수료는 매 등기의 목적마다 6,000원으로 한다.

(2) 부동산등기

다음에 해당하는 부동산등기의 신청(촉탁을 포함한다. 이하 같다)수수료는 매 부동산마다 15,000원으로 한다.

> 1. 소유권보존등기
> 2. 소유권이전등기
> 3. 제한물권 또는 임차권의 설정 및 이전등기
> 4. 가등기 및 가등기의 이전등기

3) 법무사 법정수수료   *QR코드 자료실 참고

※ 본 표는 법무사 기본보수의 상한액(산정방법)을 정한 것이다. 다만, 개별 사건의 경우에 이러한 상한액은 법무사보수기준에 따라 가산되거나 감액될 수 있다.

(1) 회사(합자조합 포함, 이하 같다) 또는 법인의 설립(분할, 합병, 주식이전 또는 조직변경에 의한 설립 포함)에 관한 등기

II. 상업·법인등기 사건의 보수

1. 회사(합자조합 포함, 이하 같다) **또는 법인의 설립**(분할, 합병, 주식이전 또는 조직변경에 의한 설립 포함)**에 관한 등기**

납입(출자)금액		기본보수 (산정방법)		
	5천만원까지	310,000원		
5천만원초과	1억원까지	310,000원 +	5천만원초과액의	22/10,000
1억원초과	3억원까지	420,000원 +	1억원초과액의	9/10,000
3억원초과	5억원까지	600,000원 +	3억원초과액의	8/10,000
5억원초과	10억원까지	760,000원 +	5억원초과액의	7/10,000
10억원초과	20억원까지	1,110,000원 +	10억원초과액의	6/10,000
20억원초과	200억원까지	1,710,000원 +	20억원초과액의	4/10,000
200억원초과		8,910,000원 +	200억원초과액의	1/10,000

(2) 부동산등기(토지, 건물·구분건물, 입목, 선박, 공장 및 광업재단을 포함한다)의 소유권보존(건물의 증축 및 부속건물 신축을 포함한다)·이전, 용익권·담보권의 설정, 처분 또는 채권액의 증가에 관한 등기 및 가등기

I. 부동산등기 사건의 보수

1. 부동산등기(토지, 건물·구분건물, 입목, 선박, 공장 및 광업재단을 포함한다)**의 소유권보존**(건물의 증축 및 부속건물 신축을 포함한다)·**이전, 용익권·담보권의 설정, 처분 또는 채권액의 증가에 관한 등기 및 가등기**
※ 수개의 부동산을 1건의 신청서로 등기를 하는 경우 각 부동산의 과세표준액을 합산하여 가산함.

과세표준액		기본보수 (산정방법)		
	1천만원까지	100,000원		
1천만원초과	5천만원까지	100,000원 +	1천만원초과액의	11/10,000
5천만원초과	1억원까지	144,000원 +	5천만원초과액의	10/10,000
1억원초과	3억원까지	194,000원 +	1억원초과액의	9/10,000
3억원초과	5억원까지	374,000원 +	3억원초과액의	8/10,000
5억원초과	10억원까지	534,000원 +	5억원초과액의	7/10,000
10억원초과	20억원까지	884,000원 +	10억원초과액의	5/10,000
20억원초과	200억원까지	1,384,000원 +	20억원초과액의	4/10,000
200억원초과		8,584,000원 +	200억원초과액의	1/10,000

제3편

사업양수도 법인전환

1) 법인전환 세무 한눈에 보기 [(세 감면) 사업양수도에 의한 법인전환]

형태		A(개인) -> B(법인)
조세지원	양도소득세	이월과세(조세특례제한법 제32조)
	양도소득분 지방소득세	이월과세(지방세특례제한법 제120조)
	취득세	50% 경감(지방세특례제한법 제57조의2)
	농어촌특별세	취득세 감면분의 20%를 농특세로 과세
	법인설립등록세	과세
	부가가치세	과세제외
	인지세/면허세	부담
	국민주택채권매입	전액매입
	개인기업 조세감면	승계
조세지원 대상	업종	소비성 서비스업 제외
	대상자	소비성서비스업을 경영하는 법인 외의 법인으로 전환하는 거주자

	대상자산	사업용 고정자산으로서 업무와 관련 없는 부동산 제외 1) 20.08.12.~ : 취득세 감면대상에서 부동산 임대 및 공급업 사업용 고정자산을 제외 2) 21.01.01.~ : 주택 또는 주택을 취득할 수 있는 권리를 제외
	자본금	법인으로 전환하는 사업장의 법인전환일 현재 순자산평가액 이상일 것(조세특례제한법 제32조 제2항, 조특령 제29조 제5항)
	개인기업주 요건	회사설립 시 발기인으로 참여하여야 함
	개인기업주 출자액 요건	개인기업의 '순자산평가액' 이상이어야 하며, 회사설립 시 일시 출자되어야 함(증자 형식 불가)
	기간	법인 설립일로부터 3개월 이내에 개인기업의 사업에 관한 모든 권리 및 의무를 포괄적으로 양도해야 함
사후관리	양도소득세	법인 설립등기일로부터 5년 이내에 다음의 사유가 발생한 경우 사유 발생일이 속한 달의 말일부터 2개월 이내에 이월과세액을 양도소득세로 납부해야 함 1) 거주자로부터 승계받은 사업을 폐지 2) 거주자가 법인전환으로 취득한 주식 또는 출자지분의 50% 이상을 처분
	취득세	사업용 자산을 취득한 날로부터 5년 이내에 다음의 사유가 발생한 경우 경감받은 취득세를 추징. 1) 정당한 사유 없이 해당 사업을 폐업 2) 정당한 사유 없이 해당 자산을 처분(임대 포함) 또는 주식을 처분

2) 업무기준표 (5장 절차 참고)

구분		업무 내용	투입 시간	비고
D-23	대표이사 1차 브리핑	개인사업자 VS 법인사업자 장단점 공지		
		법인전환 유형 및 소요 비용 공지 : - 설립등기 비용 - 감정평가수수료 - 세무사 수수료 등		
		법인전환 절차 공지		
D-17	개인사업자 가결산 및 법인전환 타당성 검토	가결산을 통한 손익확정 후 영업권 가액 탁상평가 의뢰		
		개인사업자의 수입금액으로 계상될 재고자산 확인		
		양수 법인에 유리한 예상 자산·부채 금액 정리		
		개인사업자 예상 부가가치세 및 종합소득세 산정 공지		
D-15	대표이사 2차 브리핑	- 대략적인 영업권 평가액 및 관련 세금 공지 - 양수 법인이 승계하는 자산, 부채 공지 - 금융기관 부채 신설법인에 인계 가능 여부 사전 확인 필요 공지		
D-13	법인 설립 사전 공지 사항	법인 유지에 유리한 지분구조 및 자본금 공지		
		상호, 사업목적 결정		
		법인 설립에 필요한 서류 공지		
D-12	법인 정관 작성	정관 정비 - 표준정관에 의하지 않고 세무상 유리하도록 정관을 새로 정비		
		임원 보수 규정 정비		

구분		업무 내용	투입 시간	비고
		중간배당, 자기주식 취득, 이익소각에 관한 사항 등 정비		
D-10	법인 설립	정관과 필요서류 준비 후 법인 설립 등기		
D-8	개인사업자 결산 확정	양수 법인이 승계할 재고자산 및 그 외 자산, 부채 확정		
		개인사업 폐업에 따른 종합소득세 확정		
D-7	영업권 평가 의뢰	적정 영업권 평가금액 산정 : - 소득세 및 향후 법인의 자금 현황 고려		
		감정평가법인 영업권 평가 의뢰 - 적정 영업권 평가금액 제시 및 조율		
D-4	법인설립등기 완료 사업자등록	사업자등록 신청 - 설립된 등기부등본을 근거로 제출		
D-2	영업권 평가 완료	영업권 평가금액에 대한 확정 세금 공지		
D-1	사업양수도 계약서 작성	영업권과 자산양도 시 부가가치세 없는 부분 명확화		
		가업상속공제, 가업승계에 대한 증여세 과세특례 적용 시 개인사업 영위 기간 합산될 수 있는 점 명확화		
		금융기관 및 업무 관련 거래처에 개인사업 영위 기간이 업력에 포함될 수 있는 부분 명확화		
D-day	법인전환	법인전환까지의 작업 마무리		
D+1	명의변경	차량운반구 취득세 신고		
		금융기관, 통신사 등 관련 기관에 명의변경		

구분		업무 내용	투입 시간	비고
D+2	개시 재무상태표 작성	법인 명의로 통장개설		
		홈택스 재수임 동의		
		개시 재무상태표 확정 - 개인사업자로부터 양수한 자산, 부채, 영업권 가액, 자본금 반영		
D+5	대표이사 2차 브리핑	- 향후 법인에서 영업권 대가 수령 시 세금 문제 공지 - 다음 해 5월 전 영업권 대가 지급 때 원천징수 문제 공지 - 기본적으로 정비하여야 할 절세전략 제시		
		- 사업 초기·중기 적정 임원 보수 제시 - 향후 임원 및 직원 퇴직금 마련 재원 제시		
		- 법인 운영 시 개인사업자와 차이점 공지 - 법인 운영 시 자금관리, 인건비 처리, 업무용 승용차 등 관련 회계 및 세무 관리 방안 공지		
D+25	개인사업자 폐업 신고 및 부가가치세 신고	개인사업자 폐업 신고: 폐업일까지 매출·매입에 대한 부가가치세 신고 - 폐업 사유 : 사업양수도 - 사업양수인 : 신설법인 사업자등록번호		
총 투입시간		시간당 보수	보수 청구액	

3-1편. 서론

★ 사업양수도 법인전환 방식은 조세지원을 받을 수 있는 세 감면 사업양수도 방식과 세제지원이 없는 일반 사업양수도 방식으로 나눌 수 있다. 특히 세 감면 사업양수도 방식은 양도소득세 및 취득세 과세대상인 사업용 부동산 등을 이전하는 케이스에 보다 적합한 법인전환 방식이다.

01 사업양수도 법인전환 방식의 의미

사업양수도 법인전환이란, 개인 기업을 새로 설립한 법인에 양도하는 방식으로 법인전환하는 것을 의미한다. 사업양수도 계약을 통해 개인 기업이 보유하고 있는 공장·토지 등의 부동산과 재고자산 등의 기타자산, 부채 등이 전환 법인으로 이전되며 개인 대표자는 전환 법인의 주식을 보유하게 된다.

법인전환 시 사업의 포괄적 양도라 함은 사업용 자산을 비롯한 물적·인적시설 및 권리,의무 등을 포괄적으로 양도하고 사업의 동질성을 유지하면서 경영주체가 개인에서 법인으로 전환되는 행위를 말한다(재산46014-695).

02 사업양도에 따른 부가가치세 과세문제 (부가령 제23조)

사업의 양도가 부가가치세법상 요건을 충족하는 포괄양수도에 해당하는 경우, 해당 사업의 양도는 재화의 공급으로 보지 않으므로 부가가치세가 과세되지 않는다.

반대로 사업의 양도가 부가가치세법상 요건을 충족하지 못하는 경우, 해당 사업의 양도는 부가가치세 과세 대상이 된다. 이 경우 개인 대표자와 법인은 사업양수도 계약에 따른 부가가치세를 거래징수하고, 세금계산서를 수수해야 한다.

부가가치세법상 요건을 충족하는 포괄양수도란, 사업장별(「상법」에 따라 분할하거나 분할합병하는 경우에는 같은 사업장 안에서 사업부문별로 구분하는 경우를 포함한다)로 그 사업에 관한 모든 권리와 의무를 포괄적으로 승계시키는 것(「법인세법」 제46조 제2항 또는 제47조 제1항의 요건을 갖춘 분할의 경우 및 양수자가 승계받은 사업 외에 새로운 사업의 종류를 추가하거나 사업의 종류를 변경한 경우를 포함한다)을 말한다.

다만, 그 사업에 관한 권리와 의무 중 다음의 것을 포함하지 아니하고 승계시킨 경우에도 그 사업을 포괄적으로 승계시킨 것으로 본다.

① 미수금에 관한 것
② 미지급금에 관한 것
③ 해당 사업과 직접 관련이 없는 토지·건물 등에 관한 것으로서 기획재정부령으로 정하는 것

아래와 같은 사례는 포괄양수도에 해당하지 아니한다(부가세 집행기준 10-23-2).

① 사업과 직접 관련이 있는 토지와 건물을 제외하고 양도하는 경우
② 부동산매매업자 또는 건설업자가 일부 부동산 또는 일부 사업장의 부동산을 매각하는 경우
③ 종업원 전부, 기계설비 등을 제외하고 양도하는 경우
④ 부동산임대업자가 임차인에게 부동산임대업에 관한 일체의 권리와 의무를 포괄적으로 승계 시키는 경우
⑤ 일부 과세대상 사업용 부동산을 먼저 양도하고 동일한 과세기간 경과 후 나머지 사업과 관련된 권리·의무, 종업원 등을 양도하는 경우

일부 자산, 부채, 종업원이 승계 누락된 경우 사업양도 해당 여부
[사전-2015-법령해석부가-0143 생산일자 : 2015.05.29.]

[요지]
양도인의 자산을 양수하면서 사업용고정자산과 무형자산에 대한 평가를 거쳐 양도인의 사업을 그대로 승계한 것이라면 매출채권, 매입채무, 미지급금 등이 양도대상에서 제외되어도 사업양도로 보아야 함.

[회신]
사업자가 영위하던 사업장을 양도하면서 해당 사업장의 외상매출채권·매입채무·미지급금·미수금 전부와 사업의 핵심적 구성요소가 아닌 일부 종업원만을 제외하고, 사업용 고정자산·상표사용권·영업비밀과 영업권 등을 포함한 주요 권리와 의무를 포괄적으로 승계시켜 사업의 동일성이 유지되는 경우에는 「부가가치세법」 제10조 제8항 제2호에 따라 재화의 공급으로 보지 아니하는 사업양도에 해당하는 것입니다.
다만, 외상매출채권·매입채무 및 일부 종업원을 제외하더라도 사업의 동일성이 유지되는 경우에 해당하는 지는 해당 사업의 특수성 및 거래의 실질내용에 따라 사실판단할 사항입니다.

쟁점부동산의 거래가 사업의 포괄적양수도에 해당하는지 여부
[심사-부가-2017-0082 생산일자 : 2018.01.10.]

[요지]
양도당시에 사업의 동일성이 유지된 점, 양수자가 쟁점부동산 양수 이후에 새로운 사업의 종류를 추가한 점, 쟁점부동산의 거래당시 건물계약서에 부가가치세를 별도로 기재하지 않은 점 등 쟁점거래는 사업의 포괄적 양도로 봄이 타당함.

임차인에게 구분등기 된 부동산의 포괄적 양도가 사업의 양도에 해당하는지 여부
[법규과-925 생산일자 : 2014.08.25.]

[요지]
부동산임대사업자가 구분등기된 임대사업장 전체를 임차인에게 포괄적으로 양도하는 경우, 양수인인 임차인이 사용하는 사업장 외의 사업장에 대한 양도는 사업의 포괄양도에 해당하는 것임.

[회신]

사업자가 <u>구분등기 된 개별점포(사업장)</u>별로 사업자등록을 하지 아니하고 해당 임대사업장에 하나의 사업자등록번호를 발급받아 부동산임대업을 영위하다가 해당 부동산의 임차인 중 1인에게 해당 <u>부동산임대업에 관한 모든 권리와 의무를 포괄적으로 승계시켜</u> 임차인이 기존에 운영하던 사업과 승계받은 부동산임대업을 겸영하는 경우, 사업자가 임차인에게 해당 부동산(사업양수자인 임차인이 사용하던 점포를 제외한다)을 양도하는 것은 「부가가치세법」 제10조 제8항 제2호에 따른 <u>사업의 양도에 해당하는 것임.</u>

임차인에게 구분등기되지 않은 부동산을 양도 시 사업의 양도에 해당하는지
[사전-2021-법령해석부가-0569 [법령해석과-1724] 생산일자 : 2021.05.13.]

[요지]

부동산임대업자가 <u>구분등기 되지 않은 자신의 임대사업장을</u> 일괄적으로 자신의 임차인들 중 1인에게 양도하고 그 임차인은 승계받은 부동산임대업과 자신의 사업인 금융업을 운영하는 경우 해당 양도는 <u>재화의 공급으로 보지 않는 사업의 양도에 해당하지 아니함.</u>

[회신]

부동산임대업자가 구분등기 되지 않은 자신의 임대사업장을 임차인들 중 1인에게 일괄적으로 양도하고 그 임차인은 승계받은 부동산임대업과 자기의 사업인 금융업을 영위하는 경우 해당 양도는 「부가가치세법」 제10조 제9항 제2호 및 같은 법 시행령 제23조에 따른 사업의 양도에 해당하지 아니하는 것임.

03　장점

　사업양수도 법인전환 방식은 현물출자 법인전환 방식에 비해 법인 설립 절차가 간편하므로, 법인 전환에 소요되는 기간이 비교적 짧다.

04　단점

　세 감면 포괄양수도 방식의 경우, 법인 설립 시 개인 사업장의 순자산가액 이상의 현금을 일시 출자해야 한다. 따라서 현물출자 법인전환 방식과 비교하여 더 많은 유동 자금을 확보하고 있는 경우에만 실행이 가능하다. 특히 개인 사업체에 사업용 부동산이 있는 경우, 설립 시 자본금이 매우 커져 실제 실행에 어려움을 겪을 수 있다.

3-2편. 세 감면 사업양수도

1장. 개요

법에서 정한 요건을 충족하는 사업 양수도 방식으로 법인 전환하는 경우, 조세특례제한법 및 지방세특례제한법에 따른 조세지원을 받을 수 있다. 조세지원이 없는 일반 사업양수도 방식과 구분하기 위하여, 세 감면 사업양수도로 구분하여 설명하고자 한다.

2장. 조세지원

01 양도소득세 이월과세 (조세특례제한법 제32조)

거주자가 사업용고정자산을 현물출자하거나 대통령령으로 정하는 사업양수도의 방법에 따라 법인(대통령령으로 정하는 소비성 서비스업을 경영하는 법인은 제외한다)으로 전환하는 경우 그 사업용 고정자산에 대해서는 이월과세를 적용받을 수 있다. 다만, 해당 사업용고정자산이 주택 또는 주택을 취득할 수 있는 권리인 경우는 제외한다.

1) 이월과세(移越課稅)의 의미

조세특례제한법에서 "이월과세"란 개인이 해당 사업에 사용되는 사업용고정자산 등(이하 "종전사업용고정자산등"이라 한다)을 현물출자 등을 통하여 법인에 양도하는 경우 이를 양도하는 개인에 대해서는 「소득세법」 제94조에 따른 양도소득에 대한 소득세(이하 "양도소득세"라 한다)를 과세하지 아니하고, 그 대신 이를 양수한 법인이 그 사업용고정자산

등을 양도하는 경우 개인이 종전사업용고정자산등을 그 법인에 양도한 날이 속하는 과세기간에 다른 양도 자산이 없다고 보아 계산한 같은 법 제104조에 따른 양도소득 산출세액 상당액을 법인세로 납부하는 것을 말한다.

즉 이월과세는 개인 기업을 법인 형태로 전환하기 위해 양도소득세 과세대상자산을 법인으로 이전하는 과정에서, 개인 대표자가 부담해야 할 양도소득세를 즉시 납부할 필요가 없도록 지원하는 규정이다. 해당 양도소득세는 법인이 양수받은 자산을 양도하는 시점에 법인세로 납부하도록 정하고 있다. 따라서 납세의무자는 개인에서 법인으로 변경되며, 납부시기가 이연되는 효과가 있다.

이월과세는 양도소득세를 즉각 납부하는 부담을 경감하여 실질적인 변화 없이 사업을 안정적으로 운영할 수 있도록 함으로써, 법인전환 과정에서 기업의 규모가 축소되는 것을 방지하는 데 그 목적이 있다.

2) 신청절차 (조세특례제한법 시행령 제29조 제4항)

양도소득세의 이월과세를 적용받고자 하는 자는 사업양수도를 한 날이 속하는 과세연도의 과세표준신고(예정신고 포함)시 새로이 설립되는 법인과 함께 기획재정부령이 정하는 이월과세 적용신청서를 납세지 관할 세무서장에게 제출해야 한다(사업용 자산 및 부채명세서. 사업양수도계약서 사본 등 첨부).

즉, 법인 전환 후 첫 번째 과세연도에 신청서를 제대로 제출하지 않으면 양도소득세 이월과세 혜택을 받을 수 없다.

3) 양도소득분 개인지방소득세 이월과세 (지방세특례제한법 제120조)

양도소득분 개인지방소득세에 대해서도 이월과세를 적용받을 수 있다. 신청 절차는 양도소득세 이월과세와 동일하게 사업양수도를 한 날이 속하는 과세연도의 과세표준신고 시 이월과세적용신청서를 납세지 관할 지방자치단체의 장에게 제출하여야 한다.

다만 「조세특례제한법 시행령」 제29조 제4항에 따라 양도소득세 이월과세 신청서를 제출하는 것으로 지방세특례제한법 제120조에 따른 개인지방소득세에 대한 이월과세도 함께 신청한 것으로 간주되므로 실무상 별도의 신청은 필요하지 않다.

02 취득세 감면 (지방세특례제한법 제57조의2 제4항)

1) 취득세 감면

사업 양도·양수에 따라 2027년 12월 31일까지 취득하는 사업용 고정자산(「통계법」 제22조에 따라 통계청장이 고시하는 한국표준산업분류에 따른 부동산 임대 및 공급업에 대해서는 제외한다)에 대해서는 취득세의 100분의 50을 경감한다.

다만, 취득일부터 5년 이내에 대통령령으로 정하는 정당한 사유 없이 해당 사업을 폐업하거나 해당 재산을 처분(임대를 포함한다) 또는 주식을 처분하는 경우에는 경감 받은 취득세를 추징한다. 또한, 비영업용 소형승용차 등 비사업용 자산은 취득세가 경감되지 않는다.

> [대법원 2003.3.14.선고 2002두12182판결]
> 위 법규정이 현물출자되는 사업용 재산에 대하여 등록세, 취득세를 면제하는 <u>취지는 이 경우 실질적으로는 동일한 사업주가 사업의 운영형태만을 바꾸는 것에 불과하여 재산이전에 따르는 등록세, 취득세 등을 부과할 필요가 적음과 더불어 개인사업의 법인전환을 장려함에 있다.</u>

2) 농어촌특별세 과세 (농어촌특별세법 제5조 제1항 제1호 및 제6호)

감면된 취득세의 20%는 농어촌특별세로 납부해야 하며, 지방세분 농어촌특별세로 표준세율(2%)에 해당하는 취득세의 10%를 납부해야 한다.

호별	과세표준	세율
1	「조세특례제한법」·「관세법」·「지방세법」 및 「지방세특례제한법」에 따라 감면을 받는 소득세·법인세·관세·취득세 또는 등록에 대한 등록면허세의 감면세액(제2호의 경우는 제외한다)	100분의 20
2	「조세특례제한법」에 따라 감면받은 이자소득·배당소득에 대한 소득세의 감면세액	100분의 10
3	삭제〈2010.12.30.〉	
4	「개별소비세법」에 따라 납부하여야 할 개별소비세액	100분의 30

호별	과세표준	세율
	가. 「개별소비세법」 제1조 제3항 제4호의 경우 나. 가목 외의 경우	100분의 10
5	「자본시장과 금융투자업에 관한 법률」에 따른 증권시장으로서 대통령령으로 정하는 증권시장에서 거래된 증권의 양도가액	1만분의 15
6	「지방세법」 제11조 및 제12조의 표준세율을 100분의 2로 적용하여 「지방세법」, 「지방세특례제한법」 및 「조세특례제한법」 따라 산출한 취득세액	100분의 10
7	「지방세법」에 따라 납부하여야 할 레저세액	100분의 20
8	「종합부동산세법」에 따라 납부하여야 할 종합부동산세액	100분의 20

03 조세감면 등 승계 (조세특례제한법 제32조 제4항)

1) 창업중소기업 및 창업벤처중소기업

조세특례제한법 제6조 제1항 및 제2항에 따른 창업중소기업 및 창업벤처중소기업 또는 제64조 제1항에 따라 세액감면을 받는 내국인이 제6조 또는 제64조에 따른 감면기간이 지나기 전에 대통령령으로 정하는 사업양도·양수의 방법에 따라 법인으로 전환하는 경우 대통령령으로 정하는 바에 따라 남은 감면기간에 대하여 제6조 또는 제64조를 적용받을 수 있다(법인소득세 감면).

현행 지방세특례제한법에서의 창업중소기업·창업벤처중소기업·농공단지 입주기업 등에 대한 지방소득세 세액감면[지특법 제100조, 지특법 제125조] 규정은 2018년 12월 31일 이전에 창업하거나 입주하는 경우에만 적용하며 적용시한이 종료되었으므로 지방소득세 감면은 법인에게 승계하지 아니한다.

개인사업자의 법인전환 시 창업중소기업에 대한 세액감면 승계 여부
[서면-2022-법인-1835 [법인세과-1575] 생산일자 : 2022.10.31.]

[요지]
거주자가 창업중소기업에 대한 세액감면 기간이 지나기 전에 사업 양도·양수의 방법으로 법인 전환한 경우에 해당 중소기업 법인은 <u>그 거주자의 남은 감면기간에 대하여</u> 창업중소기업 세액감면을 적용 받을 수 있는 것임.

[상세내용]
○ 사실관계
- 질의법인은 수도권과밀억제권역에서 전자상거래 도소매업을 영위하는 개인사업자('21.1월 창업)로부터 같은 해 10월 「조세특례제한법」 제32조 제1항의 요건을 갖춰서 전환한 법인으로 개인 사업자 당시 적용받았던 조세특례제한법 제6조 제1항 나목에 의한 청년창업중소기업에 대한 세액감면을 승계함.
- 개인사업자 영위 기간에 대해서는 종합소득세 신고 시 조세특례제한법 제6조에 의한 청년창업중소기업에 대한 세액감면 신청
○ 질의내용
- 개인사업자가 '21년 귀속 종합소득세 신고 시 「조세특례제한법」 제6조 창업중소기업 등에 대한 세액감면을 적용 받을 경우 전환법인이 동일한 사업연도에 세액감면을 적용할 수 있는지 여부

법인전환에 따른 창업 중소기업 등에 대한 세액감면 적용
[서면-2017-법인-3365, 2018.03.20.]

1. 사실관계
○ 질의법인은 건축설계업을 영위하는 법인으로, 대표자가 2013.03.06. 개업한 개인사업에서 법인전환하여 2016.06.29.법인설립등기, 2016.07.01. 법인으로 사업자등록하였고
- 2017.7월 질의법인 명의로 벤처기업 확인을 받음.
○ 개인사업자 사업자등록은 질의법인 설립 후인 2017.05.30. 폐업하였고, 법인 설립 이후도 개인사업에서 매출이 발생하였으나
- 신규영업이나 계약에서 발생한 것이 아니라 기존 거래처와의 계약관계 상 중도금·잔금과 관련된 것이고, 해당 매출 관련으로 사업을 유지함.

○ 법인전환 전 개인사업 당시인 2013년부터 2016년까지 4년간 '창업중소기업 세액감면' 받았음.

2. 질의내용
   ○ 질의1) 질의법인이 세액감면을 적용받던 개인사업자에서 법인전환 설립되었으므로, 남은 감면기간이 있는 것으로 보아 2016과세연도 창업 중소기업세액감면 적용가능 여부
   ○ 질의2) 법인 창업 후 3년 이내 벤처기업 확인에 따라, 새로이 2016과세연도부터 창업벤처 중소기업세액감면 적용가능 여부

3. 회신내용
   귀 질의1의 경우, 거주자가 하던 사업을 법인으로 전환하여 새로운 법인을 설립하는 경우는 「조세특례제한법」 제6조 제6항 규정에 따라 창업으로 보지 아니하나, 동법 제6조 제1항에 따른 세액감면을 적용받던 거주자가 하던 사업(이하 "개인 기업"이라 함)을 동법 제32조 제1항에 따른 법인전환 요건을 충족하여 중소기업 법인으로 전환하는 경우, 해당 중소기업 법인은 동법 제32조 제4항에 따라 개인 기업의 남은 감면기간에 대하여 동법 제6조 제1항의 창업중소기업 세액감면을 적용받을 수 있는 것입니다.
   귀 질의2의 경우, 거주자가 하던 사업을 법인으로 전환하여 새로운 법인을 설립하는 경우는 「조세특례제한법」 제6조 제6항 규정에 따라 창업으로 보지 아니하나, 개인 거주자가 「조세특례제한법」 제6조 제3항에 해당하는 업종을 창업한 후 동법 제32조제1항에 따른 법인전환 요건을 충족하여 중소기업 법인으로 전환하는 경우, 개인 기업의 창업일로부터 3년 이내에 벤처기업을 확인받는 경우 해당 중소기업 법인은 동법 제6조 제2항의 창업벤처 중소기업 세액감면을 적용받을 수 있는 것입니다.

2) 수도권과밀억제권역 밖으로 공장을 이전하는 중소기업 등

조세특례제한법 제63조에 따른 수도권과밀억제권역 밖으로 공장을 이전하는 중소기업 또는 제68조에 따른 농업회사법인이 제63조 또는 제68조에 따른 감면기간이 지나기 전에 대통령령으로 정하는 사업양도·양수의 방법에 따라 법인으로 전환하는 경우 대통령령으로 정하는 바에 따라 남은 감면기간에 대하여 제63조 또는 제68조를 적용받을 수 있다(법인소득세 감면).

현행 지방세특례제한법에서의 수도권과밀억제권역 밖으로 공장을 이전하는 중소기업에 대한 세액감면[지특법 제124조]은 2017년 12월 31일까지 사업을 개시한 경우에만 감면을

적용하고, 농업인 등에 대한 양도소득분 개인지방소득세의 면제[지특법 제128조]는 2018년 12월 31일 이전에 농지를 농업법인에 현물출자하는 경우에만 해당하므로 지방소득세의 잔존기간 감면은 승계되지 아니한다.

> 개인사업자가 법인으로 전환하는 경우, 잔존 감면기간동안 지방으로 이전하는 중소기업에 대한 세액감면 적용 [소득세과-629 생산일자 : 2012.08.20.]
>
> [요지]
> 개인사업자가 「조세특례제한법」 제32조 및 같은 법 시행령 제29조 제2항에 따라 법인으로 전환하는 경우, 전환 후 법인은 개인사업자의 잔존 감면기간동안 「조세특례제한법」 제63조에 따른 수도권과밀억제권역 밖으로 이전하는 중소기업에 대한 세액감면을 적용받을 수 있는 것임.
>
> [상세내용]
> ○ 사실관계
> - 거주자 A는 2001.4월 서울에서 사업장을 임차, 공장시설을 갖춘 후 사업자등록하여 젓갈반찬 제조중소기업을 운영하던 개인사업자로
> - 강원도 횡성군에 공장을 신축하여 2008.2월 사업장을 이전과 함께 상호를 변경한 후 현재까지 젓갈반찬 제조중소기업을 경영하고 있으며
> - 2012.12월 중 법인으로 전환할 예정임.
> ○ 질의
> - 수도권과밀억제권역 밖으로 이전하는 중소기업에 대한 세액감면을 적용받던 중소제조업을 운영하는 개인사업자가 법인으로 전환하는 경우 잔존 감면기간 동안 해당 세액감면을 계속 적용받을 수 있는지 여부

3) 미공제세액 승계

조세특례제한법 제144조에 따른 미공제 세액이 있는 내국인이 대통령령으로 정하는 사업양도·양수의 방법에 따라 법인으로 전환하는 경우 대통령령으로 정하는 바에 따라 그 내국인의 미공제 세액을 승계하여 공제받을 수 있다.

현행 지방세특례제한법 제174조 세액공제액의 이월공제에서 개인사업자 사업소득 관련 지방소득세 미공제세액을 전환 법인이 승계한다는 규정을 두고 있지 않으므로 미공제 지

방소득세액은 이월공제를 적용하지 않는 것으로 해석된다.

> ◎ **조세특례제한법 제144조(세액공제액의 이월공제)**
> 공제할 세액 중 해당 과세연도에 납부할 세액이 없거나 제132조에 따른 법인세 최저한세액 및 소득세 최저한세액에 미달하여 공제받지 못한 부분에 상당하는 금액은 해당 과세연도의 다음 과세연도 개시일부터 10년 이내에 끝나는 각 과세연도에 이월하여 그 이월된 각 과세연도의 소득세[사업소득(제96조의3 및 제126조의6을 적용하는 경우에는 「소득세법」 제45조 제2항에 따른 부동산임대업에서 발생하는 소득을 포함한다)에 대한 소득세만 해당한다] 또는 법인세에서 공제한다.

제7조의2(기업의 어음제도개선을 위한 세액공제)

제7조의4(상생결제 지급금액에 대한 세액공제)

제8조의3(상생협력을 위한 기금 출연 등에 대한 세액공제)

제10조(연구·인력개발비에 대한 세액공제)

제12조(기술이전 및 기술취득 등에 대한 과세특례)

제12조의3(기술혁신형 합병에 대한 세액공제)

제12조의4(기술혁신형 주식취득에 대한 세액공제)

제13조의2(내국법인의 벤처기업 등에의 출자에 대한 과세특례)

제13조의3(내국법인의 소재·부품·장비전문기업 등에의 출자·인수에 대한 과세특례)

제19조(성과공유 중소기업의 경영성과급에 대한 세액공제 등)

제24조(통합투자세액공제)

제25조의6(영상콘텐츠 제작비용에 대한 세액공제)

제25조의7(내국법인의 문화산업전문회사에의 출자에 대한 세액공제)

제26조(고용창출투자세액공제)

제29조의2(산업수요맞춤형고등학교등 졸업자를 병역 이행 후 복직시킨 기업에 대한 세액공제)
제29조의3(경력단절 여성 고용 기업 등에 대한 세액공제)
제29조의4(근로소득을 증대시킨 기업에 대한 세액공제)
제29조의5(청년고용을 증대시킨 기업에 대한 세액공제)

제29조의7(고용을 증대시킨 기업에 대한 세액공제)

제29조의8(통합고용세액공제)

제30조의3(고용유지중소기업 등에 대한 과세특례)

제30조의4(중소기업 사회보험료 세액공제)

제96조의3(상가임대료를 인하한 임대사업자에 대한 세액공제)

제99조의12(선결제 금액에 대한 세액공제)

제104조의8(전자신고 등에 대한 세액공제)

제104조의14(제3자물류비용에 대한 세액공제)

제104조의15(해외자원개발투자에 대한 과세특례)

제104조의22(기업의 운동경기부 등 설치·운영에 대한 과세특례)

제104조의25(석유제품 전자상거래에 대한 세액공제)

제104조의30(우수 선화주기업 인증을 받은 화주 기업에 대한 세액공제)

제104조의32(용역제공자에 관한 과세자료의 제출에 대한 세액공제)

제122조의4(금사업자와 스크랩등사업자의 수입금액의 증가 등에 대한 세액공제)

제126조의6(성실신고 확인비용에 대한 세액공제)

제126조의7(금 현물시장에서 거래되는 금지금에 대한 과세특례)

> **법인전환으로 신설된 법인이 개인사업자의 이월공제세액 승계 여부**
> [법인-173 (2014.04.11.)]
>
> [요지]
> 「조세특례제한법」 제144조의 규정에 의한 이월세액이 있는 개인사업자가 법인전환을 하는 경우 당해 이월세액은 개인사업자의 이월공제기간내에 전환법인이 이를 승계하여 공제받을 수 있음.

3장. 조세지원의 요건

사업양수도 방법에 의한 법인 전환 시 조세지원을 적용받기 위해서는 거주자가 대통령령으로 정하는 사업양도·양수 방법에 따라 법인으로 전환해야 한다.

대통령령이 정하는 사업양도·양수 방법이란 해당 사업을 영위하던 자가 발기인이 되어 일정액 이상을 출자하여 법인을 설립하고, 그 법인설립일로부터 3개월 이내에 해당 법인에게 사업에 관한 모든 권리와 의무를 포괄적으로 양도하는 것을 말한다.

조세지원을 받기 위한 법정 요건을 정리하면 아래와 같다.

01 조세지원 대상업종

조세지원을 받기 위해서는 소비성서비스업 외의 업종을 경영하는 기업이어야 한다. 소비성서비스업이란 다음의 어느 하나에 해당하는 사업을 말한다.

① 호텔업 및 여관업 (관광진흥법에 따른 관광숙박업은 제외)
② 주점업 (일반유흥주점업, 무도유흥주점업 및 식품위생법 시행령 제21조에 따른 단란주점 영업만 해당하되, 관광진흥법에 따른 외국인전용유흥음식점업 및 관광유흥음식점업은 제외)
③ 그 밖에 오락유흥 등을 목적으로 하는 사업으로서 기획재정부령으로 정하는 사업

어떤 사업이 소비성 서비스업에 해당하는지 여부는 실질에 따라 판정한다. 업종 판정 시 특별한 규정이 있는 경우를 제외하고 통계청이 고시한 한국표준산업분류를 따라야 한다.

사업자가 두 가지 이상의 업종을 겸영하는 경우에는 주된 업종을 따른다. 주된 업종이란 사업자가 운영하는 업종 중 수입금액이 가장 큰 업종을 말한다.

소비성서비스업을 제외한 사업을 영위한 사업을 영위하는 중소기업간 통합을 대상자로 하고 있는 것임 [재산46014-207, 2001.02.28.]

"부동산업 및 소비성서비스업" 외의 사업을 영위하는 중소기업간 통합으로 인하여 소멸되는 중소기업의 사업용 고정자산을 통합 후 설립된 법인 또는 통합 후 존속하는 법인에게 양도하는 경우에는 조세특례제한법 제31조의 규정에 의하여 "이월과세"를 적용받을 수 있는 것입니다.

위의 경우 "부동산업 및 소비성 서비스업"과 그 외의 사업을 겸업하는 경우 당해 사업의 업종의 판정은 직전사업년도 당해 사업의 사업별 수입금액이 가장 큰 업종을 기준으로 판단하는 것입니다.

법인전환에 대한 양도소득세 이월과세 적용 여부
[부동산거래관리과-1252 생산일자 : 2010.10.12.]

[요지]
「조세특례제한법 시행령」제29조 제3항 각 호에 해당하는 <u>소비성 서비스업을 영위하는 거주자가 법인으로 전환하는 경우에는 「조세특례제한법」제32조에 따른 법인전환에 대한 양도소득세 이월과세가 적용되지 않는 것임.</u>

[질의내용]
○ 사실관계
 - 1996년부터 남양주 화도읍에서 호텔 및 레스토랑 경영
 - 2003년부터는 직접 경영하지 않고 임대
 - 현재 사업장의 레스토랑은 관광숙박업에 등록되어 있으나 호텔은 객실 수가 모자라 관광숙박업에 등록되어 있지 않아 소비성 서비스업에 해당됨.
 - 향후 사업장을 임대하지 않고 본인이 직접 경영하다가 법인 전환하고 건물을 멸실하고 신축하여 호텔도 관광숙박업으로 등록할 예정임.
○ 질의내용
 - 법인 전환 후의 업종만 소비성 서비스업에 해당하지 않으면 조세특례제한법 제32조에 따른 법인전환 이월과세를 적용받을 수 있는지

골프연습장을 주업으로 하는 중소기업의 양도소득세 이월과세 적용 여부
[서일46014-11040, 2002.08.12.]

골프연습장을 주업으로 하는 중소기업은 조세특례제한법 제31조 제1항 및 같은법시행령 제28조 제1항과 같은법 시행령 제130조 제2항의 규정에 의하여 양도소득세의 이월과세를 적용받을 수 있는 중소기업의 업종(사업)에 해당하는 것임.

부동산임대업을 영위하는 개인사업자와 당해 부동산을 임차한 법인간의 합병시 이월과세 적용 여부 [서면2팀-445(2004.03.16.)]

부동산임대업을 주업으로 하는 중소기업은 조세특례제한법 제31조 제1항과 같은법시행령 제28조 제1항 및 제130조 제2항의 규정에 의하여 양도소득세의 이월과세를 적용 받을 수 있는 것입니다.

법인전환에 대한 양도소득세의 이월과세 적용 여부
[서면인터넷방문상담2팀-85 생산일자 : 2006.01.11.]

[요지]
부동산임대업을 영위하는 개인사업자가 부동산을 현물출자하여 법인으로 전환하고 <u>임차인이 소비성서비스업을 영위하는 경우</u> 당해 부동산에 대하여 양도소득세 이월과세를 적용받을 수 있는 것임.

[상세내용]
○ 사실관계
부동산을 임대하는 개인사업자가 해당 부동산을 현물출자하여 법인으로 전환하는 경우에 조세특례제한법 제32조 [법인전환에 대한 양도소득세의 이월과세]의 적용에 있어 소비성서비스업을 영위하는 법인을 제외하고 있음.
○ 질의내용
법인전환 후에도 부동산을 임대하는 업종의 변동은 없으나, 해당 부동산을 임차하여 사용하는 임차인이 소비성서비스업(예, 호텔업)을 영위하는 경우에 상기 이월과세를 적용받을 수 있는 것인지

법인전환 양도세 이월과세 규정 적용시 반드시 동일 업종으로 전환해야 하는지 여부
[재산세과-2246 생산일자 : 2008.08.14.]

[요지]
법인전환에 대한 양도소득세의 이월과세 규정을 적용함에 있어 동일한 업종으로 전환하거나 사업의 종류를 추가 또는 변경하는 경우도 적용됨.

[회신]
「조세특례제한법」 제32조(법인전환에 대한 양도소득세의 이월과세) 규정을 적용함에 있어서 '사업양수도방법'이라 함은 당해 사업을 영위하던 자가 발기인이 되어 전환하는 사업장의 순자산가액 이상을 출자하여 법인을 설립하고, 그 법인설립일부터 3월 이내에 당해 법인에게 사업에 관한 모든 권리와 의무를 포괄적으로 양도하는 것을 말하는 것이며, 이 경우 동일한 업종으로 전환하거나 사업의 종류를 추가 또는 변경하는 경우도 포함합니다.

사업장의 일부 업종만 법인으로 전환하는 경우 이월과세 적용 여부
[부동산거래관리과-0861 생산일자 : 2011.10.12.]

[요지]
「조세특례제한법」 제32조에 따른 법인전환에 대한 양도소득세 이월과세는 사업장별로 적용하는 것으로서 해당 사업장의 일부 업종은 법인으로 전환하고 일부 업종은 개인사업으로 계속 영위하는 경우에는 동 규정을 적용할 수 없는 것임.

[상세내용]
○ 사실관계
 - 7인 공동으로 토지와 건물을 공유하면서 함께 병원을 운영하고 있음(7인 공동사업자).
 - 병원은 부동산을 의료업에 대부분 사용하고 일부인 장례식장 등을 임대하고 있음(사업자등록은 과세・면세 겸영사업자로 등록)
 - 상기 임대용 부동산과 의료업용 부동산을 법인으로 전환하여 부동산임대업을 영위하고, 의료업용 부동산은 당해 병원에 다시 임대하고자 함.
○ 질의내용
 - 부동산임대업과 의료업을 운영하는 공동사업자가 사업용고정자산(임대용 자산과 의료업용 자산)을 현물출자하거나 사업양수도 방식에 의하여 법인으로 전환하고, 해당 자산을 임대하여 의료업을 계속하는 경우 법인전환에 대한 양도소득세 이월과세를 적용받을 수 있는지 여부

02 전환당사자 : 거주자일 것

조세지원을 받을 수 있는 자는 거주자에 한한다. 소득세법 제1조의2 제1항 제1호에 따른 거주자란, 국내에 주소를 두거나 183일 이상 거소를 둔 개인을 말한다.

비거주자와 공동 소유하는 사업용 고정자산을 현물출자하여 법인전환하는 경우 이월과세 [부동산거래관리과-148 생산일자 : 2011.02.15.]

[요지]

공동사업자인 거주자와 비거주자가 공동으로 소유하는 사업용 고정자산을 「조세특례제한법」 제32조에 따라 현물출자하여 법인으로 전환하는 경우에는 거주자의 지분에 한하여 이월과세를 적용받을 수 있는 것임.

[회신]

공동사업자인 거주자와 비거주자가 공동으로 소유하는 사업용 고정자산을 「조세특례제한법」 제32조에 따라 현물출자하여 법인으로 전환하는 경우에는 <u>거주자의 지분에 한하여 이월과세를 적용받을 수 있는 것입니다.</u>

비사업자인 개인 거주자가 소유한 자산을 법인에 현물출자시 이월과세 적용여부
[서면-2015-부동산-0023 생산일자 : 2015.03.06.]

[요지]

비사업자인 개인 거주자의 경우에는 <u>사업자등록을 한 후 해당 사업에 사용되는 사업용고정자산을 현물출자 등의 방법에 따라 법인으로 전환하는 경우에만</u> 그 사업용 고정자산에 대해서 「조세특례제한법」 제32조 제1항에 따른 법인전환에 대한 양도소득세의 이월과세를 적용하는 것임.

[상세내용]

○ 사실관계
　비사업자인 개인 거주자 갑은 소유하고 있는 토지 및 건물을 법인에 현물출자하고 「조세특례제한법」 제32조 제1항에 따라 법인전환에 대한 양도소득세의 이월과세를 적용받고자 함

○ 질의내용
비사업자인 개인 거주자 갑이 사업자등록을 하지 않은 채 소유하고 있는 토지 및 건물을 법인에 현물출자하는 경우 「조세특례제한법」 제32조 제1항에 따라 법인전환에 대한 양도소득세 이월과세를 적용받을 수 있는지 여부(미등록자이기 때문에 동 이월과세를 적용받지 못하는 경우 개인사업자 등록 후 법인에 현물출자하는 경우에는 동 이월과세를 적용받을 수 있는지)

03 개인 기업 대표자의 발기인 참여 요건

개인 기업 대표자는 신설 법인의 발기인으로 참여해야 하고, 법인 전환하는 개인사업장의 순자산가액 이상을 출자하여 법인을 설립해야 한다. 즉, 개인 기업 대표자가 발기인이 아닌 단순 모집주주로 참여하는 경우에는 조세지원을 적용받을 수 없다. 실무적으로는 대부분 발기인이 발행 주식을 전부 인수하는 발기설립 방식을 선택한다.

공동사업자 중 1인만 발기인으로 법인을 설립한 경우 미공제 세액을 승계받을 수 있는지 여부 [서면-2022-법규법인-1045 [법규과-1345] 생산일자 : 2022.04.28.]

[요지]
「조세특례제한법」 제144조에 따른 미공제 세액이 있는 공동사업자가 법인으로 전환하는 경우로서 해당 공동사업을 영위하던 거주자 중 1인만 발기인으로서 법인을 설립한 경우 그 설립된 법인은 해당 공동사업자의 미공제 세액을 승계하여 공제받을 수 없는 것임.

[회신]
「조세특례제한법」 제144조에 따른 미공제 세액이 있는 공동사업자가 법인으로 전환하는 경우로서 해당 공동사업을 영위하던 거주자 중 1인만 발기인으로서 법인을 설립한 경우 그 설립된 법인은 해당 공동사업자의 미공제 세액을 승계하여 공제받을 수 없는 것입니다.

04 개인 기업 대표자의 출자액 요건

    법인 설립 시, 개인 기업 대표자는 법인 전환하는 개인 사업장의 순자산가액 이상을 출자하여야 한다. 즉, 법인 전환에 따라 개인 기업 대표자가 취득하는 주식 또는 지분의 가액은 법인으로 전환하는 개인 사업장의 순자산가액(사업 양도·양수일 현재의 시가로 평가한 자산의 합계액에서 충당금을 포함한 부채의 합계액을 공제한 금액) 이상이라야 한다.

    현물출자 법인전환 방식의 경우 신설 법인의 자본금 요건 충족 여부를 판단함에 있어 전환하는 사업장의 개인 대표자의 출자액과 제3자의 출자액을 합하여 판단하지만, 사업양도·양수 법인전환 방식에서는 개인 대표자의 출자액만을 가지고 판단한다는 점에 유의해야 한다.

    현물출자에 의한 법인전환의 경우, 법인의 자본금이 개인 기업의 순자산가액 이상이기만 하면 되고, 주주별 출자액이 어떻게 분배되는지에 대해서는 법적으로 문제가 되지 않는다.

05 신설법인 자본금 요건 : 순자산가액 이상일 것

    신설 법인의 자본금은 법인으로 전환하는 개인 사업장의 순자산가액(사업 양도·양수일 현재의 시가로 평가한 자산의 합계액에서 충당금을 포함한 부채의 합계액을 공제한 금액) 이상이라야 한다.

이 때 사업장의 순자산가액을 계산함에 있어
① '시가'라 함은 불특정다수인 사이에 자유로이 거래가 이루어지는 경우에 통상 성립된다고 인정되는 가액으로서 수용·공매가격 및 감정가액 등 상속세 및 증여세법 시행령 제49조의 규정에 의하여 시가로 인정되는 것을 포함하며,
② 영업권은 포함하지 않는다(조세특례제한법 기본통칙 32-29…2).
    새로 설립되는 법인의 자본금이 법인으로 전환하는 사업장의 순자산가액 이

상일 것을 규정한 이유는, 개인이 권리·의무의 주체가 되어 경영하던 기업을 개인 기업주와 독립된 법인이 권리·의무의 주체가 되어 경영하도록 기업의 조직 형태를 변경하는 경우 실질적으로 동일한 사업주가 사업의 운영 형태만 바꾸는 것에 불과한데 이처럼 실질적으로 동일한 사업주가 사업의 운영 형태만 바꾼 것으로 평가되기 위해서는 사업양수도 대상의 순자산가액이 신설 법인에 그대로 승계되어야 하기 때문으로(대법원 2012.12.13. 선고 2012두17865 판결 참조) 개인 기업을 법인 기업으로 전환하는 것을 장려하되 그 과정에서 개인사업자가 출자금액을 부당하게 축소시키는 것을 방지하려는데 있다(대법원 1994.11.18. 선고 93누20160 판결 등 참조).

순자산평가액을 잘못 추정하여 신설 법인의 자본금 및 개인 기업 대표자의 출자금액이 순자산평가액에 미달하게 되면 조세지원을 받을 수 없다. 따라서 이런 불상사를 방지하기 위해서는 최대한 보수적인 관점에서 순자산평가액을 추정해야 한다. 특정 자산 항목이 순자산가액에 포함되어야 하는지 또는 특정 부채 항목이 공제되어야 하는지 명확하지 않은 경우, 자산 항목은 포함하고 부채 항목은 공제하지 않는 편이 안전하다.

사업 양도 양수의 방법에 따라 법인전환하는 경우 이월과세 적용요건 중 자본금 요건의 충족시점
[(서면법규과-165) 생산일자 : 2013.02.15.]

[질의내용]
○ 조세특례제한법 제32조에 따른 '법인전환에 대한 이월과세'를 적용함에 있어 사업 양도·양수 방법에 따라 법인전환하는 경우
  - 이월과세 적용요건 중 신설법인의 자본금 요건(법인의 자본금 ≥ 소멸하는 개인사업장의 순자산가액)을 충족해야하는 시점
○ 신설법인의 자본금이 설립등기 당시에는 개인사업장의 순자산가액 이하이나, 사업포괄양수도 계약체결일 이전에 순자산가액 이상으로 증가시켜 신설법인의 자본금 요건을 충족하고
  - 법인설립일부터 3개월 이내에 사업에 관한 모든 권리·의무를 포괄적으로 양도하는 사업 양도·양수 방식으로 법인전환한 경우 법인전환에 대한 이월과세를 적용받을 수 있는지 여부

[요지]

사업 양도 양수의 방법에 따라 법인전환하여 이월과세를 적용할 때 법인의 설립 당시 신설법인의 자본금이 소멸하는 사업장의 순자산가액 이상인 경우 이월과세를 적용함.

[회신]

귀 서면질의의 경우, 거주자가 사업 양도·양수방식으로 법인전환하는 경우 이월과세 적용요건에 대하여는 기존 해석사례(부동산거래관리과-841, 2011.10.06.;제도46014-10775, 2001.04.24.)를 참고하시기 바랍니다.

○ 부동산거래관리과-841, 2011.10.06.
  귀 질의의 경우 기존해석사례(제도46014-10775, 2001.04.24.)를 참고하시기 바랍니다.
○ 제도46014-10775, 2001.04.24.
  사업양수도 방법에 의하여 법인전환한 귀 질의의 경우「법인전환에 대한 양도소득세 이월과세」규정은 법인의 설립 당시 새로이 설립되는 법인의 자본금이 소멸하는 사업장의 순자산가액 이상일 경우 이월과세되는 것입니다.

법인전환 이월과세 적용시 순자산가액 계산방법
[부동산납세과-478 생산일자 : 2014.07.08.]

[요지]

- 거주자가 사업용 고정자산을 현물출자하여 법인으로 전환하는 사업장의 순자산가액은 현물출자일 현재의 시가로 평가한 자산의 합계액에서 충당금을 포함한 부채의 합계액을 공제하여 계산하는 것이며, 이 경우 공제대상 부채는 당해 사업과 관련하여 발생된 부채를 말하는 것임.
- '당해 사업과 관련하여 발생된 부채'라 함은 귀 질의의 경우 출자를 위한 차입금 외에 당해 공동사업을 위하여 차입한 차입금을 말하는 것으로 그 차입금이 출자를 위한 차입금인지 아니면, 공동사업장의 사업을 위한 차입금인지 여부는 공동사업 구성원 간에 정한 동업계약의 내용 및 출자금의 실제 사용내역 등에 따라 판단하는 것임.

[상세설명]
○ 사실관계
  - 甲은 부동산임대업을 주업으로 하는 개인사업자로서 사업용고정자산을 현물출자하여 법인으로 전환할 예정임.

- 甲의 부동산임대용 토지 및 건물의 취득가액은 100억원이며, 甲은 출자금 80억원 및 차입금 20억원으로 해당 자산을 취득하였고, 甲은 금융기관으로부터 50억원을 추가로 차입하여 동 차입금을 출자금의 인출로 회계처리한 후 법인전환 할 예정임.

○ 질의내용
- 「조세특례제한법」제32조에 따른 법인전환 이월과세를 적용할 때 출자금인출 목적으로 차입한 50억원을 순자산가액 계산시 부채로 공제하는 것인지 여부

〈갑설〉부채로 공제하지 않는다.

이유 : 「조세특례제한법」제32조 및 같은 법 시행령 제29조의 규정을 적용할 때 거주자가 사업용고정자산을 현물출자하여 법인으로 전환하는 사업장의 순자산가액은 현물출자일 현재의 시가로 평가한 자산의 합계액에서 충당금을 포함한 부채의 합계액을 공제하여 계산하는 것이고, 이 경우 공제대상 부채는 해당 사업과 관련하여 발생된 부채를 말하는 것인바, 출자금 인출목적으로 사용된 동 차입금은 해당 사업과 관련하여 발생된 부채로 볼 수 없다.

〈을설〉부채로 공제한다.

이유 : 개인사업자가 자기자본으로 사업을 경영할 것인지 또는 차입금으로 사업을 경영할 것인지는 개인의 선택에 달린 문제이므로 임대용부동산의 취득비용으로 사용된 당초의 차입금을 그 후 다른 차입금으로 상환한 경우는 물론이고, 당초 자기자본으로 임대용 부동산을 취득하였다가 그 후 투하자본의 회수를 위하여 새로 차입한 금원을 자본인출금으로 사용한 경우에도 초과인출금 상당의 부채에 해당되지 않는다면 동 차입금은 부동산임대업을 영위하는데 필요한 자산에 대응한 부채로서 사업에 직접 사용된 부채에 해당한다고 보아야 한다.

이 법인전환이 양도소득세의 이월과세 요건을 충족하고 있는지 여부
[심사-양도-2023-0039 생산일자 : 2023.09.13. 진행상태 : 진행중]

[요지]
사업장과 직접 관련되어 있는 자산 및 부채의 신설법인으로의 승계되지 아니하였으므로 양도소득세의 이월과세 요건을 충족하고 있지 아니함.

[심리 및 판단]
- 쟁점사업장과 직접 관련되어 있는 자산 및 부채의 신설법인으로의 승계는 양도소득세의 이

월과세를 적용하기 위한 핵심적인 요건인바, 쟁점채무는 2006.05.09. 쟁점부동산을 취득하면서 가계대출로 차입한 것으로서 청구인이 2016.04.08. 주거용 건물임대업으로 사업자등록을 한 이후에도 기업자금대출로 전환되지 아니하였고, 신설법인 설립 후 쟁점채무의 이자 및 원금상환 재원이 모두 신설법인이 아닌 청구인의 가수금 입금으로 마련한 것으로 나타나는 점 등에 비추어 쟁점채무가 쟁점사업장과 직접 관련된 부채인지 불분명해 보인다. 나아가 쟁점채무가 2020.03.11. 법인전환에 따라 차주(借主)를 신설법인으로 변경되지 아니한 채 있다가 쟁점부동산의 근저당상 채무자인 청구인이 2021.02.09. 은행에 상환한 것으로 나타난다.

- 조세법규 중 특히 감면요건 규정은 엄격하게 해석하는 것이 조세공평의 원칙에도 부합하므로 이를 따를 경우 법인전환시 쟁점채무가 신설법인으로 승계되지 않은 것으로 봄이 상당하고, 따라서 신설법인의 자본금이 법인전환 사업장의 순자산가액에 미달(자본금<순자산)하기 때문에 쟁점부동산 양도에 따른 양도소득세는 이월과세 요건을 충족하지 못하는 것으로 봄이 타당하다 하겠다.

법인전환시 누락한 부외부채의 순자산가액 차감 여부
[서면인터넷방문상담2팀-1780 생산일자 : 2006.09.13.]

[요지]

사업양수도 방법에 의하여 법인으로 전환하는 사업장의 순자산가액은 법인전환일 현재의 시가로 평가한 자산의 합계액에서 충당금을 포함한 부채의 합계액을 공제한 금액임.

[회신]

「조세특례제한법」 제32조의 규정에 따라 사업양수도 방법에 의하여 법인으로 전환하는 사업장의 순자산가액은 법인전환일 현재의 시가로 평가한 자산의 합계액에서 충당금을 포함한 부채의 합계액을 공제한 금액을 말하는 것이나,

순자산가액의 계산시 장부계상을 누락한 부외부채는 상대계정이 부외자산으로 확인되는 경우에 부채의 합계액에 포함되는 것으로서, 동 부외부채가 이에 해당하는지 여부는 사실관계에 따라 판단하는 것임.

미등록자가 (공동)사업자등록 즉시 법인에 현물출자하는 경우 이월과세 적용여부
[서면-2015-부동산-22313 생산일자 : 2015.02.27.]

[요지]

거주자가 사업용고정자산을 현물출자하여 법인으로 전환하는 경우로서 새로이 설립되는 법인의 자본금이 현물출자로 인하여 법인으로 전환하는 사업장의 순자산가액 이상인 경우에는 「조세특례제한법」 제32조 제1항에 따라 법인전환에 대한 양도소득세의 이월과세를 적용받을 수 있는 것임.

[회신]

거주자가 사업용고정자산을 현물출자하여 법인(소비성서비스업을 영위하는 법인을 제외)으로 전환하는 경우로서 새로 설립되는 법인의 자본금이 현물출자로 인하여 법인으로 전환하는 사업장의 순자산가액 이상인 경우에는 「조세특례제한법」 제32조 제1항에 따라 법인전환에 대한 양도소득세의 이월과세를 적용받을 수 있는 것입니다.

신설법인의 설립자본금이 감정가액으로 평가한 개인사업장의 순자산가액에 미달한 것으로 볼 수 있는지 여부
[조심-2016-부-2393 귀속년도 : 2010 생산일자 : 2017.11.20.]

[요지]

이 건의 경우 청구인은 현물출자의 방법으로 법인전환하기 위하여 주요 영업재산인 토지와 건물을 현물출자의 대상에 포함하였고, 특히 조세특례제한법 제32조에 의하여 양도소득세의 이월과세가 적용되는 토지와 건물 및 건설중인 자산의 경우 그 가액이 검사보고서나 실제 현물출자시 변동되지 아니하였으므로 이는 영업의 동질성을 유지할 수 있을 정도의 현물출자로 보이는 점, 개인사업장의 현물출자를 위해 검사보고서가 작성된 시점과 실제로 현물출자가 완료된 시점까지는 약 3개월의 시차가 있고, 그 기간에 개인사업장에서 매출채권 회수 등으로 인한 순자산가액 변동은 폐업하기까지 지속된 통상적인 영업활동에 기인한 것으로 보이고 영업의 동일성을 훼손하거나 고의적인 조세회피를 위해 의도한 것으로 보이지 아니하는 점 등에 비추어 처분청이 이월과세 적용을 배제하여 양도소득세를 과세한 이 건 처분은 잘못이 있음.

06 사업의 포괄적 양도기한

개인 기업 대표자는 법인설립일로부터 3개월 이내에 사업에 관한 모든 권리와 의무를 포괄적으로 양도해야 한다.

> [제목] 사업양수·양도 방식으로 법인전환하는 과정에서 취득한 토지거래허가 대상 부동산을 법인설립일부터 3개월이 경과하여 토지거래허가를 받아 등기한 경우 취득세 면제대상 여부 [조심2013지192(2013.08.09.)]
>
> [요약] 토지거래허가구역내의 부동산 취득에 있어서는 토지거래허가 여부와는 관계 없이 매매대금을 정산(잔금 지급)할 때에 취득시기가 도래한 것으로 보는 것이므로(조심 2012지496, 2012.09.28. 외 다수 같은 뜻), 개인사업자가 청구법인의 설립일부터 3개월 이내에 이 건 부동산을 청구법인에게 양도한 사실이 확인되는 이상 취득세를 감면하는 것이 타당함.

07 대상 자산 : 사업용 고정자산 요건

조세지원은 사업용 고정자산을 양도·양수하는 경우 적용한다.

단, 해당 사업용 고정자산이 주택 또는 주택을 취득할 수 있는 권리인 경우 2021년 1월 1일 이후부터 대상 자산에서 제외한다. 법인 전환 방식에 관계없이 사업용 고정자산 요건은 동일하나, 해당 규정은 현물출자 또는 세 감면 사업양수도 방식으로 법인 전환하는 경우에 한하여 적용된다. 따라서 중소기업 통합에 의한 법인전환 시에는 양도소득세 이월과세가 허용됨에 유의해야 한다.

지방세특례제한법에서는 2020년 8월 12일 이후 부동산 임대업 및 공급업의 사업용 고정자산에 대해서는 취득세를 감면하지 않고 전액 과세한다.

사업용 고정자산이란 당해 사업에 직접 사용하는 유형 및 무형자산(1981년 1월 1일 이후에 취득한 부동산으로서 기획재정부령이 정하는 법인의 업무와 관련이 없는 부동산의 판정기준에 해당되는 자산을 제외한다)을 말한다. 따라서 해당 자산이 법인의 재고자산에 해당하는 경우 조세지원 대상 자산에서 제외된다는 점에 유의해야 한다.

이 때 기획재정부령이 정하는 법인의 업무와 관련이 없는 부동산의 판정기준에 해당되는 자산이란, 「법인세법 시행령」 제49조 제1항 제1호의 규정에 의한 업무와 관련이 없는 부동산("업무무관부동산")을 말한다. 이 경우 업무무관부동산에 해당하는지의 여부에 대한 판정은 양도일을 기준으로 한다(조세특례제한법 시행규칙 제15조 제3항).

업무무관부동산의 범위는 아래와 같다. 다만, 법령에 의하여 사용이 금지되거나 제한된 부동산[1], 「자산유동화에 관한 법률」에 의한 유동화전문회사가 동법 제3조의 규정에 의하여 등록한 자산유동화계획에 따라 양도하는 부동산 등 기획재정부령이 정하는 부득이한 사유가 있는 부동산을 제외한다.

① 법인의 업무에 직접 사용하지 아니하는 부동산. 다만, 기획재정부령이 정하는 아래의 기간(유예기간)이 경과하기 전까지의 기간 중에 있는 부동산을 제외한다.

  ㉠ 건축물 또는 시설물 신축용 토지 : 취득일부터 5년(「산업집적활성화 및 공장설립에 관한 법률」 제2조 제1호의 규정에 의한 공장용 부지로서 「산업집적활성화 및 공장설립에 관한 법률」 또는 「중소기업 창업지원법」에 의하여 승인을 얻은 사업계획서상의 공장건설계획기간이 5년을 초과하는 경우에는 당해 공장건설계획기간)

  ㉡ 부동산매매업[한국표준산업분류에 따른 부동산 개발 및 공급업(묘지분양업을 포함한다) 및 건물 건설업(자영건설업에 한한다)을 말한다. 이하 이 조에서 같다]을 주업으로 하는 법인이 취득한 매매용부동산 : 취득일부터 5년

  ㉢ 위 외의 부동산 : 취득일부터 2년

---

[1]
　가. 법령에 의하여 사용이 금지 또는 제한된 부동산(사용이 금지 또는 제한된 기간에 한한다)
　나. 「문화재보호법」에 의하여 지정된 보호구역안의 부동산(지정된 기간에 한한다)
　다. 유예기간이 경과되기 전에 법령에 따라 해당 사업과 관련된 인가·허가(건축허가를 포함한다. 이하 이 호에서 같다)·면허 등을 신청한 법인이 「건축법」 제18조 및 행정지도에 의하여 건축허가가 제한됨에 따라 건축을 할 수 없게 된 토지(건축허가가 제한된 기간에 한정한다)
　라. 유예기간이 경과되기 전에 법령에 의하여 당해사업과 관련된 인가·허가·면허 등을 받았으나 건축자재의 수급조절을 위한 행정지도에 의하여 착공이 제한된 토지(착공이 제한된 기간에 한한다)

② 유예기간 중에 당해 법인의 업무에 직접 사용하지 아니하고 양도하는 부동산. 다만, 기획재정부령이 정하는 부동산매매업을 주업으로 영위하는 법인의 경우를 제외한다.

[조세특례제한법 집행기준 32-29-1] 사업용고정자산의 범위
사업용고정자산은 사업에 직접 사용하는 유형자산과 무형자산을 말하는 것으로, 사업에 직접 사용하지 아니하는 토지나 건설중인 자산(그에 딸린 토지 포함) 또는 재고자산을 현물출자 하는 경우에는 이월과세가 적용되지 아니한다. 다만, 해당 사업용고정자산이 주택 또는 주택을 취득할 수 있는 권리인 경우는 제외한다.

현물출자에 대한 과세특례 적용여부
[서면인터넷방문상담2팀-1352 귀속년도 : 2007 생산일자 : 2007.07.23.]

[요지]
현물출자 대상자산은 주식과 토지, 건축물 및 사업용자산을 말하는 것이나, 부동산매매업의 재고자산인 토지는 이에 해당하지 아니하는 것임.

[상세내용]
○ 사실관계
  - 1997년 10월 서울시에 개업한 (주)○○○건설은 건설 사업용 토지를 보유하고 있으나 장기간 사업에 사용하지 못하고 있으며, 사업의 원활한 진행이 어려워 당해 토지를 현물출자하여 신설법인설립을 계획하고 있는 바, 이 경우 조세특례제한법 제38조 및 동 시행령 제35조에 따른 '현물출자에 대한 과세특례'를 적용 받을 수 있는지 여부에 대하여 질의함.
○ 질의요지
  - 건설업법인 소유의 건설용지(토지)를 현물출자하여 신설법인을 설립하는 경우 현물출자에 대한 과세특례를 적용받을 수 있는지 여부

법인전환에 대한 양도소득세 이월과세 적용 여부
[재산세과-940 생산일자 : 2009.12.08.]

[요지]
법인전환에 대한 양도소득세 이월과세 적용 여부를 판단함에 있어 사업용 고정자산이라 함은 당해 사업에 직접 사용하는 유형자산 및 무형자산을 말하는 것으로 건설 중인 자산(부수토지 포함)은 동 규정이 적용되지 않는 것임.

[회신]
「조세특례제한법」 제32조에 따른 법인전환에 대한 양도소득세 이월과세 적용 여부를 판단함에 있어 사업용 고정자산이라 함은 당해 사업에 직접 사용하는 유형자산 및 무형자산을 말하는 것으로 귀 질의의 건설 중인 자산(부수토지 포함)은 동 규정이 적용되지 않는 것임.

사업에 직접 사용하지 아니하고 보유중인 부동산 [법인46012-2036, 1998.07.22.]

조세감면규제법 제31조의 중소기업간의 통합에 대한 양도소득세 등의 이월과세를 적용받는 중소기업간의 통합이라 함은 같은법 시행령 제37조의3 제1항 각호의 1에 해당하는 사업을 제외한 사업을 영위하는 중소기업간의 통합을 말하는 것이며,
이월과세를 적용받는 사업용고정자산은 당해 사업에 직접 사용하는 유형자산과 무형자산(토지초과이득세법 제8조 또는 동법 제9조의 규정에 의한 유휴토지 등에 해당되거나 조세감면규제법 시행령 제73조의 규정에 해당되는 자산을 제외)을 말하는 것으로, 질의의 경우 거주자가 해당사업에 직접 사용하지 아니하고 보유중인 부동산에 대하여는 이월과세를 적용받을 수 없는 것입니다.

토지와 건물 중 일부를 임대용으로 사용하는 자산의 현물출자에 따른 이월과세
[부동산납세과-781 생산일자 : 2014.10.17.]

[요지]
하나의 건물과 그 부수토지 중 임대사업장으로 사용하고 있는 부분과 자가사용하고 있는 부분 중 사업자등록이 되어 있는 임대사업장 부분만 현물출자의 방법에 따라 법인으로 전환하는 경우에 현물출자하는 사업용고정자산에 대하여 「조세특례제한법」 제32조의 규정을 적용할 수 있는 것임.

[상세내용]
○ 사실관계
 - 2004.01.30. 경기도 화성시 소재 토지 취득
 - 2012.09.10. 부동산 임대사업자등록
 - 2013.12.31. 건물신축하여 소유권 보존등기
   * 지하 2층 지상 4층의 건물 중 지하 1,2층, 지상 1,2,3층은 임대사업장으로 사용하고 있고, 4층은 신청인이 거주하고 있어 임대사업장 아님.
○ 질의내용
 개인사업자의 사업용자산(3층 이하의 토지건물)과 비사업용자산인 4층 주거부분을 포함한 전체 부동산을 현물출자대상으로 하여야 양도소득세 이월과세 및 취득세 감면규정을 적용받을 수 있는지 여부

임대사업장으로 사용하는 면적 비율만큼 법인 명의로 공유지분등기한 경우 조세특례제한법§32 적용 여부

[서면-2021-법규재산-3301 [법규과-2635] 생산일자 : 2023.10.18.]

[요지]
구분 등기할 수 없는 하나의 건물과 그 부수토지 중 주택부분을 제외한 사업자등록이 되어 있는 임대사업장 부분만 그 위치와 면적으로 특정하여 법인에게 현물출자하는 것으로 약정하고 그 내용대로 공유등기한 경우(구분소유적 공유관계가 성립한 경우) 현물출자하는 해당 임대사업장의 사업용고정자산에 대하여 조세특례제한법 제32조의 규정을 적용할 수 있는 것임.

[상세내용]
○ 사실관계
 - 신청인은 1991년부터 상가임대업을 영위하고 있는 개인사업자로서 지하1층과 지상 1~2층은 음식점업을 영위하는 사업자에게 임대하고 3층 및 옥탑은 신청인의 주거용으로 사용하고 있음.
 - 해당 건물은 별도로 구분등기가 되어 있지 않으며 건축법상 구분등기가 불가능한 상황임
 - 신청인은 해당 개인임대사업자에 대해 조세특례제한법 제32조에 따른 현물출자 방식에 의한 법인전환을 고려중인 바, 신청인이 거주하는 3층과 옥탑을 제외한 임대사업장에 해당하는 지하1층과 지상 1~2층만을 법인전환할 계획임.

○ 질의내용
- 부동산임대업을 영위하는 사업자가 건축법상 구분등기가 불가능한겸용건물 중 임대사업장으로 사용하고 있는 면적 비율만큼 공유지분등기(구분소유적 공유관계)하는 방식으로 사업용고정자산을 현물출자한 경우, 「조세특례제한법」 제32조 적용 대상인지

공동소유 사업용고정자산 현물출자시 양도소득세 이월과세 해당 여부 등
[부동산거래관리과-408 생산일자 : 2012.07.27.]

[요지]
「조세특례제한법」 제32조에 따라 법인전환에 대한 양도소득세의 이월과세를 적용할 때 공동소유 사업용고정자산을 그 중 1인이 사업자등록하여 운영한 경우로서 해당 공동소유 사업용고정자산 전부를 같은 조에 따라 법인에 현물출자하는 경우에는 사업자등록이 되어 있는 사업자지분에 한하여 이월과세를 적용받을 수 있는 것임.

[상세내용]
○ 사실관계
- 부동산 임대업을 영위하고 있는 개인사업자(상호 : ○○○부동산), 부동산(토지 및 건물) 소유지분은 甲(본인) 50%, 乙(타인) 16.67%, 丙(타법인) 33.33%이고, ○○○부동산은 甲의 명의로만 사업자등록이 되어 있음(甲의 지분에 해당하는 취득가액은 장부에 기록되어 있음).
○ 질의내용
○○○부동산의 사업용고정자산 전체(토지 및 건물)를 현물출자하여 법인전환하는 경우 乙 및 丙이 「조세특례제한법」 제32조에 따른 양도소득세 이월과세를 적용받을 수 있는지 여부

법인전환에 따른 이월과세를 적용받을 수 있는 자산
[서면인터넷방문상담4팀-2440 생산일자 : 2005.12.08.]

[요지]
농지법에 의하여 법인 명의로 할 수 없는 자산은 법인전환에 따른 이월과세를 적용받지 못함.

[회신]
거주자가 사업용 고정자산을 현물출자에 의하여 법인으로 전환하고자 하는 경우로서, 당해 법인이 「농지법」 등 관련법령에 따라 법인 명의로 취득할 수 없는 당해 사업용 고정자산(토지)에 대하여는 조세특례제한법 제32조의 규정을 적용받을 수 없는 것입니다.

취득에 관한 등기가 불가능한 자산을 현물 출자하여 법인으로 전환 시 양도소득세 이월과세를 적용받을 수 있는지 여부 [재일46014-105 생산일자 : 1998.01.21.]

[질의내용]
제조업에 공하는 공장 건물 중 일부가 군사보호법의 규정에 의하여 관할 관청으로부터 허가를 받지 못함에 따라 미등기인 상태에서 미등기 공장건물을 포함한 제조에 공하는 전 자산을 현물출자 방법에 의한 법인으로 전환 하였을 시 동 미등기 공장건물에 대한 양도 소득세가 면제되는지 여부

[요지]
거주자가 미등기된 사업용 고정자산을 현물 출자하여 법인으로 전환하는 경우 양도소득세 이월과세를 적용받을 수 없으나 그 미등기된 사업용 고정자산이 법률의 규정에 의하여 취득에 관한 등기가 불가능한 자산으로서 '미등기제외자산'에 해당하는 경우에는 그러하지 않는 것임.

[회신]
거주자가 미등기된 사업용 고정자산을 현물출자하여 법인으로 전환하는 경우 조세감면규제법 제32조에 의한 양도소득세 이월과세(법률 제5195호의 경우 감면 또는 양도가액특례, 이하 같음)를 적용받을 수 없는 것이나 그 미등기된 사업용 고정자산이 법률의 규정에 의하여 취득에 관한 등기가 불가능한 자산으로서 소득세법시행령 제168조 제2호의 규정에 의한 '미등기제외자산'에 해당하는 경우에는 적용받을 수 있음.

토지 임대사업자가 현물출자의 방법에 따라 법인으로 전환하는 경우 이월과세 적용 여부 [서면-2018-부동산-1278 [부동산납세과-121] 생산일자 : 2019.01.29.]

[요지]
법인세법 시행령」제49조 및 같은 법 시행규칙 제26조에 따른 <u>업무무관부동산에 해당하지 않는 건축물이 있는 토지를 임대한 임대사업자가 임대용으로 사용하던 해당 토지를 현물출자의 방법에 따라 법인으로 전환하는 경우「조세특례제한법」제32조를 적용받을 수 있는 것입니다.</u>

[상세내용]
○ 사실관계
  - 2004.01.00. 甲은 경기도 하남시 ○○동 소재 A토지 취득
  - 2004.04.15. A토지를 임대사업자로 등록, 乙법인에 임대
  - 2004.12.00. 乙법인은 A토지 지상에 건물을 신축하고 건물임대사업을 영위함.
    ※甲과 乙법인은 특수관계자에 해당.
  - 2019.00.00. 甲은 토지임대업을 법인으로 전환할 예정임.
○ 질의내용
  - 토지임대업을 영위하는 자(甲)가 임대하던 토지(A토지)를 현물출자하여 법인전환하는 경우「조세특례제한법」제32조 제1항에 따른 이월과세를 적용받을 수 있는지

건축물이 없는 토지를 현물출자하여 법인전환 하는 경우 이월과세 적용 여부
[서면-2019-부동산-3898 [부동산납세과-1126] 생산일자 : 2020.09.28.]

[요지]
건축물이 없는 토지를 임대한 임대사업자가 임대용으로 사용하던 해당 토지를 현물출자 하여 법인전환 하는 경우 해당 토지는 「조세특례제한법」제32조 법인전환에 대한 양도소득세 이월과세 규정을 적용받을 수 없는 것임.

[상세내용]
○ 사실관계
  - 2003년 甲은 대구 달서구 대천동 소재 A토지(공동취득) 취득

- 2019년 甲은 공동소유자와 부동산임대업으로 사업자등록
- 2020.00월 甲은 A토지를 법인 현물출자예정(토지에 건축물 없음)
○ 질의내용
- A토지가 「조세특례제한법」 제32조의 법인전환이월과세 적용이 가능한 지 여부

08 이월과세적용신청서 제출 요건

이월과세 적용으로 인해 당장 납부할 양도소득세액이 발생하지 않더라도, 양도소득세 신고 의무는 이행해야 한다.

양도소득세의 이월과세를 적용받고자 하는 자는 사업양수도를 한 날이 속하는 과세연도의 과세표준 신고(예정신고를 포함한다)시 새로이 설립되는 법인과 함께 기획재정부령이 정하는 이월과세적용신청서를 납세지 관할세무서장에게 제출하여야 한다.

> 과세표준신고시까지 이월과세적용신청서를 제출하지 아니한 경우 이월과세적용을 배제함 [수원지방법원-2010-구합-16272 생산일자 : 2011.04.28.]
>
> [요지]
> 과세표준 신고시까지 이월과세적용신청서를 제출하도록 한 것은 조세감면에서와 같이 납세자의 단순한 협력의무라고 볼 수 없고, 납세자가 양도소득세 직접 부담 또는 이월과세를 선택하도록 한 것이어서 그 신청이 필수적인 요건이라고 봄이 타당함.

> 이월과세적용신청서를 기한 내 제출하지 아니한 경우
> [조심-2010-부-0096 생산일자 : 2010.02.25.]
>
> [요지]
> 개인 기업이 법인으로 전환하면서 양도신고에 대한 확정 신고를 하지 않고, 기한 후 신고시

「법인전환에 대한 양도소득세의 이월과세」적용신청서를 제출한 건에 대하여 기한내 제출하지 않아 이월과세 적용을 배제함.

사업양도·양수의 방법에 따라 법인전환 후 예정신고기한을 경과하여 이월과세를 신청하는 경우 가산세 적용 여부 [상속증여세과-169 생산일자 : 2013.05.30.]

법인전환에 따른 양도소득세 이월과세 신청은 확정신고기한까지 할 수 있으며, 이는 2010년 이후 양도소득세 예정신고불성실가산세가 도입된 이후에도 동일함.

양도소득세 이월과세적용신청이후 취득가액의 오류로 수정신고시 추가납부할 세액도 이월과세가 가능한지 여부 [대법원-2014-두-40661 생산일자 : 2014.12.24.]

양도소득세 이월과세가 적용되는 경우에는 그 사업용 고정자산의 양도에 따른 양도소득세 전부에 대하여 이월과세가 적용된다고 봄이 타당하고, 양도인이 양도소득 과세표준이나 양도소득세액을 적게 신고하였다고 하여 달리 볼 것은 아님.

양도소득세 이월과세 해당 여부
[국심-2005-중-3473 생산일자 : 2006.06.26.]

[요지]
확정신고기한 경과 후 경정청구에 의해 양도소득세 이월과세신청서를 제출한 경우 이월과세적용대상이 아니라고 본 처분의 당부

조세감면의 경우 납세자가 변경되지 않지만 이월과세의 경우는 납세자가 개인에서 법인으로 변경되어 부과하여야 할 조세가 개인에서 법인으로 전가되는 문제가 있기 때문에 납세자의 명확한 의사표시가 요구되는 점을 감안할 때, 이월과세적용신청서의 기한(당해 과세연도의 과세표준확정 신고)내 제출규정을 납세자의 단순한 협력의무로 보기보다는 최소한 당해 과세연도 과세표준확정시까지 납세자가 이를 선택하도록 한 것으로 봄이 타당하다.

4장. 조세지원의 사후관리

01 양도소득세 등 이월과세 규정의 사후관리

　설립된 법인의 설립등기일부터 5년 이내에 다음 중 어느 하나에 해당하는 사유가 발생하는 경우에는 양도소득세 이월과세를 적용받은 거주자가 사유발생일이 속하는 달의 말일부터 2개월 이내에 이월과세액(해당 법인이 이미 납부한 세액을 제외한 금액을 말한다)을 양도소득세 및 개인지방소득세로 납부하여야 한다(조세특례제한법 제32조 제5항, 지방세특례제한법 제120조 제4항).
① 법인이 거주자로부터 승계받은 사업을 폐지하는 경우
② 거주자가 법인전환으로 취득한 주식 또는 출자지분의 50% 이상을 처분하는 경우

1) 법인이 거주자로부터 승계받은 사업을 폐지하는 경우

　전환법인이 사업 양도·양수의 방법으로 취득한 사업용 고정자산의 2분의 1 이상을 처분하거나 사업에 사용하지 않는 경우 사업의 폐지로 본다.
　다만, 다음 중 어느 하나에 해당하는 경우에는 그러하지 아니한다.
① 전환법인이 파산하여 승계받은 자산을 처분한 경우
② 전환법인이 적격합병, 적격분할(인적분할), 적격분할 요건을 갖춘 물적분할, 과세특례를 적용받는 현물출자의 방법으로 자산을 처분한 경우
③ 전환 법인이 「채무자 회생 및 파산에 관한 법률」에 따른 회생절차에 따라 법원의 허가를 받아 승계받은 자산을 처분한 경우

현물출자 받은 공장을 매각하고 공장을 신축한 경우 사업의 폐지에 해당하는지 여부
[사전-2017-법령해석재산-0575 [법령해석과-3432] 생산일자 : 2017.11.29.]

[요지]
양도소득세 이월과세를 적용받은 후 새로운 공장을 신축하면서 현물출자한 공장을 매각한 경우 조세특례제한법 §32⑤에 따른 사업의 폐지에 해당함.

[회신]
거주자가 「조세특례제한법」 제32조 제1항에 따라 사업용 고정자산을 현물출자하여 법인으로 전환하고 이월과세를 적용받은 후, 법인전환으로 설립된 법인이 설립일부터 5년 이내에 현물출자 받은 사업용 고정자산의 2분의 1이상을 처분하는 경우에는 같은 조 제5항제1호에 따른 거주자로부터 승계 받은 사업을 폐지하는 경우에 해당하는 것입니다.

양도소득세 이월과세 적용중인 건물을 철거하고 신축하는 경우 이월과세 적용여부
[기획재정부 재산세제과-360 생산일자 : 2015.05.07.]

[요지]
부동산임대업을 영위하는 거주자가 이월과세를 적용받은 건물을 철거 후 신축하여 그 사업을 계속하는 경우는 사업용고정자산 등을 양도하는 경우와 사업을 폐지하는 경우에 해당되지 아니하는 것임.

[회신]
부동산임대업을 영위하는 거주자가 해당 사업용 건물과 토지를 현물출자하여 법인으로 전환하고 「조세특례제한법」 제32조에 따른 양도소득세의 이월과세를 적용받은 다음 「도시 및 주거환경정비법」 상 도시환경 정비사업에 따라 건물을 철거 후 신축하여 그 사업을 계속하는 경우는 「조세특례제한법」 제2조 제1항 제6호에 따른 사업용고정자산 등을 양도하는 경우와 같은 법 제32조 제5항 제1호에 따른 사업을 폐지하는 경우에 해당되지 아니하는 것임.

업종 변경 시 「조세특례제한법」 제32조 적용 여부
[서면-2021-법규재산-5097 [법규과-1939] 생산일자 : 2022.06.29.]

[요지]
「조세특례제한법」 제32조 제1항에 따라 설립되는 법인이 거주자로부터 승계받은 종전의 업종을 새로운 업종(같은 법 시행령 제29조 제3항 각 호 따른 소비성서비스업은 제외함)으로 변경하는 경우는 같은 법 제32조 제5항 제1호에 따른 사업을 폐지하는 경우에 해당하지 아니함.

[회신]
귀 서면질의의 사실관계와 같이, 「조세특례제한법」 제32조 제1항에 따라 설립되는 법인이 거주자로부터 승계받은 종전의 업종을 새로운 업종(같은 법 시행령 제29조 제3항 각 호 따른 소비성서비스업은 제외함)으로 변경하는 경우는 같은 법 제32조 제5항 제1호에 따른 사업을 폐지하는 경우에 해당하지 아니하며, 당해 법인이 설립등기일로부터 5년 이내에 같은 조 제5항 각 호의 사유가 발생하는 경우 거주자가 사유발생일이 속하는 다음 달의 말일부터 2개월 이내에 같은 조 제1항에 따른 양도소득세를 납부하여야 하는 것입니다.

현물출자 받은 사업용 고정자산의 2분의 1이상을 이월과세 배제업종에 사용하는 경우 사업의 폐지로 보는지 여부
[서면-2018-부동산-1722. 부동산납세과-841 생산일자 : 2018.08.30.]

[요지]
전환 법인이 거주자로부터 현물출자 받은 사업용 고정자산의 2분의 1이상을 소비성서비스업에 사용하는 것은 「조세특례제한법」 제32조 제5항 제1호에 따른 사업을 폐지하는 경우에 해당하는 것임.

[회신]
「조세특례제한법」 제32조 1항에 따라 설립된 전환 법인이 거주자로부터 현물출자 받은 사업용고정자산의 2분의 1이상을 같은 법 시행령 제29조 제3항 각 호에 해당하는 "소비성서비스업"에 사용하는 경우 같은 법 제32조 제5항 제1호에 규정한 "승계 받은 사업을 폐지하는 경우"에 해당하는 것입니다.

2) 거주자가 법인전환으로 취득한 주식 또는 출자지분의 50% 이상을 처분하는 경우

사후관리를 적용하는 주식처분은 주식 또는 출자지분의 유상이전, 무상이전, 유상감자 및 무상감자(주주 또는 출자자의 소유주식 또는 출자지분 비율에 따라 균등하게 소각하는 경우에는 제외한다)를 포함한다.

다만, 다음 중 어느 하나에 해당하는 경우에는 처분으로 보지 아니한다.
① 해당 거주자가 사망하거나 파산하여 주식 또는 출자지분을 처분하는 경우
② 해당 거주자가 적격 합병이나 적격 분할(인적분할)의 방법으로 주식 또는 출자지분을 처분하는 경우
③ 해당 거주자가 주식의 포괄적 교환·이전 또는 현물출자의 방법으로 과세특례를 적용받으면서 주식 또는 출자지분을 처분하는 경우
④ 해당 거주자가「채무자 회생 및 파산에 관한 법률」에 따른 회생절차에 따라 법원의 허가를 받아 주식 또는 출자지분을 처분하는 경우
⑤ 해당 거주자가 법령상 의무를 이행하기 위하여 주식 또는 출자지분을 처분하는 경우
⑥ 해당 거주자가 가업의 승계를 목적으로 해당 가업의 주식 또는 출자지분을 증여하는 경우로서 수증자가 법 제30조의6에 따른 증여세 과세특례를 적용받은 경우

⑥의 사유에 해당하는 경우, 수증자를 해당 거주자로 보아 사후관리 규정을 적용하되, 5년의 기간을 계산할 때 증여자가 법인전환으로 취득한 주식 또는 출자지분을 보유한 기간을 포함하여 통산한다.

법인전환에 대한 양도소득세 감면받은 법인 유상증자한 경우 양도소득세 추징 여부
[서면-2019-부동산-0818 [부동산납세과-623] 생산일자 : 2019.06.17.]

[요지]
거주자가 사업용 고정자산을 현물 출자하여 법인으로 전환함으로써 양도소득세를 감면받은 후 당해 법인이 제3자 배정방식의 유상증자에 의해 자본금을 증자하여 지분비율이 50%이상 감소한 경우에는 「조세특례제한법」 제32조 제5항 제2호에 따른 주식 등의 처분으로 보지 않는 것

법인전환에 따른 양도소득세 이월과세 사후관리시 처분주식의 취득시기
[기획재정부 재산세제과-741 생산일자 : 2017.10.29.]

[요지]
취득시기가 다른 자산 중 일부를 증여하는 경우 먼저 취득한 재산부터 먼저 증여한 것으로 보는 것이며, 취득시기가 동일한 자산 중 일부를 증여 또는 양도하는 경우에는 자산의 보유비율대로 양도 또는 증여되었다고 보는 것임.

[상세내용]
1. 사실관계
   ○ 2014.9.30. "☆☆☆"(이하 "증여자")은 사업용 고정자산 및 현금을 출자하고, 2014.11.20. "(주)○○"(이하 "전환법인")을 설립하였으며
      - 현물출자로 주식 93,180주, 현금 출자로 주식 46,820주, 총 140,000주를 취득하고 「조세특례제한법」 제32조에 따른 양도소득세 이월과세를 적용받았음.
   ○ 2014.12.4. 전환법인은 주당 액면가액 5천원에 60,000주를 유상증자하였고, 증여자는 유상증자 주식 전부를 취득하여 전환법인의 발행주식 200,000주(100%)를 모두 보유함
   ○ 2014.12.11. 증여자는 법인전환으로 취득한 주식 140,000주 중 30,000주를 "자녀 3인"(이하 "수증자")에게 각각 10,000주씩 양도하였고
      - 같은 날 잔여주식 "170,000주 중 60,000주"(이하 "쟁점주식")를 수증자에게 증여함

2. 질의내용
   ○ (질의1) 증여재산의 취득시기가 불분명한 경우로서 취득시기가 다른 재산 중 일부를 증여하는 경우 증여재산 판단 방법

○ (질의2) 양도자산 또는 증여재산의 취득시기가 불분명한 경우로서 취득시기가 동일한 자산 중 일부를 양도 또는 증여하는 경우 양도자산 또는 증여재산의 판단 방법

02 취득세 감면 규정의 사후관리

취득일부터 5년 이내에 대통령령으로 정하는 정당한 사유 없이 해당 사업을 폐업하거나 해당 재산을 처분(임대를 포함한다) 또는 주식을 처분하는 경우에는 경감받은 취득세를 추징한다(지방세특례제한법 제57조의2 제4항).

이 때, 대통령령으로 정하는 정당한 사유란 다음 중 하나에 해당하는 경우를 말한다.
① 해당 사업용 재산이 「공익사업을 위한 토지 등의 취득 및 보상에 관한 법률」 또는 그 밖의 법률에 따라 수용된 경우
② 법령에 따른 폐업·이전명령 등에 따라 해당 사업을 폐지하거나 사업용 재산을 처분하는 경우
③ 다음 중 어느 하나에 해당하는 경우(조특령 제29조 제7항)
　㉠ 해당 거주자가 사망하거나 파산하여 주식 또는 출자지분을 처분하는 경우
　㉡ 해당 거주자가 적격 합병이나 적격 분할(인적분할)의 방법으로 주식 또는 출자지분을 처분하는 경우
　㉢ 해당 거주자가 주식의 포괄적 교환·이전 또는 현물출자의 방법으로 과세특례를 적용받으면서 주식 또는 출자지분을 처분하는 경우
　㉣ 해당 거주자가 「채무자 회생 및 파산에 관한 법률」에 따른 회생절차에 따라 법원의 허가를 받아 주식 또는 출자지분을 처분하는 경우
　㉤ 해당 거주자가 법령상 의무를 이행하기 위하여 주식 또는 출자지분을 처분하는 경우

ⓑ 해당 거주자가 가업의 승계를 목적으로 해당 가업의 주식 또는 출자지분을 증여하는 경우로서 수증자가 법 제30조의6에 따른 증여세 과세특례를 적용받은 경우

ⓑ의 사유에 해당하는 경우, 수증자를 해당 거주자로 보아 사후관리 규정을 적용하되, 5년의 기간을 계산할 때 증여자가 법인전환으로 취득한 주식 또는 출자지분을 보유한 기간을 포함하여 통산한다.

④ 법인전환으로 취득한 주식의 100분의 50 미만을 처분하는 경우

5장. 절차

01 대표이사 1차 브리핑

① 개인사업자 vs 법인사업자 장·단점 공지

　개인 사업을 법인으로 전환하기에 앞서, 개인사업자와 법인사업자의 장단점을 비교하여 안내한다. 납세자가 각 유형별 장단점을 이해하도록 도움으로써 상황에 맞는 결정을 내릴 수 있도록 한다.

　개인 사업의 경우 사업에서 벌어들인 이익이 곧 개인의 소득이 된다. 의사 결정 과정이 빠르고 간단하며 회계 및 세무 부담이 비교적 적다는 장점이 있으나, 개인 자산과 사업용 자산의 구분이 모호하므로 경영 실패 시 개인 자산까지 손실을 입게 된다.

　법인 소득에 대한 세율은 개인이 적용받는 종합소득세율에 비해 낮다. 개인에 비해 대외 신용도가 높다고 평가되므로, 금융기관으로부터 사업 자금을 차입하기도 유리하다. 하지만 회계 및 세무 관리의 협력비용 및 사업 운영비용이 증가하는 등의 단점이 있다.

② 법인 전환 유형 및 소요 비용 공지
  법인 전환 시 소요될 것으로 예상되는 비용을 사전에 공지하여 의사결정을 돕는다.
  설립등기 비용 : 법인설립 시 지불하는 등기비용 및 인감 발급 비용
  감정평가수수료 : 영업권·자산의 감정평가 비용으로 자산 종류나 규모에 따라 상이
  세무사 수수료 등 : 법인전환 과정에서 발생하는 자문료 및 각종 신고 대행 수수료
③ 법인 전환 절차 공지
  법인 전환 순서 및 각 절차별 소요되는 기간에 대한 일정표를 작성하여 제시한다.

02 개인사업자 가결산 및 법인전환 타당성 검토

① 법인전환기준일의 결정
  법인전환기준일이란 개인 기업이 법인으로 전환되는 날을 말한다. 해당 일자에 개인 기업의 폐업 및 사업양수도가 이루어지므로, 법인전환기준일은 법인전환 절차를 실행하기에 앞서 가장 먼저 결정해야할 중요한 사항이다.
  법인전환기준일은 개별 기업이 처한 상황에 따라 신중하게 결정해야 한다. 전환 대상인 개인 기업의 매출액이나 소득금액은 법인전환 시점을 결정하는 데 가장 큰 영향을 미칠 수 있다. 또 조세지원을 받는 경우 5년간 사후관리를 요하므로, 보유한 사업용 자산의 처분 계획 등도 사전에 함께 점검해야 한다. 조세지원을 받기 위해서는 전환 대상 개인 기업의 순자산가액 이상을 출자해야 하는데, 이 때 순자산가액은 법인전환기준일의 가액을 의미한다. 실무상 순자산가액 이상 출자 요건을 충족하지 못해 조세지원을 받지 못하는 경우가 빈번히므로, 법인진환기준일의 결정은 매우 중요하다.

② 가결산을 통한 손익확정 후 영업권 가액 탁상평가 의뢰
가결산을 통해 개인 기업의 당해 사업연도 손익을 확정한 후, 이를 바탕으로 영업권 가액의 탁상평가를 의뢰한다. 영업권 평가에는 매출액, 수익성, 시장 지위 등이 반영되며 이는 법인 전환 시 중요한 자산으로 반영된다.

③ 순자산평가액 추정
사업양수도에 의한 법인전환시 조세지원을 받기 위해서는 신설되는 법인의 자본금 및 개인사업체 대표자의 출자금액이 소멸하는 개인 사업체의 순자산평가액 이상이라야 한다. 따라서 법인 설립 전 순자산평가액의 추정이 먼저 이루어져야 한다.

소멸하는 개인 사업체의 순자산평가액은 법인전환기준일 현재의 시가로 평가한 자산의 합계액에서 충당금을 포함한 부채의 합계액을 공제한 금액을 말한다. 특히, 부동산이 있는 경우 해당 자산의 장부가액이 아닌 감정가액 등으로 시가 평가해야 한다는 점에 유의해야 한다.

기존 결산은 법인 전환하는 전년도 말 기준으로 완료되어 있으므로, 전년도 말부터 법인전환기준일까지의 변동 내역을 빠짐없이 체크하여야 한다. 순자산평가액을 잘못 추정하여 신설 법인의 자본금 및 개인 사업체 대표자의 출자금액이 순자산평가액에 미달하는 경우, 계획했던 조세지원을 받을 수 없다. 따라서 이를 방지하기 위해서는 최대한 보수적인 관점에서 순자산평가액을 추정하는 것이 안전하다

④ 개인 사업자 예상 부가가치세 및 종합소득세 산정 공지
예상되는 개인 사업자의 부가가치세 및 종합소득세를 사전에 안내한다.

03 대표이사 2차 브리핑

① 예상 영업권 평가액 및 관련 세금 공지
대략적인 영업권 평가액과 그와 관련하여 발생하는 세금을 공지함으로써 법인 전환 과정에서 발생할 수 있는 세무 부담을 사전에 안내한다.

② 양수 법인이 승계하는 자산·부채 공지
법인이 승계하게 될 자산(재고자산, 고정자산 등) 및 부채(금융기관 대출, 미지급금 등)를 사전에 안내하고, 법인 전환 후의 재무 상태에 대하여 명확하게 이해시킨다.

③ 금융기관 부채 인계 가능 여부 사전확인 요청
기존 대출이 신설 법인으로 인계될 수 있는지 여부는 금융기관을 통한 사전 확인이 필요한 사항이다. 이는 금융기관의 내부 정책에 따라 달라질 수 있으므로, 사전 협의가 필요할 수 있다.

04 법인 설립 사전 공지사항

① 법인 유지에 유리한 지분구조 및 자본금 공지
신설 법인의 자본금 및 개인 사업체 대표자의 출자액은 개인 기업의 순자산 평가액 이상이 되어야 하므로, 자본금을 확정한 후 본격적인 법인 설립 절차를 진행한다.

② 상호 및 사업목적 결정
상호는 중복되지 않도록 정한다. 사업목적은 구체적이되 지나치게 한정적이지 않도록 정하여 추후 사업 확장이 용이하도록 한다.

③ 법인 설립에 필요한 서류 공지
정관, 발기인 인감증명서, 주주명부, 임대차계약서(사업장), 법인 인감 도장 및 인감증명서, 납입금 보관증명서 등 법인 설립에 필요한 서류를 사전에 안내한다.

05 법인 정관 작성

   법인을 설립하기 위해서는 먼저 정관을 작성해야 하며, 정관에는 법인의 목적·상호·자본금·주주 구성·이사회 구성 등 중요한 사항이 포함된다. 단순 표준정관에 의하지 않고, 세무상 유·불리를 감안하여 개별 기업에 맞게 새로 정비한다.

   법인의 사업목적에 따른 활동범위를 포괄적으로 정하고, 임원의 임기, 임원 보수 지급방식, 중간배당 및 배당금 지급에 관한 규정, 자기주식 취득이나 이익소각에 관한 규정 등에 대한 근거를 마련한다.

06 법인 설립

   정관 외에도 발기인의 인감증명서, 주주 명부, 임대차계약서(사업장), 법인설립신고서 등 필요한 서류를 준비하여 법원에 법인설립 등기를 신청한다.

07 사업 포괄양수도 계약서 작성

   법인 설립 후 신설 법인과 개인 기업 대표자는 사업 포괄양수도 계약을 체결하게 된다.

   계약 체결은 실제 법인전환기준일 이전에 이루어지므로, 양수도금액을 미리 확정하여 기재할 수가 없다. 따라서 양수도금액에 관해서는 순자산 평가 방법을 기재하는 것으로 대체한다. 계약서에는 사업이 포괄적으로 양도되어 부가가치세가 발생하지 않는다는 점을 명확히 기재한다.

   추가로 계약서에는 개인사업 영위 기간이 업력에 포함된다는 내용을 포함시키는 것이 좋다. 그 이유는 아래와 같다.

① 가업상속공제, 가업승계에 대한 증여세 과세특례 적용 시 개인사업 영위 기간이 합산됨
② 금융기관 또는 거래처와의 관계에서 업력 인정이 중요하므로, 해당 내용을 포함시켜 신설 법인의 신용도 및 거래 신뢰성을 높임.

08 법인설립등기 완료 및 사업자등록

① 법인설립신고 (법인세법 제109조)
　내국법인은 그 설립등기일(사업의 실질적 관리장소를 두게 되는 경우에는 그 실질적 관리장소를 두게 된 날)부터 2개월 이내에 아래의 사항을 적은 법인설립신고서에 주주등의 명세서와 사업자등록 서류 등을 첨부하여 납세지 관할 세무서장에게 신고하여야 한다. 이 경우 법인세법 제111조에 따른 사업자등록을 한 때에는 법인 설립신고를 한 것으로 본다.
　㉠ 법인의 명칭과 대표자의 성명
　㉡ 본점이나 주사무소 또는 사업의 실질적 관리장소의 소재지
　㉢ 사업 목적
　㉣ 설립일
② 사업자등록 (법인세법 제111조)
　신규로 사업을 시작하는 법인은 당해 사업의 개시일부터 20일내에 사업자등록신청서를 납세지 관할 세무서장에게 제출하여야 한다. 이 경우 내국법인이 법인세법 제109조에 따른 법인 설립신고를 하기 전에 등록하는 때에는 주주등의 명세서를 제출하여야 한다. 법인세법 제109조에 따른 법인 설립신고를 한 경우에는 사업자등록신청을 한 것으로 본다.

09 순자산 평가 및 결산

1) 순자산 평가

(1) 조세지원 요건 판단 목적

조세지원 요건인 신설 법인의 최소 자본금, 개인 기업 대표자의 최소 출자금액 기준을 판단하기 위해서는 개인 기업의 순자산을 시가로 평가해야 한다.

(2) 부당행위계산 부인 해당여부 판단 목적

개인 기업 대표자와 신설 법인은 특수 관계에 해당하므로, 양수도 대가 산정 시 세법상 부당행위계산 부인 규정이 적용될 여지가 있는지에 대해서도 주의를 기울여야 한다.

법인세법상 시가란 건전한 사회 통념 및 상거래 관행과 특수관계인이 아닌 자 간의 정상적인 거래에서 적용되거나 적용될 것으로 판단되는 가격(요율·이자율·임대료 및 교환 비율과 그 밖에 이에 준하는 것을 포함)을 말한다. 이 때, 해당 거래와 유사한 상황에서 해당 법인이 특수관계인 외의 불특정다수인과 계속적으로 거래한 가격 또는 특수관계인이 아닌 제3자간에 일반적으로 거래된 가격이 있는 경우에는 그 가격에 따른다. 시가가 불분명한 경우에는 아래 정한 방법을 차례로 적용하여 계산한 금액에 따른다.

① 「감정평가 및 감정평가사에 관한 법률」에 따른 감정평가법인등이 감정한 가액이 있는 경우 그 가액(감정한 가액이 2 이상인 경우에는 그 감정한 가액의 평균액). 다만, 주식등 및 가상자산은 제외한다.

② 「상속세 및 증여세법」 제38조·제39조·제39조의2·제39조의3, 제61조부터 제66조까지의 규정을 준용하여 평가한 가액. 이 경우 「상속세 및 증여세법」 제63조 제1항 제1호 나목 및 같은 법 시행령 제54조에 따라 비상장주식을 평가할 때 해당 비상장주식을 발행한 법인이 보유한 주식(주권상장법인이 발행한 주식으로 한정한다)의 평가금액은 평가기준일의 거래소 최종시세가액으로 하며, 「상속세 및 증여세법」 제63조 제2항 제1호·제2호 및 같은 법 시행령 제57조 제1항·제2항을 준용할 때 "직전 6개월(증여세가 부과되는 주식등의 경우에는 3개월로 한다)"은 각각 "직전 6개월"로 본다.

시가가 불분명한 경우 상증세법상 보충적 평가 방법으로 평가한 가액도 시가로 인정되므로, 반드시 감정이 이루어져야 할 필요는 없다. 다만, 특수 관계 간 거래라는 점을 감안할 때 감정평가를 하는 편이 보다 안전하다.

순자산가액 계산시 시가 적용 방법 등
[부동산거래관리과-531 생산일자 : 2012.10.05.]

[요지]
법인전환에 대한 양도소득세의 이월과세 적용시 순자산가액의 시가는 법인세법 시행령 제89조제1항에 해당하는 가격, 같은 조 제2항 제1호의 감정가액, 상속세 및 증여세법 제61조 내지 제64조의 규정을 준용하여 평가한 가액의 순서대로 적용함.

법인전환시 재고자산을 장부가액으로 양도한 경우 부당행위계산 여부
[소득46011-1688 생산일자 : 1997.06.23.]

[요지]
사업양수도방법에 의하여 법인전환하는 경우 법인에게 재고자산을 시가보다 낮은 가액으로 양도하는 경우에는 부당행위계산의 대상이 됨.

[회신]
도매업을 영위하는 개인사업자가 사업양수도방법에 의하여 법인전환하는 경우 양수도자산에 포함되어 있는 재고자산의 시가상당액은 당해 사업을 양도하는 때에 총수입금액에 산입하는 것이며, 당해 개인사업자가 특수관계 있는 법인에게 재고자산을 시가보다 낮은 가액으로 양도하는 경우에는 소득세법 제41조 및 같은법 시행령 제98조의 규정에 의하여 부당행위계산의 대상이 된다.

개인사업자가 법인전환 시 재고자산의 시가산정
[서면인터넷방문상담2팀-1713 생산일자 : 2006.09.08.]

[요지]
개인사업자가 법인전환 시 재고자산의 시가산정은 불특정다수인 사이에 자유로이 거래가 이

루어지는 경우에 통상 성립된다고 인정되는 가액을 말하며 수용·공매가격 및 감정가액 등 상속세 및 증여세법시행령 제49조의 규정에 의하여 시가로 인정되는 것을 포함하는 것임.

[회신]
개인사업자가 법인전환 시 재고자산의 시가산정은 불특정다수인 사이에 자유로이 거래가 이루어지는 경우에 통상 성립된다고 인정되는 가액을 말하며 수용·공매가격 및 감정가액 등 상속세 및 증여세법시행령 제49조의 규정에 의하여 시가로 인정되는 것을 포함하는 것임.

2) 결산

법인전환기준일은 개인 사업체의 폐업일이 된다. 따라서 과세기간 시작일부터 법인전환기준일까지의 거래내역 및 자산·부채 평가내역을 반영하여 개인 사업체의 결산을 완료해야 한다. 결산이 마무리되면 기존 양수도계약서에 기재하지 못했던 실제 양수도대가가 확정되므로, 신설 법인은 개인사업자에게 대가를 지불할 수 있게 된다.

개인사업자가 사업양수도 방법으로 법인전환을 함에 있어 세무상 처리 방법
[서이46012-10132 생산일자 : 2002.01.22.]

[요지]
법인이 사업양수도방법에 의하여 취득한 중고자산의 경우 「중고자산 등의 내용연수」의 규정을 적용할 수 있는 것이며, 법인이 개인사업자의 소득세 대납시 손금에 산입할 수 없으며, 설립 후 최초의 사업연도에 대하여는 중간예납 의무가 없는 것임.

[질의내용]
의류제조업을 영위하는 개인사업자로서 사업양수도 방법에 의한 법인전환을 함에 있어서 감가상각대상 자산의 취득가액 및 내용연수와 미지급소득세와 관련 다음 사항을 질의함.

(질의 1) 법인이 개인기업에서 사용한 기계장치 등에 대하여 장부가액으로 승계시 감가상각누계액도 함께 승계하는 것인지 여부와 기계장치에 대한 내용연수를 중고자산의 취득으로 보아 수정내용연수를 적용받을 수 있는지 여부

(질의 2) 개인사업자의 폐업신고시 당해연도 귀속소득에 대한 소득세를 재무제표에 미지급소득세로 계상하여 이를 법인으로 승계시킬 수 있는지 여부와 승계시킬 수 없다면 이를 법인비용으로 처리시 전 개인사업자에 대한 상여 또는 배당으로 소득처분하는 것인지

(질의 3) 법인으로 전환 후 최초사업연도에 대한 법인세의 중간예납의무가 있는 것인지 여부

[회신]

귀 질의 1)의 경우 법인이 타인으로부터 매입한 자산의 취득가액은 매입가액에 부대비용을 가산한 금액으로 하는 것이며, 이 경우 특수관계자로부터 자산을 시가보다 높은 가액으로 매입한 경우에는 법인세법 제52조의 부당행위계산의 부인규정이 적용되는 것입니다. 법인이 사업양수도방법에 의하여 취득한 중고자산의 경우에도 법인세법시행령 제29조의2 「중고자산 등의 내용연수」의 규정을 적용할 수 있는 것입니다.

질의 2)의 경우 법인이 개인사업자의 소득세를 납부한 경우 이를 당해법인의 손금에 산입할 수 없는 것이며, 법인의 소득금액계산상 익금에 산입한 금액은 그 귀속자에 따라 상여 등 법인세법시행령 제106조의 규정에 따라 소득처분하는 것입니다.

질의 3)의 경우 합병 또는 분할에 의하지 아니하고 새로 설립된 법인의 경우 설립 후 최초의 사업연도에 대하여는 법인세법 제63조 제1항의 규정에 의한 중간예납의무가 없는 것입니다.

10 영업권 평가 의뢰

영업권은 개인사업자가 부담할 소득세 및 향후 법인의 자금 현황을 고려하여 적정한 금액으로 산정해야 한다. 감정평가법인에 영업권 평가를 의뢰하여 조율하는 과정을 거친다.

11 영업권 평가완료

영업권 평가가 완료되면 평가된 결과를 바탕으로 확정 세금을 산출한다. 이후 산출된 세금 및 계산 근거를 납세자에 안내한다.

12 법인 전환 절차 마무리

법인의 설립 및 전환 과정에서 누락된 것이 없는지, 관련 절차가 적법하게 마무리 되었는지 최종적으로 점검한다.

13 명의변경

개인 기업의 자산 및 부채가 모두 신설 법인으로 이전되므로, 명의 변경(이전)이 필요한 건에 대해서는 변경(이전) 절차를 완료해야 한다. 취득세가 과세되는 사업용 고정자산에 대해서는 취득세 감면 신청도 병행한다.

또 개인 기업이 법인으로 전환되는 것이므로 변경되는 상호, 거래 계좌 등을 정리하여 관련 기관 및 거래처 등에 적극적으로 알려야 한다.

① 토지, 건물 소유권이전등기
② 차량, 기계 명의 변경
③ 금융기관 예금, 차입금 명의 변경
④ 공장등록 변경
⑤ 통신사, 보험사 등 관련 기관에 명의 변경 신청
⑥ 홈택스 재수임동의

14 개시 재무상태표 작성

개인사업자로부터 양수한 자산, 부채, 영업권, 자본금을 반영하여 법인의 개시 재무상태표를 작성한다.

15 대표이사 3차 브리핑

① 향후 영업권 대가 수령 시 세금 문제 공지
   다음 해 5월 전 영업권 대가 지급 시의 원천징수 문제를 공지하고, 관련 세금 납부 절차에 대해 안내한다.
② 임원 보수 및 퇴직금 관련 사항 안내
   임원의 보수는 법인세법에 따른 적정성을 유지해야 한다. 사업 초기·중기 적정 임원 보수를 제시하고, 이후 성과에 따라 보수의 재조정이 필요할 수 있음을 안내한다. 뿐만 아니라 향후 임·직원의 퇴직금 지급을 위한 재원을 미리 마련할 수 있도록 안내하여 재무적인 안정을 도모할 수 있도록 돕는다.
③ 법인 운영 시 개인사업자와의 차이점 및 회계·세무 관리 방안 공지
   인건비·업무용 승용차 비용 등의 처리 규정이나 달라지는 세금에 대해 안내한다. 법인의 자금 흐름을 투명하게 관리해야 하므로, 법인 자산을 개인 소유 자산과 엄격히 구분하는 등 자금 운용 시 유의해야 할 사항을 안내한다.

16 개인사업자 폐업 신고 및 부가가치세·종합소득세 신고

1) 폐업신고

개인 기업은 법인전환기준일자로 폐업신고를 진행한다. 아래의 사항을 적은 폐업신고서는

사업자등록증과 함께 관할 세무서장이나 그 밖에 신고자 편의에 따라 선택한 세무서장에게 제출해야 한다.
① 사업자의 인적사항
② 폐업 연월일과 그 사유
③ 그 밖의 참고 사항

2) 부가가치세 확정신고

폐업일까지 발생한 개인 기업의 사업 실적에 대해서는, 폐업일이 속한 달의 다음 달 25일까지 부가가치세 확정신고 및 납부를 진행한다. 이 때 사업 포괄양수도 계약서를 첨부하여 법인전환에 따른 폐업임을 알리도록 한다.

3) 종합소득세 확정신고

1/1 ~ 폐업일까지 발생한 사업소득금액에 대하여 다음연도 5월 31일까지 신고해야 한다.

17 양도소득세 신고 및 이월과세 신청

이월과세로 적용으로 인해 당장 납부할 양도소득세액이 발생하지 않더라도, 양도소득세 신고 의무는 이행해야 한다.

양도소득세의 이월과세를 적용받고자 하는 자는 사업양수도를 한 날이 속하는 과세연도의 과세표준신고(예정신고를 포함한다)시 새로이 설립되는 법인과 함께 이월과세적용신청서를 납세지 관할세무서장에게 제출하여야 한다.

6장 법인전환(사업양수도) 체크리스트

대상	사업양도인		연락처	
	사업양수인		사업자등록번호	
	주사업장 주소		법인등록번호	
	법인전환일		(자산 + 영업권) - 부채	
	영업권 평가액		영업권 수령 계획	

구분	체크 항목	체크 Y	체크 N	비고	투입 시간
법인전환 목적	대표이사의 주요 법인전환 주요 목적 부합 여부 검토				
양도소득세 관련	양도소득세 과세 대상 부동산 유무 체크 여부				
개인사업자 수입금액 가산	폐업 시 잔존재화 공급의제 : - 시가로 환산하여 개인사업자 수입금액에 가산 보유한 재고자산 현황 및 시가 파악과 검토				
금융기관 부채	금융기관 부채 유무 확인 - 해당 부채의 법인 인계 여부 확인				
법인전환 시기	부가가치세 신고 시기와 일치 여부 확인				
	법인전환 시기는 연중으로 선정 - 개인사업자 소득금액 인하 - 연말, 연초 바쁜 시기 기피				
세 부담 수용 규모	- 다음 해 종합소득세액 부담 수용액 범위 확인 - 영업권 양도 관련 예상세액 부담 수용액 범위 확인				
퇴직금 처리	폐업한 개인사업자의 직원 퇴직금 경비처리 여부				
사업 영위 기간	법인 가업승계 및 가업상속 :				

구분	체크 항목	체크 Y	체크 N	비고	투입 시간
관련	- 개인사업자 영위 기간 인정 여부 검토				
	금융기관 및 협력사 - 개인사업자 영위 기간 인정 여부 검토				
개시 재무상태표의 적정성 및 회계처리 관련 공지	(자산 + 영업권) 〉 부채 : 법인의 미지급금 - 대표이사 인출 가능 자금				
	(자산 + 영업권) 〈 부채 : 대표이사의 미지급금 - 대표이사가 법인에 반제할 금액				
정관 정비	- 정관 필수 규정 사항 정비 - 임원 보수 규정 정비				
법인전환 후 회계·세무 관리	법인전환 후 회계 및 세무 관리방안 제시 여부				
폐업 신고 및 부가가치세 신고	폐업일이 속하는 달의 익월 25일까지 - 폐업 신고 - 부가가치세 신고				
영업권 가액 희망 수령 방식	법인에 잉여자금 있는 즉시 수령				
	일부 일시금 수령 후 분할 수령				
	일정 기간 분할 수령				

7장 사례해설

01 법인전환 타당성 검토

1) 검토 예제

개인기업 오성당은 도소매업을 영위하고 있으며, 매출이 계속 증가하고 있다. 2026년 성실신고확인대상사업자로의 전환이 예상되는 상황에서 법인전환을 고려해보기로 했다.

> ▶ 업체명 : 오성당
> ▶ 업　태 : 도소매업
> ▶ 사업장 : 자가 소유
> ▶ 2025년도 예상 매출액 : 14억
> ▶ 2025년도 예상 당기순이익 : 2.65억

2) 타당성 검토

① 개인사업자인 경우 예상세금

2025년 말 기준 예상 당기순이익 2.65억원으로, 예상되는 개인 종합소득세는 다음과 같다(38% 세율구간 해당).

종합소득세	80,760,000원
지방소득세	8,076,000원
합계	88,836,000원

* 소득공제 및 세액공제·세액감면은 고려하지 않음.

② 법인사업자인 경우 예상세금

2025년 말 기준 예상 당기순이익 2.65억원으로, 예상되는 법인소득세는 다음과 같다 (19% 세율구간 해당).

법인소득세	30,350,000원
지방소득세	3,035,000원
합계	33,385,000원

* 세액공제 · 세액감면은 고려하지 않음.

3) 전환여부 결정

① 기업의 당기순이익에 대한 소득세액을 고려할 때, 법인으로의 전환이 보다 유리하다.

② 개인 기업 연수입금액이 성실신고확인대상사업자 전환 기준인 15억원을 넘어설 경우, 납세자는 성실신고확인대상사업자에 해당되어 성실신고확인비용 등을 추가로 부담해야 한다. 뿐만 아니라 성실신고확인대상사업자가 성실신고확인서를 제출하지 않는 경우 추가적인 가산세 부담 및 세무조사 대상으로 선정될 수 있다는 점에서 세무 관리에 더 큰 주의를 요한다.

③ 사업이 확장되는 시점에 맞춰 법인으로 전환함으로써, 기업의 신뢰도가 상승할 수 있다.

02 전환방법 선택

1) 전환방법 결정

법인전환 대상 개인 기업이 양도소득세 과세 대상인 토지 · 건물을 비롯한 사업용 고정자산을 보유하고 있는 경우에 해당한다. 개인 기업이 법인으로 전환하는 과정에서 추가적인 부가가치세를 부담하지 않고 토지 · 건물에 대한 양도소득세 이월과세도 적용받을 수 있도록, 세제 지원 요건을 갖춘 세감면 포괄양수도 방식으로 법인 전환하기로 한다.

2) 전환시기 결정

성실신고확인대상사업자가 되기 전 법인으로 전환하는 것이 유리하다. 개인기업 오성당의 2025년 예상 매출액은 14억원으로, 성실신고확인대상사업자 전환 기준 수입금액인 15억원을 곧 넘어설 것으로 예상된다. 시기를 놓쳐 성실신고확인대상사업자로 전환된 이후 법인으로 전환하게 된다면, 3년간 성실신고확인서를 첨부하여 법인세를 신고해야 한다.

법인 전환 시 개인 기업은 폐업 절차를 밟는다. 이 때 폐업일의 다음달 25일까지 폐업에 따른 부가가치세 확정 신고가 마무리되어야 하므로, 폐업일은 부가가치세 확정신고 기간의 말일로 일치시키는 것이 실무상 간편하다. 본 사례에서는 폐업일(법인전환기준일)을 6월 30일로 가정하였다.

03 회계처리 방법

1) 25.06.30. 현재 개인기업 오성당의 재무상태표

과목	금액	과목	금액
현금	5,065,845	외상매입금	170,568,745
외상매출금	150,654,870	미지급금	53,554,865
미수금	12,052,390	예수금	4,954,532
재고자산	189,954,528	선수금	13,654,871
토지	620,000,000	장기차입금	630,000,000
건물	275,000,000	부채총계	872,733,013
감가상각누계액	(35,437,500)		
비품	20,300,000	자본금	348,598,375
감가상각누계액	(16,258,745)	자본총계	348,598,375
자산총계	1,221,331,388	부채및자본총계	1,221,331,338

*1. 토지 시가 920,000,000원, 건물 시가 294,562,500원으로 가정함.

*2. 재고자산 시가는 장부가액과 동일하다고 가정함.

*3. 과밀억제권역 밖의 설립으로 가정함.

2) 전환법인 회계처리

차 변		대 변	
현금	710,065,845	외상매입금	170,568,745
외상매출금	150,654,870	미지급금	757,153,240
미수금	12,052,390	예수금	4,954,532
재고자산	189,954,528	선수금	13,654,871
토지	920,000,000	장기차입금	630,000,000
건물	294,562,500	자본금	705,000,000
비품	4,041,255		
계	2,281,331,388	계	2,281,331,388

3) 설명

① 주식회사 오성당의 설립 시 자본금은 705,000,000원으로, 법인 전환 전 개인기업 오성당의 순자산가액 703,598,375원 이상이다.

※ 순자산가액은 법인전환기준일 현재의 시가로 평가한 자산의 합계액에서 충당금을 포함한 부채의 합계액을 공제한 금액임.

② 양수도대가는 미지급하였다고 가정하고 전액 미지급금으로 계상하였다.

04 예상되는 소요비용

1) 취득세

(1) 취득세

① 취득세

취득세는 1,214,562,500원×4%×(1-50%) = 24,291,250원 이다.

* 과밀억제권역 밖 설립이므로 취득세율은 4% 적용함.

② 취득세분 지방교육세

취득세분 지방교육세는 1,214,562,500원×2%×(1-50%)×20% = 2,429,120원 이다.

③ 취득세경감분 농특세

취득세경감분 농특세는 1,214,562,500원×4%×50%×20% = 4,858,250원 이다.

④ 취득세분 농특세

취득세분 농특세는 1,214,562,500원×2%×(1-50%)×10% = 1,214,560원 이다.

⑤ 납부할 취득세

납부할 취득세 합계액은 32,793,180원 이다.

(2) 국민주택채권매입액   * QR코드 자료실 참고

시가표준액에 해당 요율을 곱하여 계산한다.

2) 양도소득세

* 양도소득세는 이월과세적용신청에 따라 이월과세 되었다고 가정함.

① 양도소득세 예상액 : 100,860,000원

② 양도소득분 지방소득세 예상액 : 10,086,000원

항 목	금 액		
	토 지	건 물	합 계
양도가액	920,000,000	294,562,500	1,214,562,500
필요경비	620,000,000	239,562,500	859,562,500
양도차익	300,000,000	55,000,000	355,000,000
장기보유특별공제	30,000,000	5,500,000	35,500,000
양도소득금액			319,500,000
양도소득기본공제			2,500,000
과세표준			317,000,000
세율			40%
산출세액			100,860,000

* 토지와 건물의 취득시기는 2019년 1월 1일로 가정함.

3) 등록면허세(지방교육세 포함)

① 등록면허세 = 705,000,000원 × 0.4% = 2,820,000원

② 지방교육세 = 2,820,000원 × 20% = 564,000원

05 이월과세신청서 예시

■ 조세특례제한법 시행규칙 [별지 제12호서식](2015.03.13 개정)

이월과세적용 신청서

※ 뒤쪽의 작성방법을 읽고 작성하시기 바랍니다. (앞쪽)

신청인 (양도자)	① 상호 오성당	② 사업자등록번호 000-00-00000
	③ 성명 000	④ 생년월일 1900-00-00
	⑤ 주소 서울시 00구 00로 000, 000호 (전화번호: 000-0000-0000)	

양수인	⑥ 상호 주식회사 오성당	⑦ 사업자등록번호 000-00-00000
	⑧ 성명 000	⑨ 생년월일 1900-00-00
	⑩ 주소 서울시 00구 00로 000, 000호 (전화번호: 000-0000-0000)	

이월과세적용 대상 자산

⑪ 자산명	⑫ 소재지	⑬ 면적	⑭ 취득일	⑮ 취득가액
토지	서울시 00구 00로 000	000㎡	19.01.01	620,000,000
건물	서울시 00구 00로 000	000㎡	19.01.01	239,562,500

⑯ 양도일	⑰ 양도가액	⑱ 이월과세액	⑲ 비고
25.06.30	920,000,000	76,398,868	
25.06.30	294,562,500	24,461,132	

소멸하는 사업장의 순자산가액의 계산

⑳ 사업용자산의 합 계액(시가)	부채		㉓ (⑳ - ㉒) 순자산가액
	㉑ 과목	㉒ 금액	
1,576,331,388	장기차입금 등	872,733,013	703,598,375

「조세특례제한법 시행령」
[ ]제28조제3항
[✓]제29조제4항
[ ]제63조제10항
[ ]제65조제5항

에 따라 이월과세의 적용을 신청합니다.

20XX년 XX월 XX일

신청인(양도인) 000 (서명 또는 인)
양수인 000 (서명 또는 인)

세무서장 귀하

첨부서류	1. 사업용자산 및 부채명세서 1부 (전자신고 방식으로 제출하는 경우에는 구비서류를 제출하지 않고 법인이 보관합니다) 2. 현물출자계약서 사본 1부「조세특례제한법 시행령」 제63조제10항에 따라 신청하는 경우로 한정합니다).	수수료 없음
담당 공무원 확인사항	이월과세적용대상자산의 건물(토지) 등기사항증명서	

210mm×297mm[백상지 80g/㎡ 또는 중질지 80g/㎡]

06 취득세 감면신청서 (토지분, 건물분 각각 신청 필요함)

■ 지방세특례제한법 시행규칙[별지 제1호서식] 〈개정 2020. 12. 31.〉

지방세 감면 신청서

※ 뒤쪽의 작성방법을 참고하시기 바라며, 색상이 어두운 난은 신청인이 적지 않습니다. (앞쪽)

접수번호		접수일		처리기간	5일
신청인	성명(대표자) 000			주민(법인)등록번호	000000-0000000
	상호(법인명) 주식회사 오성당			사업자등록번호	000-00-00000
	주소 또는 영업소 서울시 00구 00로 000, 000호				
	전자우편주소 0000@0000.000			전화번호 (휴대전화번호)	000-0000-0000
감면대상	종류 토지			면적(수량)	000㎡
	소재지 서울시 00구 00로 000				
감면세액	감면세목 취득세	과세연도 20XX		기분	XX기
	과세표준액 920,000,000	감면구분 50% 세액 감면			
	당초 산출세액 36,800,000	감면받으려는 세액 18,400,000			
감면 신청 사유	사업양수도에 의한 법인전환에 따라 취득하는 사업용 재산(토지)에 대해서 취득세 감면을 요청합니다.				
감면 근거 규정	「지방세특례제한법」 제57조의2 제4항 및 같은 법 시행령 제126조				
관계 증명 서류	양도소득세 이월과세 신청서 등				
감면 안내 방법	직접교부[ ] 등기우편[ ] 전자우편 [√]				

신청인은 본 신청서의 유의사항 등을 충분히 검토했고, 향후에 신청인이 기재한 사항과 사실이 다른 경우에는 감면된 세액이 추징되며 별도의 이자상당액 및 가산세가 부과됨을 확인했습니다.

「지방세특례제한법」 제4조 및 제183조, 같은 법 시행령 제2조제6항 및 제126조제1항, 같은 법 시행규칙 제2조에 따라 위와 같이 지방세 감면을 신청합니다.

20XX 년 XX 월 XX 일

신청인   000   (서명 또는 인)

특별자치시장 · 특별자치도지사
· 시장 · 군수 · 구청장 귀하

첨부서류	감면받을 사유를 증명하는 서류	수수료 없음

210mm×297mm [백상지(80/㎡) 또는 중질지(80/㎡)]

3-3편. 일반 사업양수도

01 개요

조세지원을 받기 위한 법정 요건을 갖추지 않은 사업양수도 방식이다. 따라서 세 감면 사업양수도 방식으로 법인으로 전환하는 경우와 달리 양도소득세 이월과세나 취득세 감면의 혜택을 받을 수 없다. 조세지원을 받지 않기 때문에 세법상 갖추어야 할 요건이 없으며, 사후관리 또한 없다.

일반 사업양수도는 포괄양수도 계약인지 여부에 따라 양수도 거래에 대한 부가가치세가 과세될 수도 있고, 과세되지 않을 수도 있다. 만약 개인 기업이 보유한 자산 또는 부채를 포괄적으로 양도하지 않고 그 중 일부만 양도한다면, 해당 양수도 거래에 대한 부가가치세를 수수해야 한다. 반대로 포괄양수도 계약에 해당하여 해당 사업장의 권리와 의무가 일괄적으로 이전된다면 부가가치세법 규정에 따라 부가가치세를 과세하지 않을 수 있다.

02 절차

세 감면 사업양수도 방식과 거의 동일하다. 다만, 조세지원을 받지 않는 사업양수도 방식이므로 세법상 요건을 충족하기 위한 절차들은 생략 가능하다.

일반 사업양수도는 양도소득세 이월과세 적용이 불가하므로 기한 내 양도소득세 예정(확정)신고 및 납부해야 한다.

1) 양도소득세 예정신고

양도소득세 과세대상 자산을 양도한 거주자는 양도소득과세표준을 아래 구분에 따른 기간에 대통령령으로 정하는 바에 따라 납세지 관할 세무서장에게 신고하여야 한다.

① 토지 또는 건물, 부동산에 관한 권리, 기타자산, 신탁 수익권을 양도한 경우에는 그 양도일이 속하는 달의 말일부터 2개월. 다만, 토지거래계약에 관한 허가구역에 있는 토지를 양도할 때 토지거래계약허가를 받기 전에 대금을 청산한 경우에는 그 허가일(토지거래계약허가를 받기 전에 허가구역의 지정이 해제된 경우에는 그 해제일을 말한다)이 속하는 달의 말일부터 2개월
② 과세 대상 주권상장법인의 주식 및 주권비상장법인의 주식을 양도한 경우에는 그 양도일이 속하는 반기의 말일부터 2개월
③ 부담부증여의 채무액에 해당하는 부분으로서 양도로 보는 경우에는 그 양도일이 속하는 달의 말일부터 3개월

2) 양도소득세 확정신고

해당 과세기간의 양도소득금액이 있는 거주자는 그 양도소득 과세표준을 그 과세기간의 다음 연도 5월 1일부터 5월 31일까지[토지거래계약에 관한 허가구역에 있는 토지에 해당하는 경우에는 토지거래계약에 관한 허가일(토지거래계약허가를 받기 전에 허가구역의 지정이 해제된 경우에는 그 해제일)이 속하는 과세기간의 다음 연도 5월 1일부터 5월 31일까지] 대통령령으로 정하는 바에 따라 납세지 관할 세무서장에게 신고하여야 한다.

양도소득세 예정신고를 한 자는 확정 신고를 하지 아니할 수 있다. 다만, 해당 과세기간에 누진세율 적용대상 자산에 대한 예정신고를 2회 이상 하는 경우 등으로서 아래에 해당하는 경우에는 반드시 확정 신고를 해야 한다.

① 당해 연도에 누진세율의 적용대상 자산에 대한 예정신고를 2회 이상 한 자가 이미 신고한 양도소득금액과 합산하여 신고하지 아니한 경우
② 토지, 건물, 부동산에 관한 권리, 기타자산 및 신탁 수익권을 2회 이상 양도한 경우로서 양도소득 기본공제를 소득세법 제103조 제2항에서 규정한 순서대로 공제함에 따라 당초 신고한 양도소득산출세액이 달라지는 경우
③ 주식 등을 2회 이상 양도한 경우로서 양도소득 기본공제를 소득세법 제103조제2항에서 규정한 순서대로 공제함에 따라 당초 신고한 양도소득산출세액이 달라지는 경우
④ 토지, 건물, 부동산에 관한 권리 및 기타자산을 둘 이상 양도한 경우로서 소득세법 제104조 제5항을 적용하여 비교과세함에 따라 당초 신고한 양도소득산출세액이 달라지는 경우

용역계약서 (법인전환_사업양수도) 표준계약서(예시)

용역계약서(법인전환)

_____(이하 갑이라 한다)와 세무사 _____(이하 을이라 한다)는 「법인전환」에 관한 용역에 관한 계약(이하 "본 계약"이라 한다)을 다음과 같이 체결한다.

제1조 [목적]
본 계약의 목적은 개인사업자의 법인전환에 관한 업무를 수행하기 위함에 있다.

제2조 [용역의 범위]
① 을은 갑의 요청에 따라 관련 업무를 수행하며 구두, 전화 또는 서면에 의한 상담, 서류작성 등 자문을 성실하게 응하여야 한다.
② 제1항에 대한 구체적인 용역의 범위는 다음 각호와 같다.
  1. _____
  2. _____
  3. _____
  4. 위 수행과정에서 발생한 세무컨설팅을 통한 대응 방안 제시 및 교육지원
  이 외의 구체적인 용역 업무 범위는 갑과 을이 협의하여 별첨한다.

제3조 [용역 기간]
본 계약의 존속기간은 계약체결일로부터 20__년 __월 __일까지로 하되, 계약의 종기 전 본건이 완료되는 경우 그 완료일까지로 한다. 다만, 20__년 __월 __일까지 본건이 완료되지 아니할 경우에는 갑, 을은 상호 협의하여 본 계약기간을 연장하되, 이 경우 을에 대한 추가보수는 상호 협의하여 결정하기로 한다.

제4조 [용역 보수]
① 본 계약에 따른 용역 보수는 일금 _____원(₩_____. 부가가치세 별도)으로 한다.
② "갑"은 본 계약과 관련하여 용역 보수를 다음과 같이 지급한다.
③ 상기 보수 이외에 인쇄비 및 출장비 등 실경비는 "갑"의 부담으로 한다.

구분	지급기한	금액
착수금	20___년 ___월 ___일까지	일금 _____원 (₩_____)
잔 금	산출물 제출 이후 ___일 이내	일금 _____원 (₩_____)

제5조 [보수의 지급 방법]
① 제4조에 따른 보수는 을의 계좌(00 은행, 000-0000-000000, 예금주 000)로 지급한다.
② 을은 제4조에 따른 보수에 대하여 갑에게 세금계산서를 부가가치세법에 따른 공급시기에 발행한다.

제6조 [보수지급의 지체]
① 갑이 본 계약에 정한 비용 또는 보수의 지급을 지체한 때에는, 을은 위임사무에 착수하지 않거나 그 위임사무의 처리를 중단 또는 계약을 해지할 수 있다.
② 전항의 경우 을은 신속하게 갑에게 그 취지를 통보하여야 한다.

제7조 [의무]
갑은 신의성실의 원칙에 따라 본 계약에 의한 업무수행에 필요한 증빙자료 및 제반 서류를 신속하고 정확하게 을에게 제공하여야 하며, 을은 세법에 따라 갑이 제공한 자료에 의해 합리·타당하고 성실하게 업무를 수행하여야 하는 선관주의 의무를 부담한다.

제8조 [책임 및 면책]
① 갑이 제공한 자료의 불비 및 사실과 다른 자료의 제시, 근거 없는 진술 등의 사유로 본 계약업무 수행이 불가능하거나 이로 인하여 발생하는 문제에 을은 그 책임을 지지 아니한다. 이러한 경우에도 갑은 을에게 보수를 지급하여야 한다.
② 을은 갑이 제공한 자료에 대하여 허위가 없이 신뢰성이 있는 것으로 간주하여 업무를 수행하고, 갑이 제공한 자료에 허위사항이 있거나 요구자료의 지연 제

시 또는 미제출로 인해서 장래 갑에게 발생하는 불이익한 행정처분 등에 대하여 갑은 을에게 그 책임을 물을 수 없다.
③ 천재지변 기타 이에 준하는 사유로 본 계약을 수행할 수 없을 때는 갑·을 쌍방에게 본 계약 불이행의 책임이 없는 것으로 한다.

제 9 조 [책임의 제한]
① 본 계약과 관련하여 을의 채무불이행이나 불법행위로 인하여 갑에게 손해가 발생한 경우, 배상책임의 부담자 및 발생한 손해 액수 등은 관련 법률 규정에 따른다.
② 을이 손해배상책임의 부담자가 되었을 경우, 을이 갑에게 배상할 금액은 수령한 보수액을 그 한도로 한다.
③ 위 제1항에 따른 갑의 실제 손해액이 을에게 지급한 보수액을 초과할 경우, 갑이 실제 손해액을 입증하더라도 보수액을 초과하는 손해에 대해서는 이를 을에게 청구할 수 없다.

제 10 조 [계약해지]
　　　갑의 사정에 의하여 본 계약을 해약할 때에는 갑은 기지급한 보수액의 반환을 청구하지 못한다. 다만, 을의 사정으로 본 계약을 해약할 때는 을은 기수령한 보수액을 반환하며, 갑과 을의 사정으로 인한 불가항력적 사유로 인하여 계약의 이행이 불가능하게 된 때에는 계약은 종료하는 것으로 하고, 보수의 지급 등에 관하여는 상호 합의에 따라 정하는 것으로 한다.

제 11 조 [기밀보장]
　　　을은 계약업무 수행과정에서 지득한 갑의 기밀을 엄수하여야 한다.

제 12 조 [분쟁의 해결]
　　　본 계약에서 발생한 분쟁은 갑과 을의 합의에 따라 해결함을 원칙으로 하고, 당사자 사이에 해결되지 않은 분쟁은 중재법에 따른 중재기관의 중재에 따라 최종 해결한다.

제 13 조 [특약조항]
　　　일반사항 외의 특약사항은 아래 각호에 기재하여 정하며, 일반사항과 특약사항이 상충하는 때에는 특약사항이 우선한다. 기타 본 계약에 명시되지 아니한 사항은 일반적인 관례에 따라 갑과 을이 상호 협의하여 정하기로 한다.

1.
2.
3.

세무사 _____은 계약서 내용을 충분히 설명하였으며,
의뢰인 _____은 위 사항을 모두 확인하여 숙지하였으며, 위 내용에 동의함에 따라 아래와 같이 서명합니다.

의뢰인 (성명) _____ (서명/인)

위의 사실을 증명하기 위하여 본 계약서를 2부 작성하여 간인하고 갑과 을이 각각 1부씩 소지하기로 한다.

20 년   월   일

[갑]   [을]

사업자등록번호
(또는 주민등록 :   사업자등록번호 :
번   호   )

주   소 :   주   소 :
연 락 처 :   상   호 :
성   명 :   (인)   대표세무사 :   (인)

법인전환 안내문(예시)

협력업체 및 거래처 관계자 귀하

귀사의 무궁한 발전을 기원합니다.
당사는 사세 확장에 따라 아래와 같이 법인전환을 하게 되었음을 알려드립니다.
그동안 보내주신 관심에 진심으로 감사의 말씀을 전합니다.

법인전환을 계기로 모든 임직원이 새로운 마음가짐으로 정진하도록 하겠습니다.
앞으로도 많은 성원 부탁드립니다. 감사합니다.

------------------ 아 래 ------------------

1. 변경된 사업자정보
 가. 사업자 등록번호 :
 나. 법인명 :
 다. 대표자 :
 라. 소재지 :
 마. 변경일 :

2. 변경된 계좌번호
 가. 은행명 :
 나. 계좌번호 :
 다. 예금주 :

3. 법인전환으로 인해 사업자 정보 및 계좌번호만 변경되었습니다.
 (회사주소, 대표자, 부서별 담당자 등은 변경사항 없음)

4. 첨부서류
 가. 사업자등록증 사본 1부
 나. 통장사본 1부

5. 이외 다른 서류가 필요하신 업체는 아래의 연락처로 요청바랍니다.
 가. 담당자 :
 나. 연락처 :

㈜ ○ ○ ○

제4편 현물출자 법인전환

1) 법인전환 세무 한눈에 보기

형태	현물출자로 인한 법인전환	
조세지원	양도소득세	이월과세(조세특례제한법 제32조)
	양도소득 지방소득세	이월과세(지방세특례제한법 제120조)
	취득세	50% 경감(지특법 제57의2 제3항)
	농어촌특별세	취득세 감면분의 20%를 농특세로 과세
	법인설립등록세	과세
	부가가치세	과세제외
	인지세/면허세	부담
	국민주택채권매입	면제
	개인기업 조세감면	승계
조세지원 대상	업종	소비성 서비스업 제외
	대상자	소비성서비스업을 경영하는 법인 외의 법인으로 전환하는 거주자

	대상자산	사업용 고정자산으로서 업무와 관련없는 부동산은 제외
	자본금	법인으로 전환하는 사업장의 법인전환일 현재 순자산 평가액 이상일 것
	사업용 고정자산	사업에 직접 사용되는 유형자산과 무형자산
		법인의 업무무관 부동산은 제외
사후관리	양도소득세 및 개인지방소득세	다음의 사유가 발생한 경우 사유 발생일이 속한 달의 말일부터 2개월 이내에 이월과세액을 양도소득세 및 개인지방소득세로 납부해야 함. 1) 법인전환 후 5년 이내에 승계받은 사업을 폐지 2) 법인전환으로 취득한 주식 또는 출자지분의 50% 이상을 처분하는 경우
	취득세	신설되는 법인이 사업용 자산을 취득한 날로부터 5년 이내에 다음의 사유가 발생한 경우 경감받은 취득세를 추징한다. 1) 정당한 사유없이 승계받은 사업을 폐업 2) 정당한 사유없이 취득한 주식 등을 50% 이상을 처분하는 경우

2) 업무기준표 (5장 절차 참고)

구분		업무 내용	투입 시간	비고
D-16	대표이사 1차 브리핑	개인사업자 VS 법인사업자 장·단점 공지		
		현물출자에 의한 법인전환 세제 혜택 및 장·단점 공지		
		현물출자에 의한 법인전환 절차 공지		
		현물출자에 의한 법인전환 예상 소요 비용 공지 - 세무사 수수료 - 회계감사[1] 수수료 - 감정평가[1] 수수료 - 설립등기[1] 비용 　[1] 일괄수주계약 방식, 납세자 개별 선정방식 중 선택		
D-18	개인사업자 가결산 및 법인전환 타당성 검토	가결산을 통한 자산의 탁상감정 의뢰		
		개인사업자의 수입금액으로 계상될 재고자산 확인		
		현물출자대상 순자산 가액 검토		
		개인사업자의 예상 부가가치세 및 종합소득세 검토		
D-16	대표이사 2차 브리핑	현물출자 시 양도소득세, 취득세, 부가가치세 절세 효과 공지		
		현물출자에 의한 법인전환 VS 일반 법인전환 예상 세액 공지		
		대략적인 영업권 평가액 및 관련 세금 검토		
		금융기관 부채 신설법인에 인계 가능 여부 사전 확인 필요 공지		
		예상 세금 및 확정 수수료 공지		
		현물출자에 의한 법인전환 확정 소요 비용 공지		

구분		업무 내용	투입 시간	비고
		- 세무사 수수료 - 회계감사 수수료 - 감정평가 수수료 - 설립등기 비용		
D-15	자산평가	조세특례제한법 시행규칙 제15조 준용: 다음 순위로 평가 ① 실지거래가액 ②「감정평가 및 감정평가사에 관한 법률」에 따른 감정 평가업자가 감정한 가액 ③ 상속세 및 증여세법」제38조 · 동법 제39조 및 동법 제61조 내지 제64조의 규정을 준용하여 평가한 가액		
D-12	개인사업자 결산 확정	법인 전환일을 기준일로 하여 재무제표 작성		
		개인사업 폐업에 따른 종합소득세 확정		
		순자산 가액 결정		
D-11	회계감사	공인회계사의 회계감사		
		최종 자산 · 부채의 적정성 평가		
D-8	법인 설립 준비	상호, 사업목적, 임원 구성, 발기인 등 결정 - 개인 기업주를 포함한 1인 이상의 발기인을 구성 - 세무사 작성 정관과 필요서류 준비		
		세무상 유리한 정관 정비 및 공증 - 정관에 현물출자에 관한 사항 기재 - 임원 보수 규정 정비 - 중간배당, 자기주식 취득, 이익소각에 관한 사항 등 정비		
	현물출자가 액 및 법인	- 순자산 가액 이상으로 법인자본금 결정 - 주식발행사항 결정		

구분		업무 내용	투입시간	비고
	자본금 결정	법인 설립일 전 현물출자 이행		
D-7	현물출자 계약서 작성	개인사업자와 설립 중인 정관상 법인 발기인을 대표로 현물출자계약서 작성 - 조세특례제한법 제31조, 제32조, 지방세특례제한법 제57조의2를 고려		
		현물출자 기준일 전에 현물출자계약 체결 후 공증		
D-5	법인 예비 사업자등록 신청	법인설립등기 전 예비사업자등록 신청 - 구비서류 : 사업자등록신청서, 발기인의 주민등록등본, 허가사업인 경우 허가증, 허가 전인 경우 사업계획서 사본 제출, 임대차계약서 사본 해당부분 도면, 현물출자계약서		
		거래처에 사업자등록사항 통보		
D-day	개인사업자 폐업신고 및 부가가치세 신고	폐업신고 - 폐업일자 : 법인전환일 전일		
		개인사업자 부가가치세 신고 - 현물출자계약서 첨부		
D+1	법원에 검사인 선임 신청	법원에 검사인 선임신청 - 법원이 선임한 검사인의 조사이행 검토·협의		
		감정평가기관에서 자산감정 시 검사인 대체 가능		
D+1.5 ~ 2개월	법원인가 및 법인 설립등기	법원인가일(변태 설립사항 조사보고서 송달일)부터 2주 이내 법인설립등기		
	법인설립등기 후 사업자등록	사업자등록 - 법인설립등기일로부터 20일 이내 - 구비서류 : 법인 등기부등본, 주주 등의 명세		

구분		업무 내용	투입 시간	비고
D+ 2.5개월	명의변경 통보	금융기관 및 관계기관에 명의변경 통보		
	양도소득세 신고	- 법인설립등기일이 속하는 달의 말일부터 2개월 이내 - 양도소득세 이월과세 신청서 제출		
	소유권 이전 및 취득세 감면 신청	부동산 및 차량 명의변경 및 소유권 이전 - 30일 이내 취득세 신고 및 부동산 및 화물차 취득세 감면신청서 제출 - 현물출자계약서, 순자산 가액 평가보고서 첨부		
익년 3월	법인세 신고	양수법인 법인세 신고 및 이월과세 신청서 제출 - 현물출자계약서, 순자산 가액 평가보고서 첨부		
익년 5월	종합소득세 신고	개인사업자 종합소득세 신고		
총 투입시간		시간당 보수	보수 청구액	

1장 개요

★ 현물출자 법인전환은 조세지원의 효과가 제일 크기 때문에 토지·건물 등의 부동산을 가지고 있는 개인 기업이 제일 고려해 볼 만한 법인전환방법이다.

01 현물출자의 개념

① 현물출자란?
현물출자는 금전이 아닌 재산을 출자하여 법인을 설립하는 방법이다. 법인설립 시 자본금을 현금으로 납입하는 대신 부동산, 동산, 유가증권, 특허권 등과 같은 다양한 유형의 자산을 출자하게 되며 이는 자금 여력이 부족한 개인사업자가 법인으로 전환하고자 할 때 매우 유용하게 활용된다.

② 현물출자에 포함되는 자산
현물 출자할 수 있는 자산은 단순한 동산과 부동산뿐만 아니라 재무상태표에 자산으로 계상할 수 있는 모든 자산이 해당되며 소극적 재산인 부채까지 포함할 수 있다. 즉, 단순히 자산만 출자하는 것이 아니라 부채까지 함께 넘길 수 있어 법인 설립 시 자산과 부채의 균형을 유지하는 것이 가능하다.

③ 순자산가액이 중요한 이유
현물출자는 주로 순자산가액이 높은 사업에서 많이 실행된다. 순자산가액이란 자산에서 부채를 뺀 금액으로 개인사업자가 많은 부채를 가지고 있더라도 순자산만 충분하다면 현금 출자 없이 법인 설립이 가능하다. 이 때문에 부동산임대업이나 제조업과 같이 사업용 고정자산의 가치가 높고 관련 부채가 많은 사업에서 주로 활용된다.

④ 상법상 현물출자의 규제
현물출자는 상법에서 규제하는 변태설립사항이다. 그 이유는 현물출자로 출자되는 자산의 가치가 과대평가될 경우 회사의 자본이 불충실해지고, 채권자

가 피해를 입을 수 있기 때문이다. 이를 방지하기 위해 상법에서는 현물출자시 법원의 검사 또는 감정 절차를 통해 출자된 자산의 가치를 적정하게 평가받도록 요구한다. 이는 회사 설립 후 자본이 부실화되지 않도록 하는 중요한 보완 장치이다.

> 법인설립등기일 전에 생긴 손익은 최초사업연도에 손익에 산입
> [서이46012-10453 귀속년도 : 2001 생산일자 : 2001.11.01.]
>
> [요지]
> 내국법인이 법인설립등기일 전에 생긴 손익을 사실상 그 법인에 귀속시킨 것이 있는 경우 조세포탈의 우려가 없을 때에는 최초사업연도의 기간이 1년을 초과하지 아니하는 범위 내에서 이를 당해 법인의 최초사업연도의 손익에 산입할 수 있는 것이며, 이 경우 최초사업연도의 개시일은 당해 법인에 귀속시킨 손익이 최초로 발생한 날로 한다.
>
> [상세내용]
> ○ 상황
>   1. 당사는 인쇄회로기판을 제조하는 회사로서 개인사업을 영위하다가 개인사업용 자산·부채를 포괄양도하기로 계약한 후 1999.12.31자로 개인사업을 폐업하고, 현물출자기준일인 2000.01.01자로 법인사업자등록을 교부받아 계속 사업을 하고 있음.
>   2. 현물출자에 의한 법인전환의 경우 감정평가사, 공인회계사, 감사 등으로 인하여 2000.03.14자로 법인등기를 하였음.
>   3. 2000.01.01. 사업자등록증 교부당시 법인등록번호를 기재하지 않은 상태의 사업자등록증을 교부받아 사업을 하다가 법인등기 완료 후 법인등록번호를 기재한 사업자등록증을 재교부받았음.
> ○ 질의
>   당사의 경우 사업연도 개시일을 언제로 해야 하는지(법인설립등기일-2000.03.14, 실질적인 사업개시일-2000.01.01.) 질의함.

> 개인사업자의 사업용자산에 대한 감가상각의제액이 법인에게 승계되는지 여부
> [법인46012-162 귀속년도 : 2003 생산일자 : 2003.03.07.]
>
> [요지]
> 개인사업자가 감가상각의제액이 있는 사업용자산을 현물출자하여 법인으로 전환하는 경우, 당해 사업용자산에 대한 감가상각의제액 상당액은 현물출자된 법인에게 승계되지 아니하는 것임.
>
> [상세내용]
> ○ 질의내용
> 중소기업에 대한 특별세액감면을 받은 개인사업자가 소득세법시행령 제68조의 규정에 의한 감가상각의제액이 있는 사업용자산을 현물출자하여 법인으로 전환하는 경우 당해 사업용자산에 대한 감가상각의제액 상당액이 법인에게 승계되는지 여부

02 현물출자의 장점과 단점

1) 현물출자의 장점

(1) 자금 부담의 완화

법인 설립 시 현금을 출자하지 않고 자산을 출자함으로써 현금 부담을 덜 수 있다. 특히 자산을 충분히 보유하고 있지만 현금 유동성이 부족한 개인사업자에게 매우 유리한 방법이다.

(2) 조세지원 효과

현물출자는 다른 법인 전환 방식에 비해 조세혜택이 가장 크기 때문에 세금 측면에서 매우 유리한 선택이 될 수 있다.

2) 현물출자의 단점

(1) 복잡한 절차

현물출자는 상법상 변태설립사항으로 규정하여 법원 검사나 감정을 받는 등 절차가 매우 복잡하다. 자산의 평가와 관련된 절차뿐만 아니라 법인 설립과정에서 법원이 선임한 검사인이나 법인이 지정한 감정인의 조사를 받아야 하는 절차가 추가된다.

(2) 추가적인 비용 부담

현물출자와 관련하여 자산 평가수수료와 회계감사수수료 등 추가적인 비용이 발생할 수 있으며, 자산의 종류나 규모에 따라 감정평가 비용이 상당히 많이 발생할 수 있다.

(3) 시간이 많이 걸림

현물출자는 법인의 설립과 동시에 사업 승계 과정도 함께 진행되므로 법인 설립까지 시간이 많이 소요된다. 특히 자산 평가와 법원 절차가 함께 진행되기 때문에 다른 법인 전환 방법보다 시간이 더 걸릴 수 있다.

(4) 설립 시기의 불편함

개인사업자가 법인으로 전환하는 과정에서 일시적으로 개인 사업이 폐업된 상태에서 법인 설립 절차를 진행하게 되는데, 이 기간 동안 법인등기부등본이 발급되지 않기 때문에 기본적인 업무 처리가 어렵고 이를 처리하는 데에 번거로움이 따른다.

현물출자는 법인 전환 시 자금 부담을 줄이고 조세 혜택을 받을 수 있는 좋은 방법이지만 그에 따른 절차적 복잡함과 시간적, 금전적 부담도 고려해야 하므로 개인 사업자별 상황에 맞는 방법을 선택하는 것이 중요하다.

2장 조세지원

★ 현물출자를 통한 법인 전환은 다양한 조세혜택을 부여하므로 전환 과정에서 소요되는 자금 부담을 크게 줄일 수 있다. 다만, 각 혜택을 받기 위한 요건과 신청 절차를 철저히 준수해야 하므로, 현물출자를 고려하는 사업자는 사전에 충분한 검토가 중요하다.

〈현물출자와 일반사업포괄양수도의 조세지원 비교〉

구 분	현물출자	사업양도양수
양도소득세	이월과세(주택 및 주택을 취득할수 있는 권리 제외)	과세
양도소득분 개인지방소득세	이월과세	과세
부가가치세	과세제외	과세제외
취득세	50%감면(부동산임대업과 부동산매매업은 적용배제)	과세
농어촌특별세	취득세 감면분 농특세 과세	과세
국민주택채권매입	면제	부담
세액감면 승계	승계	승계안됨

01 양도소득세 등 이월과세 (조세특례제한법 제32조 제1항)

거주자가 사업용고정자산을 현물출자의 방법에 따라 법인(대통령령으로 정하는 소비성 서비스업을 경영하는 법인은 제외한다)으로 전환하는 경우 그 사업용 고정자산에 대해서는 이월과세를 적용받을 수 있다. 다만, 해당 사업용고정자산이 주택 또는 주택을 취득할 수 있는 권리인 경우는 제외한다.

1) 이월과세(移越課稅)의 의미

조세특례제한법에서 "이월과세"란 개인이 해당 사업에 사용되는 사업용고정자산 등(이하 "종전사업용고정자산등"이라 한다)을 현물출자 등을 통하여 법인에 양도하는 경우 이를 양도하는 개인에 대해서는 「소득세법」 제94조에 따른 양도소득에 대한 소득세(이하 "양도소득세"라 한다)를 과세하지 아니하고, 그 대신 이를 양수한 법인이 그 사업용고정자산 등을 양도하는 경우 개인이 종전사업용고정자산등을 그 법인에 양도한 날이 속하는 과세기간에 다른 양도 자산이 없다고 보아 계산한 같은 법 제104조에 따른 양도소득 산출세액 상당액을 법인세로 납부하는 것을 말한다.

즉 이월과세는 개인기업을 법인 형태로 전환하기 위해 양도소득세 과세대상자산을 법인으로 이전하는 과정에서, 개인 대표자가 부담해야 할 양도소득세를 즉시 납부할 필요가 없도록 지원하는 규정이다. 해당 양도소득세는 법인이 양수받은 자산을 양도하는 시점에 법인세로 납부하도록 정하고 있다. 따라서 납세의무자는 개인에서 법인으로 변경되며, 납부시기가 이연되는 효과가 있다.

이월과세는 양도소득세를 즉각 납부하는 부담을 경감하여 실질적인 변화 없이 사업을 안정적으로 운영할 수 있도록 함으로써, 법인전환 과정에서 기업의 규모가 축소되는 것을 방지하는 데 그 목적이 있다.

2) 신청절차

양도소득세의 이월과세를 적용받고자 하는 자는 현물출자를 한 날이 속하는 과세연도의 과세표준신고(예정신고 포함)시 기획재정부령이 정하는 이월과세 적용신청서를 납세지 관할 세무서장에게 제출해야 한다(사업용 자산 및 부채명세서, 현물출자계약서 사본 등 첨부).

즉, 법인 전환 후 첫 번째 과세연도에 신청서를 제대로 제출하지 않으면 양도소득세 이월과세 혜택을 받을 수 없다.

3) 양도소득분 개인지방소득세 이월과세 (지방세특례제한법 제120조)

양도소득분 개인지방소득세에 대해서도 이월과세를 적용받을 수 있다. 신청 절차는 양도소득세 이월과세와 동일하게 현물출자를 한 날이 속하는 과세연도의 과세표준신고 시 이월과세적용신청서를 납세지 관할 지방자치단체의 장에게 제출하여야 한다.

다만 「조세특례제한법 시행령」 제29조 제4항에 따라 양도소득세 이월과세 신청서를 제출하는 것으로 지방세특례제한법 제120조에 따른 개인지방소득세에 대한 이월과세도 함께 신청한 것으로 간주되므로 실무상 별도의 신청은 필요하지 않다.

02 취득세의 감면 등 (지방세특례제한법 제57조의2 제4항)

1) 취득세 감면

현물출자에 따라 2027년 12월 31일까지 취득하는 사업용 고정자산(「통계법」 제22조에 따라 통계청장이 고시하는 한국표준산업분류에 따른 부동산 임대 및 공급업에 대해서는 제외한다)에 대해서는 취득세의 100분의 50을 경감한다.

다만, 취득일부터 5년 이내에 대통령령으로 정하는 정당한 사유 없이 해당 사업을 폐업하거나 해당 재산을 처분(임대를 포함한다) 또는 주식을 처분하는 경우에는 경감 받은 취득세를 추징한다. 또한, 비영업용 소형승용차 등 비사업용 자산은 취득세가 경감되지 않는다.

> [대법원 2003.03.14.선고 2002두12182판결]
> 위 법규정이 현물출자되는 사업용 재산에 대하여 등록세, 취득세를 면제하는 취지는 이 경우 실질적으로는 동일한 사업주가 사업의 운영형태만을 바꾸는 것에 불과하여 재산이전에 따르는 등록세, 취득세 등을 부과할 필요가 적음과 더불어 개인사업의 법인전환을 장려함에 있다.

2) 농어촌특별세 과세 (농어촌특별세법 제5조 제1항 제1호 및 제6호)

감면된 취득세의 20%는 농어촌특별세로 납부해야 하며, 지방세분 농어촌특별세로 표준세율(2%)에 해당하는 취득세의 10%를 납부해야 한다.

호별	과세표준	세율
1	「조세특례제한법」・「관세법」・「지방세법」 및 「지방세특례제한법」에 따라 감면을 받는 소득세・법인세・관세・취득세 또는 등록에 대한 등록면허세의 감면세액(제2호의 경우는 제외한다)	100분의 20
2	「조세특례제한법」에 따라 감면받은 이자소득・배당소득에 대한 소득세의 감면세액	100분의 10
3	삭제〈2010.12.30.〉	
4	「개별소비세법」에 따라 납부하여야 할 개별소비세액 가. 「개별소비세법」 제1조 제3항 제4호의 경우 나. 가목 외의 경우	100분의 30 100분의 10
5	「자본시장과 금융투자업에 관한 법률」에 따른 증권시장으로서 대통령령으로 정하는 증권시장에서 거래된 증권의 양도가액	1만분의 15
6	「지방세법」 제11조 및 제12조의 표준세율을 100분의2로 적용하여 「지방세법」, 「지방세특례제한법」 및 「조세특례제한법」 따라 산출한 취득세액	100분의 10
7	「지방세법」에 따라 납부하여야 할 레저세액	100분의 20
8	「종합부동산세법」에 따라 납부하여야 할 종합부동산세액	100분의 20

3) 국민주택채권의 매입면제 (주택도시기금법 시행규칙 제6조)

현물출자에 의해 전환되는 법인이 중소기업기본법에 의한 중소기업을 경영하는 자로서 당해 사업에 1년 이상 사용한 사업용자산을 현물출자 하여 설립한 법인(자본금이 종전사업자의 1년간 평균순자산가액 이상인 경우에 한한다)의 요건을 충족하는 경우에 국민주택채권의 매입이 면제된다.

03 조세감면 등 승계

1) 창업중소기업 및 창업벤처중소기업

조세특례제한법 제6조 제1항 및 제2항에 따른 창업중소기업 및 창업벤처중소기업 또는 제64조 제1항에 따라 세액감면을 받는 내국인이 제6조 또는 제64조에 따른 감면기간이 지나기 전에 대통령령으로 정하는 현물출자의 방법에 따라 법인으로 전환하는 경우 대통령령으로 정하는 바에 따라 남은 감면기간에 대하여 제6조 또는 제64조를 적용받을 수 있다(법인소득세 감면).

현행 지방세특례제한법에서의 창업중소기업·창업벤처중소기업·농공단지 입주기업 등에 대한 지방소득세 세액감면[지특법 제100조, 지특법 제125조] 규정은 2018년 12월 31일 이전에 창업하거나 입주하는 경우에만 적용하며 적용시한이 종료되었으므로 지방소득세 감면은 법인에게 승계하지 아니한다.

> 개인사업자의 법인전환 시 창업중소기업에 대한 세액감면 승계 여부
> [서면-2022-법인-1835 [법인세과-1575] 생산일자 : 2022.10.31.]
>
> [요지]
> 거주자가 창업중소기업에 대한 세액감면 기간이 지나기 전에 사업 양도·양수의 방법으로 법인 전환한 경우에 해당 중소기업 법인은 <u>그 거주자의 남은 감면기간에 대하여</u> 창업중소기업 세액감면을 적용 받을 수 있는 것임.
>
> [상세내용]
> ○ 사실관계
>   - 질의법인은 수도권과밀억제권역에서 전자상거래 도소매업을 영위하는 개인사업자('21.1월 창업)로부터 같은 해 10월 「조세특례제한법」 제32조 제1항의 요건을 갖춰서 전환한 법인으로 개인 사업자 당시 적용받았던 조세특례제한법 제6조 제1항 나목에 의한 청년창업중소기업에 대한 세액감면을 승계함.
>   - 개인사업자 영위 기간에 대해서는 종합소득세 신고 시 조세특례제한법 제6조에 의한 청년창업중소기업에 대한 세액감면 신청

○ 질의내용
- 개인사업자가 '21년 귀속 종합소득세 신고 시 「조세특례제한법」 제6조 창업중소기업 등에 대한 세액감면을 적용 받을 경우 전환법인이 동일한 사업연도에 세액감면을 적용할 수 있는지 여부

법인전환에 따른 창업 중소기업 등에 대한 세액감면 적용
[서면-2017-법인-3365, 2018.03.20.]

1. 사실관계
   ○ 질의법인은 건축설계업을 영위하는 법인으로, 대표자가 2013.03.06. 개업한 개인사업에서 법인전환하여 2016.06.29.법인설립등기, 2016.07.01. 법인으로 사업자등록하였고 2017.07. 질의법인 명의로 벤처기업 확인을 받음.
   ○ 개인사업자 사업자등록은 질의법인 설립 후인 2017.05.30. 폐업하였고, 법인 설립 이후도 개인사업에서 매출이 발생하였으나
     - 신규영업이나 계약에서 발생한 것이 아니라 기존 거래처와의 계약관계 상 중도금·잔금과 관련된 것이고, 해당 매출 관련으로 사업을 유지함.
   ○ 법인전환 전 개인사업 당시인 2013년부터 2016년까지 4년간 '창업중소기업 세액감면' 받았음.

2. 질의내용
   ○ 질의1) 질의법인이 세액감면을 적용받던 개인사업자에서 법인전환 설립되었으므로, 남은 감면기간이 있는 것으로 보아 2016과세연도 창업 중소기업세액감면 적용가능 여부
   ○ 질의2) 법인 창업 후 3년 이내 벤처기업 확인에 따라, 새로이 2016과세연도부터 창업벤처 중소기업세액감면 적용가능 여부

3. 회신내용
   귀 질의1의 경우, 거주자가 하던 사업을 법인으로 전환하여 새로운 법인을 설립하는 경우는 「조세특례제한법」 제6조 제6항 규정에 따라 창업으로 보지 아니하나, 동법 제6조 제1항에 따른 세액감면을 적용받던 거주자가 하던 사업(이하 "개인 기업"이라 함)을 동법 제32조 제1항에 따른 법인전환 요건을 충족하여 중소기업 법인으로 전환하는 경우, 해당 중소기업 법인은 동법 제32조 제4항에 따라 개인 기업의 남은 감면기간에 대하여 동법 제6조 제1항의 창업중소기업 세액감면을 적용받을 수 있는 것입니다.

귀 질의2의 경우, 거주자가 하던 사업을 법인으로 전환하여 새로운 법인을 설립하는 경우는 「조세특례제한법」제6조 제6항 규정에 따라 창업으로 보지 아니하나, 개인 거주자가 「조세특례제한법」제6조 제3항에 해당하는 업종을 창업한 후 동법 제32조 제1항에 따른 법인전환 요건을 충족하여 중소기업 법인으로 전환하는 경우, 개인 기업의 창업일로부터 3년 이내에 벤처기업을 확인받는 경우 해당 중소기업 법인은 동법 제6조 제2항의 창업벤처중소기업 세액감면을 적용받을 수 있는 것입니다.

2) 수도권과밀억제권역 밖으로 공장을 이전하는 중소기업 등

조세특례제한법 제63조에 따른 수도권과밀억제권역 밖으로 공장을 이전하는 중소기업 또는 제68조에 따른 농업회사법인이 제63조 또는 제68조에 따른 감면기간이 지나기 전에 대통령령으로 정하는 현물출자의 방법에 따라 법인으로 전환하는 경우 대통령령으로 정하는 바에 따라 남은 감면기간에 대하여 제63조 또는 제68조를 적용받을 수 있다(법인소득세 감면).

현행 지방세특례제한법에서의 수도권과밀억제권역 밖으로 공장을 이전하는 중소기업에 대한 세액감면[지특법 제124조]은 2017년 12월 31일까지 사업을 개시한 경우에만 감면을 적용하고, 농업인 등에 대한 양도소득분 개인지방소득세의 면제[지특법 제128조]는 2018년 12월 31일 이전에 농지를 농업법인에 현물출자하는 경우에만 해당하므로 지방소득세의 잔존기간 감면은 승계되지 아니한다.

개인사업자가 법인으로 전환하는 경우, 잔존 감면기간동안 지방으로 이전하는 중소기업에 대한 세액감면 적용 [소득세과-629 생산일자 : 2012.08.20.]

[요지]
개인사업자가 「조세특례제한법」 제32조 및 같은 법 시행령 제29조 제2항에 따라 법인으로 전환하는 경우, 전환 후 법인은 개인사업자의 잔존 감면기간동안 「조세특례제한법」 제63조에 따른 수도권과밀억제권역 밖으로 이전하는 중소기업에 대한 세액감면을 적용받을 수 있는 것임.

> [상세내용]
> ○ 사실관계
>   - 거주자 A는 2001.4월 서울에서 사업장을 임차, 공장시설을 갖춘 후 사업자등록하여 젓갈반찬 제조중소기업을 운영하던 개인사업자로
>   - 강원도 횡성군에 공장을 신축하여 2008. 2월 사업장을 이전과 함께 상호를 변경한 후 현재까지 젓갈반찬 제조중소기업을 경영하고 있으며
>   - 2012. 12월 중 법인으로 전환할 예정임.
> ○ 질의
>   - 수도권과밀억제권역 밖으로 이전하는 중소기업에 대한 세액감면을 적용받던 중소제조업을 운영하는 개인사업자가 법인으로 전환하는 경우 잔존 감면기간 동안 해당 세액감면을 계속 적용받을 수 있는지 여부

3) 미공제세액 승계

조세특례제한법 제144조에 따른 미공제 세액이 있는 내국인이 대통령령으로 정하는 현물출자의 방법에 따라 법인으로 전환하는 경우 대통령령으로 정하는 바에 따라 그 내국인의 미공제 세액을 승계하여 공제받을 수 있다.

현행 지방세특례제한법 제174조 세액공제액의 이월공제에서 개인사업자 사업소득 관련 지방소득세 미공제세액을 전환 법인이 승계한다는 규정을 두고 있지 않으므로 미공제 지방소득세액은 이월공제를 적용하지 않는 것으로 해석된다.

법인전환으로 신설된 법인이 개인사업자의 이월공제세액 승계 여부
[법인-173 (2014.04.11.)]

[요지]
「조세특례제한법」 제144조의 규정에 의한 이월세액이 있는 개인사업자가 법인전환을 하는 경우 당해 이월세액은 개인사업자의 이월공제기간내에 전환법인이 이를 승계하여 공제받을 수 있음.

◎ 조세특례제한법 제144조(세액공제액의 이월공제)
공제할 세액 중 해당 과세연도에 납부할 세액이 없거나 제132조에 따른 법인세 최저한세액 및 소득세 최저한세액에 미달하여 공제받지 못한 부분에 상당하는 금액은 해당 과세연도의 다음 과세연도 개시일부터 10년 이내에 끝나는 각 과세연도에 이월하여 그 이월된 각 과세연도의 소득세[사업소득(제96조의3 및 제126조의6을 적용하는 경우에는 「소득세법」 제45조 제2항에 따른 부동산임대업에서 발생하는 소득을 포함한다)에 대한 소득세만 해당한다] 또는 법인세에서 공제한다.

제7조의2(기업의 어음제도개선을 위한 세액공제)

제7조의4(상생결제 지급금액에 대한 세액공제)

제8조의3(상생협력을 위한 기금 출연 등에 대한 세액공제)

제10조(연구·인력개발비에 대한 세액공제)

제12조(기술이전 및 기술취득 등에 대한 과세특례)

제12조의3(기술혁신형 합병에 대한 세액공제)

제12조의4(기술혁신형 주식취득에 대한 세액공제)

제13조의2(내국법인의 벤처기업 등에의 출자에 대한 과세특례)

제13조의3(내국법인의 소재·부품·장비전문기업 등에의 출자·인수에 대한 과세특례)

제19조(성과공유 중소기업의 경영성과급에 대한 세액공제 등)

제24조(통합투자세액공제)

제25조의6(영상콘텐츠 제작비용에 대한 세액공제)

제25조의7(내국법인의 문화산업전문회사에의 출자에 대한 세액공제)

제26조(고용창출투자세액공제)

제29조의2(산업수요맞춤형고등학교등 졸업자를 병역 이행 후 복직시킨 기업에 대한 세액공제)
제29조의3(경력단절 여성 고용 기업 등에 대한 세액공제)
제29조의4(근로소득을 증대시킨 기업에 대한 세액공제)
제29조의5(청년고용을 증대시킨 기업에 대한 세액공제)

제29조의7(고용을 증대시킨 기업에 대한 세액공제)

제29조의8(통합고용세액공제)

제30조의3(고용유지중소기업 등에 대한 과세특례)

제30조의4(중소기업 사회보험료 세액공제)

제96조의3(상가임대료를 인하한 임대사업자에 대한 세액공제)

제99조의12(선결제 금액에 대한 세액공제)

제104조의8(전자신고 등에 대한 세액공제)

제104조의14(제3자물류비용에 대한 세액공제)

제104조의15(해외자원개발투자에 대한 과세특례)

제104조의22(기업의 운동경기부 등 설치·운영에 대한 과세특례)

제104조의25(석유제품 전자상거래에 대한 세액공제)

제104조의30(우수 선화주기업 인증을 받은 화주 기업에 대한 세액공제)

제104조의32(용역제공자에 관한 과세자료의 제출에 대한 세액공제)

제122조의4(금사업자와 스크랩등사업자의 수입금액의 증가 등에 대한 세액공제)

제126조의6(성실신고 확인비용에 대한 세액공제)

제126조의7(금 현물시장에서 거래되는 금지금에 대한 과세특례)

3장 조세지원의 요건

01 조세지원 대상업종

조세지원을 받기 위해서는 소비성서비스업 외의 업종을 경영하는 기업이어야 한다. 소비성서비스업이란 다음의 어느 하나에 해당하는 사업을 말한다.

① 호텔업 및 여관업 (관광진흥법에 따른 관광숙박업은 제외)
② 주점업 (일반유흥주점업, 무도유흥주점업 및 식품위생법 시행령 제21조에 따른 단란주점 영업만 해당하되, 관광진흥법에 따른 외국인전용유흥음식점업 및 관광유흥음식점업은 제외)
③ 그 밖에 오락·유흥 등을 목적으로 하는 사업으로서 기획재정부령으로 정하는 사업

어떤 사업이 소비성 서비스업에 해당하는지 여부는 실질에 따라 판정한다. 업종 판정 시 특별한 규정이 있는 경우를 제외하고 통계청이 고시한 한국표준산업분류를 따라야 한다.

사업자가 두 가지 이상의 업종을 겸영하는 경우에는 주된 업종을 따른다. 주된 업종이란 사업자가 운영하는 업종 중 수입금액이 가장 큰 업종을 말한다.

> 골프연습장을 주업으로 하는 중소기업의 양도소득세 이월과세 적용 여부
> [서일46014-11040, 2002.08.12.]
>
> 골프연습장을 주업으로 하는 중소기업은 조세특례제한법 제31조 제1항 및 같은법 시행령 제28조 제1항과 같은법 시행령 제130조 제2항의 규정에 의하여 양도소득세의 이월과세를 적용받을 수 있는 중소기업의 업종(사업)에 해당하는 것임.

소비성서비스업을 제외한 사업을 영위한 사업을 영위하는 중소기업간 통합을 대상자로 하고 있는 것임 [재산46014-207,2001.02.28.]

"부동산업 및 소비성서비스업" 외의 사업을 영위하는 중소기업간 통합으로 인하여 소멸되는 중소기업의 사업용고정자산을 통합후 설립된 법인 또는 통합 후 존속하는 법인에게 양도하는 경우에는 조세특례제한법 제31조의 규정에 의하여 "이월과세"를 적용받을 수 있는 것입니다. 위의 경우 "부동산업 및 소비성서비스업"과 그 외의 사업을 겸업하는 경우 당해 사업의 업종의 판정은 직전사업년도 당해 사업의 사업별 수입금액이 가장 큰 업종을 기준으로 판단하는 것입니다.

법인전환에 대한 양도소득세 이월과세 적용 여부
[부동산거래관리과-1252 생산일자 : 2010.10.12.]

[요지]
「조세특례제한법 시행령」 제29조 제3항 각 호에 해당하는 소비성서비스업을 영위하는 거주자가 법인으로 전환하는 경우에는 「조세특례제한법」 제32조에 따른 법인전환에 대한 양도소득세 이월과세가 적용되지 않는 것임.

[질의내용]
○ 사실관계
 - 1996년부터 남양주 화도읍에서 호텔 및 레스토랑 경영
 - 2003년부터는 직접 경영하지 않고 임대
 - 현재 사업장의 레스토랑은 관광숙박업에 등록되어 있으나 호텔은 객실 수가 모자라 관광숙박업에 등록되어 있지 않아 소비성서비스업에 해당됨.
 - 향후 사업장을 임대하지 않고 본인이 직접 경영하다가 법인 전환하고 건물을 멸실하고 신축하여 호텔도 관광숙박업으로 등록할 예정임.

○ 질의내용
 - 법인 전환 후의 업종만 소비성서비스업에 해당하지 않으면 조세특례제한법 제32조에 따른 법인전환 이월과세를 적용받을 수 있는지

법인전환에 대한 양도소득세의 이월과세 적용 여부
[서면인터넷방문상담2팀-85 생산일자 : 2006.01.11.]

[요지]
부동산임대업을 영위하는 개인사업자가 부동산을 현물출자하여 법인으로 전환하고 <u>임차인이 소비성서비스업을 영위하는 경우</u> 당해 부동산에 대하여 양도소득세 이월과세를 적용받을 수 있는 것임.

[상세내용]
○ 사실관계
  부동산을 임대하는 개인사업자가 해당 부동산을 현물출자하여 법인으로 전환하는 경우에 조세특례제한법 제32조 [법인전환에 대한 양도소득세의 이월과세]의 적용에 있어 소비성서비스업을 영위하는 법인을 제외하고 있음.
○ 질의내용
  법인전환 후에도 부동산을 임대하는 업종의 변동은 없으나, 해당 부동산을 임차하여 사용하는 임차인이 소비성서비스업(예, 호텔업)을 영위하는 경우에 상기 이월과세를 적용받을 수 있는 것인지

부동산임대업을 영위하는 개인사업자와 당해 부동산을 임차한 법인간의 합병시 이월과세 적용 여부 [서면2팀-445(2004.03.16.)]

부동산임대업을 주업으로 하는 중소기업은 조세특례제한법 제31조 제1항과 같은법시행령 제28조 제1항 및 제130조 제2항의 규정에 의하여 양도소득세의 이월과세를 적용 받을 수 있는 것입니다.

법인전환 양도세 이월과세 규정 적용시 반드시 동일 업종으로 전환해야 하는지 여부
[재산세과-2246 생산일자 : 2008.08.14.]

[요지]
법인전환에 대한 양도소득세의 이월과세 규정을 적용함에 있어 <u>동일한 업종으로 전환하거나 사업의 종류를 추가 또는 변경하는 경우도 적용됨</u>.

[회신]
「조세특례제한법」 제32조(법인전환에 대한 양도소득세의 이월과세) 규정을 적용함에 있어서 '사업양수도방법'이라 함은 당해 사업을 영위하던 자가 발기인이 되어 전환하는 사업장의 순자산가액 이상을 출자하여 법인을 설립하고, 그 법인설립일부터 3월 이내에 당해 법인에게 사업에 관한 모든 권리와 의무를 포괄적으로 양도하는 것을 말하는 것이며, 이 경우 동일한 업종으로 전환하거나 사업의 종류를 추가 또는 변경하는 경우도 포함합니다.

사업장의 일부 업종만 법인으로 전환하는 경우 이월과세 적용 여부
[부동산거래관리과-0861 생산일자 : 2011.10.12.]

[요지]
「조세특례제한법」 제32조에 따른 법인전환에 대한 양도소득세 이월과세는 <u>사업장별로 적용하는 것</u>으로서 해당 사업장의 일부 업종은 법인으로 전환하고 일부 업종은 개인사업으로 계속 영위하는 경우에는 동 규정을 적용할 수 없는 것임.

[상세내용]
○ 사실관계
  - 7인 공동으로 토지와 건물을 공유하면서 함께 병원을 운영하고 있음(7인 공동사업자)
  - 병원은 부동산을 의료업에 대부분 사용하고 일부인 장례식장 등을 임대하고 있음(사업자등록은 과세·면세 겸영사업자로 등록)
  - 상기 임대용 부동산과 의료업용 부동산을 법인으로 전환하여 부동산임대업을 영위하고, 의료업용 부동산은 당해 병원에 다시 임대하고자 함.
○ 질의내용
  - 부동산임대업과 의료업을 운영하는 공동사업자가 사업용고정자산(임대업용 자산과 의료업용 자산)을 현물출자하거나 사업양수도 방식에 의하여 법인으로 전환하고, 해당 자산을 임대하여 의료업을 계속하는 경우 법인전환에 대한 양도소득세 이월과세를 적용받을 수 있는지 여부

02 전환당사자 : 거주자일 것

조세지원을 받을 수 있는 자는 거주자에 한한다. 소득세법 제1조의2 제1항에

따른 거주자란, 국내에 주소를 두거나 183일 이상 거소를 둔 개인을 말한다.

> **비사업자인 개인 거주자가 소유한 자산을 법인에 현물출자시 이월과세 적용여부**
> [서면-2015-부동산-0023 생산일자 : 2015.03.06.]
>
> [요지]
> 비사업자인 개인 거주자의 경우에는 <u>사업자등록을 한 후 해당 사업에 사용되는 사업용고정자산을 현물출자 등의 방법에 따라 법인으로 전환하는 경우에만</u> 그 사업용 고정자산에 대해서 「조세특례제한법」 제32조 제1항에 따른 법인전환에 대한 양도소득세의 이월과세를 적용하는 것임.
>
> [상세내용]
> ○ 사실관계
>   비사업자인 개인 거주자 갑은 소유하고 있는 토지 및 건물을 법인에 현물출자하고 「조세특례제한법」 제32조 제1항에 따라 법인전환에 대한 양도소득세의 이월과세를 적용받고자 함.
> ○ 질의내용
>   비사업자인 개인 거주자 갑이 사업자등록을 하지 않은 채 소유하고 있는 토지 및 건물을 법인에 현물출자하는 경우 「조세특례제한법」 제32조 제1항에 따라 법인전환에 대한 양도소득세 이월과세를 적용받을 수 있는지 여부(미등록자이기 때문에 동 이월과세를 적용받지 못하는 경우 개인사업자 등록 후 법인에 현물출자하는 경우에는 동 이월과세를 적용받을 수 있는지)

03 현물출자 이행 요건

법인 설립등기 전에 전환전의 개인사업자가 발기인으로서 현물출자를 이행해야 한다. 즉, 법인을 새로 설립하는 과정에서 설립을 마치기 전 현물출자를 완료해야만 법인의 자본으로 인정되어 조세지원을 받을 수 있다.

조세특례제한법 제32조 제1항에 따르면 법인이 이미 설립된 후에 현물출자를 하는 경우에는 조세지원을 받을 수 없다. 법인이 이미 존재하는 상황에서의 현물출자는 추가 출자로 간주될 수 있으며 이는 현물출자를 통한 조세지원 요건을 충족하지 못한다.

> 법인설립 후 현물출자한 경우 법인전환에 대한 양도소득세 이월과세 적용 여부
> [서면-2019-부동산-0619 [부동산납세과-1120] 생산일자 : 2019.10.30.]
>
> [요지]
> 사업용고정자산을 현물출자하거나 사업양수도 방법에 의하는 경우 <u>법인을 설립한 후에 사업용고정자산을 현물출자한 경우에는 동 규정을 적용 받을 수 없는 것</u>입니다.
>
> [상세내용]
> ○ 사실관계
> - 2001.03.05. 이**는 콘크리트 블럭 생산·판매업체인 '**산업' 설립
> - 2001.03.17. '화성시 장안면 **소재' A토지를 취득하여 '**산업' 사업장(B)으로 사용
> - 2018.12.29. 이**는 콘크리트 블럭을 생산·판매하는 ㈜**를 설립 등기하고 사업장 B를 ㈜**에 임대
>   ⇒ 이**가 발기인으로 51% 소유(자본금 5천만)
> - 2019.00.00. 사업장 B를 ㈜**법인에 현물출자 예정
> ○ 질의내용
> 사업장 B를 ㈜**를 설립한 후에 현물출자할 경우 법인전환에 대한 양도소득세 이월 과세 적용이 가능한지

04 신설법인 자본금 요건 : 순자산가액 이상일 것

　신설 법인의 자본금은 법인으로 전환하는 개인 사업장의 순자산가액(현물출자일 현재의 시가로 평가한 자산의 합계액에서 충당금을 포함한 부채의 합계액을 공제한 금액) 이상이라야 한다.

이 때 사업장의 순자산가액을 계산함에 있어
① '시가'라 함은 불특정다수인 사이에 자유로이 거래가 이루어지는 경우에 통상 성립된다고 인정되는 가액으로서 수용·공매가격 및 감정가액 등 상속세 및 증여세법 시행령 제49조의 규정에 의하여 시가로 인정되는 것을 포함하며,
② 영업권은 포함하지 않는다(조세특례제한법 기본통칙 32-29…2).

새로 설립되는 법인의 자본금이 법인으로 전환하는 사업장의 순자산가액 이상일 것을 규정한 이유는, 개인이 권리·의무의 주체가 되어 경영하던 기업을 개인 기업주와 독립된 법인이 권리·의무의 주체가 되어 경영하도록 기업의 조직 형태를 변경하는 경우 실질적으로 동일한 사업주가 사업의 운영 형태만 바꾸는 것에 불과한데 이처럼 실질적으로 동일한 사업주가 사업의 운영 형태만 바꾼 것으로 평가되기 위해서는 순자산가액이 신설 법인에 그대로 승계되어야 하기 때문으로(대법원 2012.12.13. 선고 2012두17865 판결 참조) 개인 기업을 법인 기업으로 전환하는 것을 장려하되 그 과정에서 개인사업자가 출자금액을 부당하게 축소시키는 것을 방지하려는데 있다(대법원 1994.11.18. 선고 93누20160 판결 등 참조).

순자산평가액을 잘못 추정하여 신설 법인의 자본금이 순자산평가액에 미달하는 경우, 계획했던 조세지원을 받을 수 없다. 이런 불상사를 방지하기 위해 최대한 보수적인 관점에서 순자산평가액을 추정해야 한다. 특정 자산 항목이 순자산가액에 포함되어야 하는지 또는 특정 부채 항목이 공제되어야 하는지 명확하지 않은 경우, 자산 항목은 포함하고 부채 항목은 공제하지 않는 편이 안전하다.

> **사업 양도 양수의 방법에 따라 법인전환하는 경우 이월과세 적용요건 중 자본금 요건의 충족시점**
> [서면법규과-165) 생산일자 : 2013.02.15.]
>
> [질의내용]
> ○ 조세특례제한법 제32조에 따른 '법인전환에 대한 이월과세'를 적용함에 있어 사업 양도·양수 방법에 따라 법인전환하는 경우
>   - 이월과세 적용요건 중 신설법인의 자본금 요건(법인의 자본금 ≥ 소멸하는 개인사업장의 순자산가액)을 충족해야하는 시점
> ○ 신설법인의 자본금이 설립등기 당시에는 개인사업장의 순자산가액 이하이나, 사업포괄양수도 계약체결일 이전에 순자산가액 이상으로 증가시켜 신설법인의 자본금 요건을 충족하고
>   - 법인설립일부터 3개월 이내에 사업에 관한 모든 권리·의무를 포괄적으로 양도하는 사업 양도·양수 방식으로 법인전환한 경우 법인전환에 대한 이월과세를 적용받을 수 있는지 여부

[요지]
사업 양도 양수의 방법에 따라 법인전환하여 이월과세를 적용할 때 법인의 설립 당시 신설법인의 자본금이 소멸하는 사업장의 순자산가액 이상인 경우 이월과세를 적용함.

[회신]
귀 서면질의의 경우, 거주자가 사업 양도·양수방식으로 법인전환하는 경우 이월과세 적용요건에 대하여는 기존 해석사례를 참고하시기 바랍니다.

○ 부동산거래관리과-841, 2011.10.06.
  귀 질의의 경우 기존해석사례(제도46014-10775, 2001.04.24.)를 참고하시기 바랍니다.
○ 제도46014-10775, 2001.04.24.
  사업양수도 방법에 의하여 법인전환한 귀 질의의 경우 「법인전환에 대한 양도소득세 이월과세」 규정은 법인의 설립 당시 새로이 설립되는 법인의 자본금이 소멸하는 사업장의 순자산가액 이상일 경우 이월과세되는 것입니다.

법인전환 이월과세 적용시 순자산가액 계산방법
[부동산납세과-478 생산일자 : 2014.07.08.]

[요지]
- 거주자가 사업용 고정자산을 현물출자하여 법인으로 전환하는 사업장의 순자산가액은 현물출자일 현재의 시가로 평가한 자산의 합계액에서 충당금을 포함한 부채의 합계액을 공제하여 계산하는 것이며, 이 경우 공제대상 부채는 당해 사업과 관련하여 발생된 부채를 말하는 것임.
- '당해 사업과 관련하여 발생된 부채'라 함은 귀 질의의 경우 출자를 위한 차입금 외에 당해 공동사업을 위하여 차입한 차입금을 말하는 것으로 그 차입금이 출자를 위한 차입금인지 아니면, 공동사업장의 사업을 위한 차입금인지 여부는 공동사업 구성원 간에 정한 동업계약의 내용 및 출자금의 실제 사용내역 등에 따라 판단하는 것임.

[상세설명]
○ 사실관계
  - 甲은 부동산임대업을 주업으로 하는 개인사업자로서 사업용고정자산을 현물출자하여 법인으로 전환할 예정임.
  - 甲의 부동산임대용 토지 및 건물의 취득가액은 100억원이며, 甲은 출자금 80억원 및 차

입금 20억원으로 해당 자산을 취득하였고, 甲은 금융기관으로부터 50억원을 추가로 차입하여 동 차입금을 출자금의 인출로 회계처리한 후 법인전환 할 예정임.

○ 질의내용
- 「조세특례제한법」 제32조에 따른 법인전환 이월과세를 적용할 때 출자금인출 목적으로 차입한 50억원을 순자산가액 계산시 부채로 공제하는 것인지 여부

〈갑설〉 부채로 공제하지 않는다.

이유 : 「조세특례제한법」 제32조 및 같은 법 시행령 제29조의 규정을 적용할 때 거주자가 사업용고정자산을 현물출자하여 법인으로 전환하는 사업장의 순자산가액은 현물출자일 현재의 시가로 평가한 자산의 합계액에서 충당금을 포함한 부채의 합계액을 공제하여 계산하는 것이고, 이 경우 공제대상 부채는 해당 사업과 관련하여 발생된 부채를 말하는 것인바, 출자금 인출목적으로 사용된 동 차입금은 해당 사업과 관련하여 발생된 부채로 볼 수 없다.

〈을설〉 부채로 공제한다.

이유 : 개인사업자가 자기자본으로 사업을 경영할 것인지 또는 차입금으로 사업을 경영할 것인지는 개인의 선택에 달린 문제이므로 임대용부동산의 취득비용으로 사용된 당초의 차입금을 그 후 다른 차입금으로 상환한 경우는 물론이고, 당초 자기자본으로 임대용 부동산을 취득하였다가 그 후 투하자본의 회수를 위하여 새로 차입한 금원을 자본인출금으로 사용한 경우에도 초과인출금 상당의 부채에 해당되지 않는다면 동 차입금은 부동산임대업을 영위하는데 필요한 자산에 대응한 부채로서 사업에 직접 사용된 부채에 해당한다고 보아야 한다.

이 법인전환이 양도소득세의 이월과세 요건을 충족하고 있는지 여부
[심사-양도-2023-0039 생산일자 : 2023.09.13. 진행상태 : 진행중]

[요지]
사업장과 직접 관련되어 있는 자산 및 부채의 신설법인으로의 승계되지 아니하였으므로 양도소득세의 이월과세 요건을 충족하고 있지 아니함.

[심리 및 판단]
- 쟁점사업장과 직접 관련되어 있는 자산 및 부채의 신설법인으로의 승계는 양도소득세의 이월과세를 적용하기 위한 핵심적인 요건인바, 쟁점채무는 2006.05.09. 쟁점부동산을 취득하면서 가계대출로 차입한 것으로서 청구인이 2016.04.08. 주거용 건물임대업으로 사업자등록을 한

이후에도 기업자금대출로 전환되지 아니하였고, 신설법인 설립 후 쟁점채무의 이자 및 원금 상환 재원이 모두 신설법인이 아닌 청구인의 가수금 입금으로 마련한 것으로 나타나는 점 등에 비추어 쟁점채무가 쟁점사업장과 직접 관련된 부채인지 불분명해 보인다. 나아가 쟁점채무가 2020.03.11. 법인전환에 따라 차주(借主)를 신설법인으로 변경되지 아니한 채 있다가 쟁점부동산의 근저당상 채무자인 청구인이 2021.02.09. 은행에 상환한 것으로 나타난다.
- 조세법규 중 특히 감면요건 규정은 엄격하게 해석하는 것이 조세공평의 원칙에도 부합하므로 이를 따를 경우 법인전환시 쟁점채무가 신설법인으로 승계되지 않은 것으로 봄이 상당하고, 따라서 신설법인의 자본금이 법인전환 사업장의 순자산가액에 미달(자본금<순자산)하기 때문에 쟁점부동산 양도에 따른 양도소득세는 이월과세 요건을 충족하지 못하는 것으로 봄이 타당하다 하겠다.

미등록자가 (공동)사업자등록 즉시 법인에 현물출자하는 경우 이월과세 적용여부
[서면-2015-부동산-22313 생산일자 : 2015.02.27.]

[요지]
거주자가 사업용고정자산을 현물출자하여 법인으로 전환하는 경우로서 새로이 설립되는 법인의 자본금이 현물출자로 인하여 법인으로 전환하는 사업장의 순자산가액 이상인 경우에는 「조세특례제한법」 제32조 제1항에 따라 법인전환에 대한 양도소득세의 이월과세를 적용받을 수 있는 것임.

[회신]
거주자가 사업용고정자산을 현물출자하여 법인(소비성서비스업을 영위하는 법인을 제외)으로 전환하는 경우로서 새로 설립되는 법인의 자본금이 현물출자로 인하여 법인으로 전환하는 사업장의 순자산가액 이상인 경우에는 「조세특례제한법」 제32조 제1항에 따라 법인전환에 대한 양도소득세의 이월과세를 적용받을 수 있는 것입니다.

신설법인의 설립자본금이 감정가액으로 평가한 개인사업장의 순자산가액에 미달한 것으로 볼 수 있는지 여부 [조심-2016-부-2393 귀속년도 : 2010 생산일자 : 2017.11.20.]

[요지]
이 건의 경우 청구인은 현물출자의 방법으로 법인전환하기 위하여 주요 영업재산인 토지와 건물을 현물출자의 대상에 포함하였고, 특히 조세특례제한법 제32조에 의하여 양도소득세의

이월과세가 적용되는 토지와 건물 및 건설중인 자산의 경우 그 가액이 검사보고서나 실제 현물출자시 변동되지 아니하였으므로 이는 영업의 동질성을 유지할 수 있을 정도의 현물출자로 보이는 점, 개인사업장의 현물출자를 위해 검사보고서가 작성된 시점과 실제로 현물출자가 완료된 시점까지는 약 3개월의 시차가 있고, 그 기간에 개인사업장에서 매출채권 회수, 등으로 인한 순자산가액 변동은 폐업하기까지 지속된 통상적인 영업활동에 기인한 것으로 보이고 영업의 동일성을 훼손하거나 고의적인 조세회피를 위해 의도한 것으로 보이지 아니하는 점 등에 비추어 처분청이 이월과세 적용을 배제하여 양도소득세를 과세한 이 건 처분은 잘못이 있음.

법인전환시 누락한 부외부채의 순자산가액 차감 여부
[서면인터넷방문상담2팀-1780 생산일자 : 2006.09.13.]

[요지]

사업양수도 방법에 의하여 법인으로 전환하는 사업장의 순자산가액은 법인전환일 현재의 시가로 평가한 자산의 합계액에서 충당금을 포함한 부채의 합계액을 공제한 금액임.

[회신]

「조세특례제한법」 제32조의 규정에 따라 사업양수도 방법에 의하여 법인으로 전환하는 사업장의 순자산가액은 법인전환일 현재의 시가로 평가한 자산의 합계액에서 충당금을 포함한 부채의 합계액을 공제한 금액을 말하는 것이나, 순자산가액의 계산시 장부계상을 누락한 부외부채는 상대계정이 부외자산으로 확인되는 경우에 부채의 합계액에 포함되는 것으로서, 동 부외부채가 이에 해당하는지 여부는 사실관계에 따라 판단하는 것임.

05 대상 자산 : 사업용 고정자산 요건

조세지원은 사업용 고정자산을 양도·양수하는 경우 적용한다.

단, 해당 사업용 고정자산이 주택 또는 주택을 취득할 수 있는 권리인 경우

2021년 1월 1일 이후부터 대상 자산에서 제외한다. 법인 전환 방식에 관계없이 사업용 고정자산 요건은 동일하나, 해당 규정은 현물출자 또는 세감면 사업양수도 방식으로 법인 전환하는 경우에 한하여 적용된다. 따라서 중소기업 통합에 의한 법인 전환 시에는 양도소득세 이월과세가 허용됨에 유의해야 한다.

지방세특례제한법에서는 2020년 8월 12일 이후 부동산 임대업 및 공급업의 사업용 고정자산에 대해서는 취득세를 감면하지 않고 전액 과세한다.

사업용 고정자산이란 당해 사업에 직접 사용하는 유형 및 무형자산(1981년 1월 1일 이후에 취득한 부동산으로서 기획재정부령이 정하는 법인의 업무와 관련이 없는 부동산의 판정기준에 해당되는 자산을 제외한다)을 말한다. 따라서 해당 자산이 법인의 재고자산에 해당하는 경우 조세지원 대상 자산에서 제외된다는 점에 유의해야 한다.

이 때 기획재정부령이 정하는 법인의 업무와 관련이 없는 부동산의 판정기준에 해당되는 자산이란, 「법인세법 시행령」 제49조 제1항 제1호의 규정에 의한 업무와 관련이 없는 부동산("업무무관부동산")을 말한다. 이 경우 업무무관부동산에 해당하는지의 여부에 대한 판정은 양도일을 기준으로 한다(조세특례제한법 시행규칙 제15조 제3항).

업무무관부동산의 범위는 아래와 같다. 다만, 법령에 의하여 사용이 금지되거나 제한된 부동산[1], 「자산유동화에 관한 법률」에 의한 유동화전문회사가 동법 제3조의 규정에 의하여 등록한 자산유동화계획에 따라 양도하는 부동산 등 기획재정부령이 정하는 부득이한 사유가 있는 부동산을 제외한다.

① 법인의 업무에 직접 사용하지 아니하는 부동산. 다만, 기획재정부령이 정하는 아래의 기간(유예기간)이 경과하기 전까지의 기간 중에 있는 부동산을 제외한다.

---

[1]
- 가. 법령에 의하여 사용이 금지 또는 제한된 부동산(사용이 금지 또는 제한된 기간에 한한다)
- 나. 「문화재보호법」에 의하여 지정된 보호구역안의 부동산(지정된 기간에 한한다)
- 다. 유예기간이 경과하기 전에 법령에 따라 해당 사업과 관련된 인가·허가(건축허가를 포함한다. 이하 이 호에서 같다)·면허 등을 신청한 법인이 「건축법」 제18조 및 행정지도에 의하여 건축허가가 제한됨에 따라 건축을 할 수 없게 된 토지(건축허가가 제한된 기간에 한정한다)
- 라. 유예기간이 경과되기 전에 법령에 의하여 당해사업과 관련된 인가·허가·면허 등을 받았으나 건축자재의 수급조절을 위한 행정지도에 의하여 착공이 제한된 토지(착공이 제한된 기간에 한한다)

㉠ 건축물 또는 시설물 신축용 토지 : 취득일부터 5년(「산업집적활성화 및 공장설립에 관한 법률」 제2조 제1호의 규정에 의한 공장용 부지로서 「산업집적활성화 및 공장설립에 관한 법률」 또는 「중소기업 창업지원법」에 의하여 승인을 얻은 사업계획서상의 공장건설계획기간이 5년을 초과하는 경우에는 당해 공장건설계획기간)

㉡ 부동산매매업[한국표준산업분류에 따른 부동산 개발 및 공급업(묘지분양업을 포함한다) 및 건물 건설업(자영건설업에 한한다)을 말한다. 이하 이 조에서 같다]을 주업으로 하는 법인이 취득한 매매용부동산 : 취득일부터 5년

㉢ 위 외의 부동산 : 취득일부터 2년

② 유예기간 중에 당해 법인의 업무에 직접 사용하지 아니하고 양도하는 부동산. 다만, 기획재정부령이 정하는 부동산매매업을 주업으로 영위하는 법인의 경우를 제외한다.

[조세특례제한법 집행기준 32-29-1] 사업용고정자산의 범위

사업용고정자산은 사업에 직접 사용하는 유형자산과 무형자산을 말하는 것으로, 사업에 <u>직접 사용하지 아니하는 토지나 건설중인 자산(그에 딸린 토지 포함) 또는 재고자산을 현물출자하는 경우에는 이월과세가 적용되지 아니한다.</u> 다만, 해당 사업용고정자산이 주택 또는 주택을 취득할 수 있는 권리인 경우는 제외한다.

현물출자에 대한 과세특례 적용여부
[서면인터넷방문상담2팀-1352 귀속년도 : 2007 생산일자 : 2007.07.23.]

[요지]
현물출자 대상자산은 주식과 토지, 건축물 및 사업용자산을 말하는 것이나, <u>부동산매매업의 재고자산인 토지는 이에 해당하지 아니하는 것임.</u>

[상세내용]
○ 사실관계
  - 1997년 10월 서울시에 개업힌 (주)○○○건설은 건설 사업용 토지를 보유하고 있으나

장기간 사업에 사용하지 못하고 있으며, 사업의 원활한 진행이 어려워 당해 토지를 현물출자하여 신설법인설립을 계획하고 있는 바, 이 경우 조세특례제한법 제38조 및 동 시행령 제35조에 따른 '현물출자에 대한 과세특례'를 적용 받을 수 있는지 여부에 대하여 질의함.

○ 질의요지
- 건설업법인 소유의 건설용지(토지)를 현물출자하여 신설법인을 설립하는 경우 현물출자에 대한 과세특례를 적용받을 수 있는지 여부

법인전환에 대한 양도소득세 이월과세 적용 여부
[재산세과-940 생산일자 : 2009.12.08.]

[요지]
법인전환에 대한 양도소득세 이월과세 적용 여부를 판단함에 있어 사업용 고정자산이라 함은 당해 사업에 직접 사용하는 유형자산 및 무형자산을 말하는 것으로 건설 중인 자산(부수토지 포함)은 동 규정이 적용되지 않는 것임.

[회신]
「조세특례제한법」 제32조에 따른 법인전환에 대한 양도소득세 이월과세 적용 여부를 판단함에 있어 사업용 고정자산이라 함은 당해 사업에 직접 사용하는 유형자산 및 무형자산을 말하는 것으로 귀 질의의 건설 중인 자산(부수토지 포함)은 동 규정이 적용되지 않는 것임.

사업에 직접 사용하지 아니하고 보유중인 부동산 [법인46012-2036, 1998.7.22.]

조세감면규제법 제31조의 중소기업간의 통합에 대한 양도소득세 등의 이월과세를 적용받는 중소기업간의 통합이라 함은 같은법 시행령 제37조의3 제1항 각호의 1에 해당하는 사업을 제외한 사업을 영위하는 중소기업간의 통합을 말하는 것이며,
이월과세를 적용받는 사업용고정자산은 당해 사업에 직접 사용하는 유형자산과 무형자산(토지초과이득세법 제8조 또는 동법 제9조의 규정에 의한 유휴토지 등에 해당되거나 조세감면규제법 시행령 제73조의 규정에 해당되는 자산을 제외)을 말하는 것으로, 질의의 경우 거주자가 해당사업에 직접 사용하지 아니하고 보유중인 부동산에 대하여는 이월과세를 적용받을 수 없는 것입니다.

제4편 현물출자 법인전환

토지와 건물 중 일부를 임대용으로 사용하는 자산의 현물출자에 따른 이월과세
[부동산납세과-781 생산일자 : 2014.10.17.]

[요지]
하나의 건물과 그 부수토지 중 임대사업장으로 사용하고 있는 부분과 자가사용하고 있는 부분 중 사업자등록이 되어 있는 임대사업장 부분만 현물출자의 방법에 따라 법인으로 전환하는 경우에 현물출자하는 사업용고정자산에 대하여「조세특례제한법」제32조의 규정을 적용할 수 있는 것임.

[상세내용]
○ 사실관계
 - 2004.01.30. 경기도 화성시 소재 토지 취득
 - 2012.09.10. 부동산 임대사업자등록
 - 2013.12.31. 건물신축하여 소유권 보존등기
  * 지하 2층 지상 4층의 건물 중 지하 1,2층, 지상 1,2,3층은 임대사업장으로 사용하고 있고, 4층은 신청인이 거주하고 있어 임대사업장 아님.
○ 질의내용
 개인사업자의 사업용자산(3층 이하의 토지건물)과 비사업용자산인 4층 주거부분을 포함한 전체 부동산을 현물출자대상으로 하여야 양도소득세 이월과세 및 취득세 감면규정을 적용받을 수 있는지 여부

임대사업장으로 사용하는 면적 비율만큼 법인 명의로 공유지분등기한 경우 조세특례제한법§32 적용 여부
[서면-2021-법규재산-3301 [법규과-2635] 생산일자 : 2023.10.18.]

[요지]
구분 등기할 수 없는 하나의 건물과 그 부수토지 중 주택부분을 제외한 사업자등록이 되어 있는 임대사업장 부분만 그 위치와 면적으로 특정하여 법인에게 현물출자하는 것으로 약정하고 그 내용대로 공유등기한 경우(구분소유적 공유관계가 성립한 경우) 현물출자하는 해당 임대사업장의 사업용고정자산에 대하여 조세특례제한법 제32조의 규정을 적용할 수 있는 것임.

[상세내용]
○ 사실관계
- 신청인은 1991년부터 상가임대업을 영위하고 있는 개인사업자로서 지하1층과 지상 1~2층은 음식점업을 영위하는 사업자에게 임대하고 3층 및 옥탑은 신청인의 주거용으로 사용하고 있음.
- 해당 건물은 별도로 구분등기가 되어 있지 않으며 건축법상 구분등기가 불가능한 상황임
- 신청인은 해당 개인임대사업자에 대해 조세특례제한법 제32조에 따른 현물출자 방식에 의한 법인전환을 고려중인 바, 신청인이 거주하는 3층과 옥탑을 제외한 임대사업장에 해당하는 지하1층과 지상 1~2층만을 법인전환할 계획임.
○ 질의내용
- 부동산임대업을 영위하는 사업자가 건축법상 구분등기가 불가능한 겸용건물 중 임대사업장으로 사용하고 있는 면적 비율만큼 공유지분등기(구분소유적 공유관계)하는 방식으로 사업용고정자산을 현물출자한 경우, 「조세특례제한법」 제32조 적용 대상인지

법인전환에 따른 이월과세를 적용받을 수 있는 자산
[서면인터넷방문상담4팀-2440 생산일자 : 2005.12.08.]

[요지]
농지법에 의하여 법인 명의로 할 수 없는 자산은 법인전환에 따른 이월과세를 적용받지 못함.

[회신]
거주자가 사업용 고정자산을 현물출자에 의하여 법인으로 전환하고자 하는 경우로서, 당해 법인이 「농지법」 등 관련법령에 따라 법인 명의로 취득할 수 없는 당해 사업용 고정자산(토지)에 대하여는 조세특례제한법 제32조의 규정을 적용받을 수 없는 것입니다.

건축물이 없는 토지를 현물출자하여 법인전환 하는 경우 이월과세 적용 여부
[서면-2019-부동산-3898 [부동산납세과-1126] 생산일자 : 2020.09.28.]

[요지]
건축물이 없는 토지를 임대한 임대사업자가 임대용으로 사용하던 해당 토지를 현물출자 하여 법인전환 하는 경우 해당 토지는 「조세특례제한법」 제32조 법인전환에 대한 양도소득세

이월과세 규정을 적용받을 수 없는 것임.

[상세내용]
○ 사실관계
- 2003년 甲은 대구 달서구 대천동 소재 A토지(공동취득) 취득
- 2019년 甲은 공동소유자와 부동산임대업으로 사업자등록
- 2020.00월 甲은 A토지를 법인 현물출자예정(토지에 건축물 없음)
○ 질의내용
- A토지가 「조세특례제한법」 제32조의 법인전환이월과세 적용이 가능한 지 여부

공동소유 사업용고정자산 현물출자시 양도소득세 이월과세 해당 여부 등
[부동산거래관리과-408 생산일자 : 2012.07.27.]

[요지]
「조세특례제한법」 제32조에 따라 법인전환에 대한 양도소득세의 이월과세를 적용할 때 공동소유 사업용고정자산을 그 중 1인이 사업자등록하여 운영한 경우로서 해당 공동소유 사업용고정자산 전부를 같은 조에 따라 법인에 현물출자하는 경우에는 <u>사업자등록이 되어 있는 사업자지분에 한하여 이월과세를 적용받을 수 있는 것임</u>.

[상세내용]
○ 사실관계
- 부동산 임대업을 영위하고 있는 개인사업자(상호 : ○○○부동산), 부동산(토지 및 건물) 소유지분은 甲(본인) 50%, 乙(타인) 16.67%, 丙(타법인) 33.33%이고, ○○○부동산은 甲의 명의로만 사업자등록이 되어 있음(甲의 지분에 해당하는 취득가액은 장부에 기록되어 있음).
○ 질의내용
○○○부동산의 사업용고정자산 전체(토지 및 건물)를 현물출자하여 법인전환하는 경우 乙 및 丙이 「조세특례제한법」 제32조에 따른 양도소득세 이월과세를 적용받을 수 있는지 여부

법인전환에 대한 양도소득세의 이월과세 적용여부
[서면인터넷방문상담4팀-1040 귀속년도 : 2004 생산일자 : 2004.07.07.]

[요지]
실제 사업자와 사업용고정자산의 소유자가 다른 경우에는 법인전환에 대한 양도소득세 이월과세가 적용되지 아니하는 것임.

[상세내용]
공동사업에 있어서 사업용고정자산(토지 및 공장)의 실제소유자는 공동사업자 138명이나 소유권등기는 당사의 운영위원회에서 정한 10명 앞으로 공동등기하였다가 법인전환으로 인한 현물출자시 조세특례제한법 제32조의 법인전환에 대한 양도소득세의 이월과세를 적용받을 수 있는 지 여부

취득에 관한 등기가 불가능한 자산을 현물 출자하여 법인으로 전환 시 양도소득세 이월과세를 적용받을 수 있는지 여부 [재일46014-105 생산일자 : 1998.01.21.]

[질의내용]
제조업에 공하는 공장 건물 중 일부가 군사보호법의 규정에 의하여 관할 관청으로부터 허가를 받지 못함에 따라 미등기인 상태에서 미등기 공장건물을 포함한 제조에 공하는 전 자산을 현물출자 방법에 의한 법인으로 전환 하였을 시 동 미등기 공장건물에 대한 양도 소득세가 면제되는지 여부

[요지]
거주자가 미등기된 사업용 고정자산을 현물 출자하여 법인으로 전환하는 경우 양도소득세 이월과세를 적용받을 수 없으나 그 미등기된 사업용 고정자산이 법률의 규정에 의하여 취득에 관한 등기가 불가능한 자산으로서 '미등기제외자산'에 해당하는 경우에는 그러하지 않는 것임.

[회신]
거주자가 미등기된 사업용 고정자산을 현물출자하여 법인으로 전환하는 경우 조세감면규제법 제32조에 의한 양도소득세 이월과세(법률 제5195호의 경우 감면 또는 양도가액특례, 이하 같

음)를 적용받을 수 없는 것이나 그 미등기된 사업용 고정자산이 법률의 규정에 의하여 취득에 관한 등기가 불가능한 자산으로서 소득세법시행령 제168조 제2호의 규정에 의한 '미등기제외자산'에 해당하는 경우에는 적용받을 수 있음.

토지 임대사업자가 현물출자의 방법에 따라 법인으로 전환하는 경우 이월과세 적용 여부 [서면-2018-부동산-1278 [부동산납세과-121] 생산일자 : 2019.01.29.]

[요지]
법인세법 시행령」 제49조 및 같은 법 시행규칙 제26조에 따른 <u>업무무관부동산에 해당하지 않는 건축물이 있는 토지를 임대한 임대사업자가 임대용으로 사용하던 해당 토지를 현물출자의 방법에 따라 법인으로 전환하는 경우「조세특례제한법」 제32조를 적용받을 수 있는 것입니다.</u>

[상세내용]
○ 사실관계
 - 2004.01.00. 甲은 경기도 하남시 ○○동 소재 A토지 취득
 - 2004.04.15. A토지를 임대사업자로 등록, 乙법인에 임대
 - 2004.12.00. 乙법인은 A토지 지상에 건물을 신축하고 건물임대사업을 영위함.
   ※甲과 乙법인은 특수관계자에 해당
 - 2019.00.00. 甲은 토지임대업을 법인으로 전환할 예정임.
○ 질의내용
 - 토지임대업을 영위하는 자(甲)가 임대하던 토지(A토지)를 현물출자하여 법인전환하는 경우「조세특례제한법」 제32조 제1항에 따른 이월과세를 적용받을 수 있는지

건축물이 없는 토지를 현물출자하여 법인전환 하는 경우 이월과세 적용 여부
[서면-2019-부동산-3898 [부동산납세과-1126] 생산일자 : 2020.09.28.]

[요지]
<u>건축물이 없는 토지를 임대한 임대사업자가 임대용으로 사용하던 해당 토지를 현물출자 하여 법인전환 하는 경우 해당 토지는 「조세특례제한법」 제32조 법인전환에 대한 양도소득세 이월과세 규정을 적용받을 수 없는 것임.</u>

[상세내용]
○ 사실관계
   - 2003년 甲은 대구 달서구 대천동 소재 A토지(공동취득) 취득
   - 2019년 甲은 공동소유자와 부동산임대업으로 사업자등록
   - 2020.00월 甲은 A토지를 법인 현물출자예정(토지에 건축물 없음)
○ 질의내용
   - A토지가 「조세특례제한법」 제32조의 법인전환이월과세 적용이 가능한 지 여부

06   이월과세적용신청서 제출 요건

이월과세로 적용으로 인해 당장 납부할 양도소득세액이 발생하지 않더라도, 양도소득세 신고 의무는 이행해야 한다.

양도소득세의 이월과세를 적용받고자 하는 자는 사업양수도를 한 날이 속하는 과세연도의 과세표준 신고(예정신고를 포함한다)시 새로이 설립되는 법인과 함께 기획재정부령이 정하는 이월과세적용신청서를 납세지 관할세무서장에게 제출하여야 한다.

과세표준신고시까지 이월과세적용신청서를 제출하지 아니한 경우 이월과세적용을 배제함 [수원지방법원-2010-구합-16272 생산일자 : 2011.04.28.]

[요지]
과세표준 신고시까지 이월과세적용신청서를 제출하도록 한 것은 조세감면에서와 같이 납세자의 단순한 협력의무라고 볼 수 없고, 납세자가 양도소득세 직접 부담 또는 이월과세를 선택하도록 한 것이어서 그 신청이 필수적인 요건이라고 봄이 타당함.

이월과세적용신청서를 기한 내 제출하지 아니한 경우
[조심-2010-부-0096 생산일자 : 2010.02.25.]

[요지]
개인 기업이 법인으로 전환하면서 양도신고에 대한 확정 신고를 하지 않고, 기한 후 신고시 「법인전환에 대한 양도소득세의 이월과세」 적용신청서를 제출한 건에 대하여 기한내 제출하지 않아 이월과세 적용을 배제함.

사업양도 · 양수의 방법에 따라 법인전환 후 예정신고기한을 경과하여 이월과세를 신청하는 경우 가산세 적용 여부 [상속증여세과-169 생산일자 : 2013.05.30.]

법인전환에 따른 양도소득세 이월과세 신청은 확정신고기한까지 할 수 있으며, 이는 2010년 이후 양도소득세 예정신고불성실가산세가 도입된 이후에도 동일함.

양도소득세 이월과세적용신청이후 취득가액의 오류로 수정신고시 추가납부할 세액도 이월과세가 가능한지 여부 [대법원-2014-두-40661 생산일자 : 2014.12.24.]

양도소득세 이월과세가 적용되는 경우에는 그 사업용 고정자산의 양도에 따른 양도소득세 전부에 대하여 이월과세가 적용된다고 봄이 타당하고, 양도인이 양도소득 과세표준이나 양도소득세액을 적게 신고하였다고 하여 달리 볼 것은 아님.

양도소득세 이월과세 해당 여부
[국심-2005-중-3473 생산일자 : 2006.06.26.]

[요지]
확정신고기한 경과 후 경정청구에 의해 양도소득세 이월과세신청서를 제출한 경우 이월과세적용대상이 아니라고 본 처분의 당부

조세감면의 경우 납세자가 변경되지 않지만 이월과세의 경우는 납세자가 개인에서 법인으로 변경되어 부과하여야 할 조세가 개인에서 법인으로 전가되는 문제가 있기 때문에 납세자의 명확한 의사표시가 요구되는 점을 감안할 때, 이월과세적용신청서의 기한(당해 과세연도의 과세표준확정 신고)내 제출규정을 납세자의 단순한 협력의무로 보기보다는 최소한 당해 과세연도 과세표준확정시까지 납세자가 이를 선택하도록 한 것으로 봄이 타당하다.

4장 조세지원의 사후관리

01 양도소득세 등 이월과세 규정의 사후관리

설립된 법인의 설립등기일부터 5년 이내에 다음 중 어느 하나에 해당하는 사유가 발생하는 경우에는 양도소득세 이월과세를 적용받은 거주자가 사유발생일이 속하는 달의 말일부터 2개월 이내에 이월과세액(해당 법인이 이미 납부한 세액을 제외한 금액을 말한다)을 양도소득세 및 개인지방소득세로 납부하여야 한다(조세특례제한법 제32조 제5항, 지방세특례제한법 제120조 제4항).

① 법인이 거주자로부터 승계받은 사업을 폐지하는 경우
② 거주자가 법인전환으로 취득한 주식 또는 출자지분의 50%이상을 처분하는 경우

1) 법인이 거주자로부터 승계 받은 사업을 폐지하는 경우

전환 법인이 사업 양도·양수의 방법으로 취득한 사업용 고정자산의 2분의 1이상을 처분하거나 사업에 사용하지 않는 경우 사업의 폐지로 본다.

다만, 다음 중 어느 하나에 해당하는 경우에는 그러하지 아니한다.

① 전환 법인이 파산하여 승계 받은 자산을 처분한 경우
② 전환 법인이 적격 합병, 적격 분할(인적분할), 적격분할 요건을 갖춘 물적분할, 과세특례를 적용받는 현물출자의 방법으로 자산을 처분한 경우
③ 전환 법인이 「채무자 회생 및 파산에 관한 법률」에 따른 회생절차에 따라 법원의 허가를 받아 승계 받은 자산을 처분한 경우

전환법인에 현물출자하여 이월과세 적용 후 전환법인이 합병으로 소멸하는 경우 사업의 폐지 해당 여부
[서면-2016-법령해석재산-3439 [법령해석과-855] 생산일자 : 2017.03.30.]

[요지]

거주자가 부동산임대업에 사용하던 부동산을 「조세특례제한법」 제32조 제1항에 따른 법인(이하 "갑 법인"이라 함)에 현물출자하고 같은 조에 따른 이월과세를 적용받았으나, 해당 부동산에서 폐자원재생업을 영위하는을 법인이 갑법인을 흡수합병(「법인세법」 제44조 제2항에 따른 합병)을 하고 해당 부동산을 자가사용하는 경우에는 「조세특례제한법」 제32조 제5항 제1호 및 같은법 시행령 제29조 제6항에 따라 사업의 폐지에 해당하지 아니하는 것임.

[상세내용]

○ 사실관계
 - 신청인은 개인사업자로 임대업을 운영하였으며, 2015.01.01. 갑 법인을 설립하고 개인사업을 갑 법인으로 전환함.
 - 신청인은 개인사업장에 사용하던 부동산을 갑 법인에 현물출자하고 「조세특례제한법」 제32조에 따른 이월과세를 적용받았으며
 - 갑 법인은 현물출자받은 부동산을을 법인*에게 임대하고 있음.
  * 을 법인은 신청인이 대표이사로 재직중인 폐자원재생업을 영위하는 법인으로 2005.08. 23. 개업함.
 - 을 법인은 갑 법인을 흡수합병할 예정이며, 합병 후 임대사업장을 자가사용할 예정임.
○ 질의내용
 - 갑 법인과을 법인의 합병이 「법인세법」 제44조 제2항의 요건을 충족한 적격합병에 해당하는 경우,
 - 갑 법인이 흡수합병으로 소멸하고을 법인이 임대사업장을 자가사용하는 것이 이월과세 추징대상에 해당하는지 여부

법인전환 이월과세 적용 후 5년 내 건물 철거시 사후관리규정 적용여부
[서면-2017-법령해석재산-0233 [법령해석과-3613] 생산일자 : 2017.12.14.]

[요지]

부동산임대업을 영위하는 거주자가 해당 사업용 건물과 토지를 현물출자하여 법인으로 전환

하고 「조세특례제한법」 제32조 제1항에 따른 양도소득세의 이월과세를 적용받은 다음 건물을 철거 후 신축하여 그 사업을 계속하는 경우는 「조세특례제한법」 제2조 제1항 제6호에 따른 사업용고정자산 등을 양도하는 경우와 같은 법 제32조 제5항 제1호에 따른 사업을 폐지하는 경우에 해당되지 아니하는 것임.

[상세내용]
○ 사실관계
 - 신청인은 부동산임대업을 영위하는 자로 토지·건물을 현물출자하여 법인전환시 「조세특례제한법」 제32조에 따른 현물출자 이월과세 신청 예정임.
 - 현물출자 법인전환 이월과세를 적용 후 전환법인은 현물출자받은 해당 건물을 철거하고 새로운 건물을 신축하여 계속 부동산임대업을 영위하고자 함.
○ 질의내용
 - 「조세특례제한법」 제32조 제1항에 따라 토지·건물을 현물출자하여 양도소득세 이월과세를 적용받은 후, 5년 이내에 건물 철거 시 같은 조 제5항의 사후관리규정 적용 대상인지 여부

법인전환 이월과세 적용 후 5년 내 건물 철거시 사후관리규정 적용여부
[서면-2017-법령해석재산-0233 [법령해석과-3613] 생산일자 : 2017.12.14.]

[요지]
부동산임대업을 영위하는 거주자가 해당 사업용 건물과 토지를 현물출자하여 법인으로 전환하고 「조세특례제한법」 제32조 제1항에 따른 양도소득세의 이월과세를 적용받은 다음 건물을 철거 후 신축하여 그 사업을 계속하는 경우는 「조세특례제한법」 제2조 제1항 제6호에 따른 사업용고정자산 등을 양도하는 경우와 같은 법 제32조 제5항 제1호에 따른 사업을 폐지하는 경우에 해당되지 아니하는 것임.

[상세내용]
○ 사실관계
 - 신청인은 부동산임대업을 영위하는 자로 토지·건물을 현물출자하여 법인전환시 「조세특례제한법」 제32조에 따른 현물출자 이월과세 신청 예정임.
 - 현물출자 법인전환 이월과세를 적용 후 전환법인은 현물출자받은 해당 건물을 철거하고 새로운 건물을 신축하여 계속 부동산임대업을 영위하고자 함.

○ 질의내용
- 「조세특례제한법」 제32조 제1항에 따라 토지·건물을 현물출자하여 양도소득세 이월과세를 적용받은 후, 5년 이내에 건물 철거 시 같은 조 제5항의 사후관리규정 적용 대상인지 여부

현물출자 받은 공장을 매각하고 공장을 신축한 경우 사업의 폐지에 해당하는지 여부
[사전-2017-법령해석재산-0575 [법령해석과-3432] 생산일자 : 2017.11.29.]

[요지]
양도소득세 이월과세를 적용받은 후 새로운 공장을 신축하면서 현물출자한 공장을 매각한 경우 조세특례제한법 §32⑤에 따른 사업의 폐지에 해당함.

[상세내용]
○ 사실관계
- 신청인은 개인사업자로 제조업을 운영하였으며, 2014.04.01. (주)00(쟁점법인)을 설립하고 개인사업을 쟁점법인으로 전환함.
- 신청인은 개인사업에 사용하던 공장을 쟁점법인에 현물출자하고 「조세특례제한법」 제32조에 따라 양도소득세 이월과세 적용받음.
- 쟁점법인은 사업의 확장을 위해 새로운 공장을 신축하고 기존공장을 매각함.

○ 질의내용
개인사업자가 법인전환에 대한 양도소득세 이월과세를 적용받은 경우로서 새로운 공장을 신축하고 현물출자 받은 공장을 매각한 경우 사업의 폐지에 해당하는지 여부

조세특례제한법§32에 따른 양도소득세 이월과세 특례를 신청한 현물출자한 자산을 5년 이내 모두 처분한 경우 납세의무자
[사전-2021-법령해석재산-1662 [법령해석과-4700] 생산일자 : 2021.12.27.]

[요지]
「조세특례제한법」 제32조 제1항의 특례를 적용받은 후, 해당 신설 법인의 설립등기일부터 5년 이내 당해 사업용 고정자산을 모두 처분한 경우에는 당해 거주자가 이월과세액을 양도

소득세를 납부하여야 하는 것임.

[상세내용]
○ 사실관계
- 1985.4월 신청인은 서울시 서초구 소재 쟁점 토지를 취득함.
- 2018.8월 쟁점 토지를 현물출자하여 발기인 설립인가 결정으로 ㈜○○○ 설립등기 경료 (현물출자 순자산가액 : 406백만원)
- 2018.9월 쟁점토지에 대하여 「조세특례제한법」제32조 제1항에 따라 양도소득세 이월과세 신청   ※ 이월과세 신청 요건을 갖춘 것으로 전제함.
- 2021.9월 ㈜○○○는 쟁점토지 전부를 ㈜△△△에 양도함.
○ 질의내용
- 거주자가 부동산 임대업을 주업으로 하는 법인에 사업용 고정자산인 부동산을 현물출자한 후 5년 이내에 당해 부동산을 모두 처분한 경우, "법인전환에 대한 양도소득세의 이월과세 특례"로 이월 과세된 양도소득세에 대하여 거주자가 납세의무를 지는지 여부

법인이 2인 이상으로부터 현물출자받은 사업용 고정자산의 일부 처분 시 "사업용 고정자산의 1/2 이상 처분"의 기준 등
[사전-2021-법규재산-1659 [법규과-3263] 생산일자 : 2022.11.10.]

[요지]
법인이 2인 이상으로부터 현물출자받은 사업용 고정자산의 일부 처분 시 "사업용 고정자산의 1/2 이상 처분" 여부는 법인이 현물출자 받은 전체 자산을 기준으로 판단하는 것임.

[상세내용]
○ 사실관계
- '19.9.1. 甲, 乙, 丙, 丁은 경기 광명시 소재 A부동산*과 서울 강남구 소재 B부동산**을 현물출자(총 139억원)하여 법인(이하 "전환법인")을 설립하고 조세특례제한법§32에 따른 양도소득세 이월과세를 신청함.
  * A부동산 출자액 : 8,938,092,480원, 출자자 : 甲, 乙, 丙, 丁
  ** B부동산 출자액 : 5,000,000,000원, 출자자 : 甲, 乙
  ※ 조세특례제한법§32에 따른 이월과세 특례 신청요건을 갖춘 것으로 전제함.

- '21.1.21. 전환법인은 법인 설립일부터 5년 이내 현물출자 받은 B부동산을 55.9억원에 매각함.
○ 질의내용
  - 법인이 2인 이상으로부터 현물출자받은 사업용고정자산의 일부 처분 시, "사업용 고정자산의 1/2 이상 처분"의 판단기준
    * 거주자별 현물출자자산 기준 vs 법인이 현물출자받은 전체 자산 기준

현물출자 과세특례 요건(사업의 계속성) 충족 여부
법인세과-104 생산일자 : 2013.02.19.

[요지]
출자법인이 임대업에 사용하던 건물과 토지(이하 현물출자자산)를 현물출자받은 피출자법인이 현물출자자산의 일부는 부동산임대업에 계속 사용하고 나머지는 피출자법인의 사업인 부동산공급업에 사용하고자 구 건물을 철거 한 후 건물을 신축하는 경우 해당 현물출자자산은 출자법인으로부터 승계받은 사업과 피출자법인의 사업에 사용하는 것임.

[상세내용]
○ 사실관계
  - 선박 및 해양플랜트 제조업을 영위하는 법인이며 선박 및 해양플랜트 건조기간에 제조과정 및 품질을 감독하는 선주 및 선급들에게 주거공간을 제공하기 위하여 보유중인 일부토지(이하 "쟁점토지")를 질의법인이 100% 출자한 자회사에 현물출자하고 출자받은 자회사는 쟁점토지 위에 아파트를 신축하여 선주/선급 전용 임대아파트 사업을 영위하려고 함.
○ 질의
  - 선박등 제조업을 영위하는 법인이 복지시설로 이용 중인 토지를 자회사에 현물출자하고, 자회사는 쟁점토지 위에 아파트를 신축 임대업을 영위하는 경우 "피출자법인이 그 현물출자일이 속하는 사업연도의 종료일까지 출자법인으로부터 승계받은 사업을 계속할 것" 요건을 충족하는지 여부

업종 변경 시 「조세특례제한법」 제32조 적용 여부
서면-2021-법규재산-5097 [법규과-1939] 생산일자 : 2022.06.29.

[요지]
「조세특례제한법」 제32조 제1항에 따라 설립되는 법인이 거주자로부터 승계받은 종전의 업종을 새로운 업종(같은법 시행령 제29조 제3항 각 호 따른 소비성서비스업은 제외함)으로 변경하는 경우는 같은법 제32조 제5항 제1호에 따른 사업을 폐지하는 경우에 해당하지 아니함.

[상세내용]
○ 사실관계
 - '17.7.1. 甲이 개인사업체로 운영하던 LPG충전소를 ㈜△△법인 명의로 사업자 등록으로 함.
  * 2017.6.30. 甲이 운영하던 LPG충전소 개인사업자(사업자등록) 폐업
 - '17.11.2. ㈜△△ 법인 설립 등기일
  * 주업종 : 도소매업
  * 당해 LPG충전소를 포함한 부동산일체를 현물출자한다는 정관을 작성하는 등 회사설립 과정을 거쳐 주식회사 설립 등기 경료
 - '17.12.29. 사업용 고정자산 토지(건물) 소유권 이전일
 - '22.5.1. 부동산임대업으로 업종 추가 또는 변경
  * 타인에게 사업용 고정자산 전체 임대 예정
○ 질의내용
 - 질의1) 조세특례제한법 제32조 「법인전환에 대한 양도소득세의 이월과세」 적용 시 사후관리 기산일이 실제 사업개시일인지, 법인 설립등기일인지 여부
 - 질의2) LPG 충전사업(도소매업)을 영위하다가 이월과세 적용받은 법인이 사후관리기간 중 사업전체를 타인에게 임대하여 부동산업(부동산임대업)으로 변경한 경우 사업의 폐지에 해당하는지 여부

2) 거주자가 법인전환으로 취득한 주식 또는 출자지분의 50% 이상을 처분하는 경우

사후관리를 적용하는 주식처분은 주식 또는 출자지분의 유상이전, 무상이전, 유상감자 및 무상감자(주주 또는 출자자의 소유주식 또는 출자지분 비율에 따라 균등하게 소각하는 경우에는 제외한다)를 포함한다.

다만, 다음 중 어느 하나에 해당하는 경우에는 처분으로 보지 아니한다.
① 해당 거주자가 사망하거나 파산하여 주식 또는 출자지분을 처분하는 경우
② 해당 거주자가 적격 합병이나 적격 분할(인적분할)의 방법으로 주식 또는 출자지분을 처분하는 경우
③ 해당 거주자가 주식의 포괄적 교환·이전 또는 현물출자의 방법으로 과세특례를 적용받으면서 주식 또는 출자지분을 처분하는 경우
④ 해당 거주자가 「채무자 회생 및 파산에 관한 법률」에 따른 회생절차에 따라 법원의 허가를 받아 주식 또는 출자지분을 처분하는 경우
⑤ 해당 거주자가 법령상 의무를 이행하기 위하여 주식 또는 출자지분을 처분하는 경우
⑥ 해당 거주자가 가업의 승계를 목적으로 해당 가업의 주식 또는 출자지분을 증여하는 경우로서 수증자가 법 제30조의6에 따른 증여세 과세특례를 적용받은 경우

⑥의 사유에 해당하는 경우, 수증자를 해당 거주자로 보아 사후관리 규정을 적용하되, 5년의 기간을 계산할 때 증여자가 법인전환으로 취득한 주식 또는 출자지분을 보유한 기간을 포함하여 통산한다.

법인전환에 대한 양도소득세 감면받은 법인이 유상증자한 경우 양도소득세 추징 여부
[서면-2019-부동산-0818 [부동산납세과-623] 생산일자 : 2019.06.17.]

[요지]
거주자가 사업용 고정자산을 현물 출자하여 법인으로 전환함으로써 양도소득세를 감면받은 후 당해 법인이 제3자 배정방식의 <u>유상증자에 의해 자본금을 증자하여 지분비율이 50% 이상 감소한 경우</u>에는 「조세특례제한법」 제32조 제5항 제2호에 따른 주식 등의 처분으로 보지 않는 것

[상세내용]
○ 사실관계
 - 2006. 04월 甲은 경기 고양시에 개인사업자로 골프장(9홀) 개업(A사업)
 - 2019년 A사업에 대한 사업 양도·양수 방법으로 법인전환* 예정(지분율 100%)
  * 토지·건물 감정가 820억, 부채 570억으로 조세특례제한법 제32조 법인전환 이월과세

> 신청 예정
> - 2019년 법인전환 후 9홀 증설을 위해 투자자금유치를 위한 제3자배정 유상증자 예정
> ○ 질의내용
> - 제3자 배정방식의 증자를 통해 당초 甲의 주식비율이 100%에서 50% 미만 (투자유치조건 50%+1주)으로 감소되어 甲이 대주주 지위를 상실된 경우 조세특례제한법§32조 5항 제2호 주식 등의 처분으로 볼 수 있는지 여부

02 취득세 감면 규정의 사후관리

취득일부터 5년 이내에 대통령령으로 정하는 정당한 사유 없이 해당 사업을 폐업하거나 해당 재산을 처분(임대를 포함한다) 또는 주식을 처분하는 경우에는 경감받은 취득세를 추징한다(지방세특례제한법 제57조의2 제4항).

이 때, 대통령령으로 정하는 정당한 사유란 다음 중 하나에 해당하는 경우를 말한다.

① 해당 사업용 재산이 「공익사업을 위한 토지 등의 취득 및 보상에 관한 법률」 또는 그 밖의 법률에 따라 수용된 경우
② 법령에 따른 폐업·이전명령 등에 따라 해당 사업을 폐지하거나 사업용 재산을 처분하는 경우
③ 다음 중 어느 하나에 해당하는 경우(조특령 제29조 제7항)
  ㉠ 해당 거주자가 사망하거나 파산하여 주식 또는 출자지분을 처분하는 경우
  ㉡ 해당 거주자가 적격 합병이나 적격 분할(인적분할)의 방법으로 주식 또는 출자지분을 처분하는 경우
  ㉢ 해당 거주자가 주식의 포괄적 교환·이전 또는 현물출자의 방법으로 과세특례를 적용받으면서 주식 또는 출자지분을 처분하는 경우
  ㉣ 해당 거주자가 「채무자 회생 및 파산에 관한 법률」에 따른 회생절차에 따라 법원의 허가를 받아 주식 또는 출자지분을 처분하는 경우

ⓜ 해당 거주자가 법령상 의무를 이행하기 위하여 주식 또는 출자지분을 처분하는 경우

ⓗ 해당 거주자가 가업의 승계를 목적으로 해당 가업의 주식 또는 출자지분을 증여하는 경우로서 수증자가 법 제30조의6에 따른 증여세 과세특례를 적용받은 경우

　ⓗ의 사유에 해당하는 경우, 수증자를 해당 거주자로 보아 사후관리 규정을 적용하되, 5년의 기간을 계산할 때 증여자가 법인전환으로 취득한 주식 또는 출자지분을 보유한 기간을 포함하여 통산한다.

④ 법인전환으로 취득한 주식의 100분의 50 미만을 처분하는 경우

5장 절차

　법인 전환을 준비하는 과정에서 일정표를 작성하는 것은 필수적인 준비 단계이다. 구체적인 일정이 없다면, 자산 평가나 법인 설립 절차에서 발생할 수 있는 문제들이 예기치 않게 지연될 수 있다. 현물출자를 통한 법인 전환은 일반적인 사업 양도양수 방식의 법인 전환과는 달리 추가적으로 수행되어야 하는 복잡한 절차 때문에 충분한 기간을 두고 진행되어야 한다.

01 대표이사 1차 브리핑

1) 개인사업자 VS 법인사업자 장·단점 공지

　개인사업자와 법인사업자는 세무, 법적 책임, 사업 운영 방식에서 큰 차이가 있다. 개인사업자는 간편한 설립 절차와 세무 신고의 간소함이 장점이지만, 법적 책임이 무한하며 세금 부담이 커질 수 있다. 반면, 법인은 법적 책임이 제한적이고 세제 혜택이 있지만 설립과 운영 비용이 더 많이 든다.

2) 현물출자에 의한 법인전환 세제 혜택 및 장·단점 공지

　현물출자를 통한 법인 전환은 자산 양도에 대한 세금 부담을 줄여줄 수 있는 장점이 있다. 양도소득세 이월과세 혜택, 취득세 감면, 국민매입채권의 면제 혜택이 있다. 다만, 현물출자 절차가 복잡하며 평가 및 감정 비용이 발생하는 단점이 있다.

3) 현물출자에 의한 법인전환 절차 공지

　현물출자에 의한 법인전환 절차는 개인사업자의 결산부터 시작하여 자산 평가, 계약서 작성, 법인 설립 등기를 거쳐 완료된다. 각 단계는 법적 요건을 충족해야 하며 관련 절차에는 많은 시간과 비용이 소모된다.

4) 현물출자에 의한 법인전환 예상 소요비용 공지

세무사 수수료 : 법인전환 과정에서 세금 계산 및 신고를 위한 비용
회계감사 수수료 : 현물출자에 대한 회계감사 의뢰 시 발생하는 비용
감정평가 수수료 : 자산 감정평가를 위한 비용
설립등기 비용 : 법인 설립 등기 시 발생하는 법무사 및 관련 비용

02 개인사업자 가결산 및 법인전환 타당성 검토

1) 가결산을 통한 자산의 탁상감정 의뢰

개인사업자가 보유한 자산의 가치를 예비로 평가하는 과정으로, 법인전환 시 실제 자산 평가를 위한 준비 단계다.

2) 개인사업자의 수입금액으로 계상될 재고자산 확인

재고자산은 개인사업자의 수입금액에 반영되며, 법인으로 전환 시 재고자산의 처리가 중요하다.

3) 현물출자 대상 순자산 가액 검토

순자산 가액은 현물출자 시 법인의 자본금 결정에 중요한 기준이 된다. 순자산은 자산에서 부채를 차감한 금액으로 계산된다. 현물출자의 대상이 되는 순자산 가액을 평가하고, 이를 기준으로 법인전환의 타당성을 검토한다.

4) 개인사업자의 예상 부가가치세 및 종합소득세 검토

법인전환 전, 개인사업자의 부가가치세 및 종합소득세 부담을 사전에 검토해 예상 세금을 예측하고, 절세 전략을 마련한다.

03　대표이사 2차 브리핑

1) 현물출자 시 양도소득세, 취득세, 부가가치세 절세효과 공지

조세특례제한법 제32조에 따라 현물출자 시, 양도소득세의 이월과세와 취득세의 감면, 국민채권매입이 면제되며, 포괄적인 사업양수도계약을 통해 부가가치세 납부도 면제된다.

2) 현물출자에 의한 법인전환 VS 일반 법인전환 예상 세액 공지

현물출자를 통한 법인전환과 일반적인 법인전환의 예상 세액을 비교해 제공한다.

3) 대략적인 영업권 평가액 및 관련 세금 검토

영업권의 가치를 평가하고, 그에 따라 발생할 수 있는 세금 문제를 사전 검토하여 안내한다.

4) 금융기관 부채 신설법인에 인계 가능 여부 사전 확인 필요 공지

기존 대출이 신설 법인으로 인계될 수 있는지 여부는 금융기관을 통한 사전 확인이 필요한 사항이다. 이는 금융기관의 내부 정책에 따라 달라질 수 있으므로, 사전 협의가 필요할 수 있다.

5) 예상 세금 및 확정 수수료 공지

현물출자 시 발생하는 모든 세금 및 수수료를 확정하고, 예상 비용을 공지한다.

04　자산평가

조세특례제한법 시행규칙 제15조 준용하여 다음 순위로 평가한다.
① 실지거래가액
② 감정평가법인의 감정평가 가액 : 「감정평가 및 감정평가사에 관한 법률」에

따른 감정평가법인등이 감정한 가액이 있는 경우 그 가액(감정한 가액이 2 이상인 경우에는 그 감정한 가액의 평균액). 다만, 주식등 및 가상자산은 제외한다.

③ 상속세 및 증여세법에 따라 평가된 가액 : 「상속세 및 증여세법」 제38조·제39조·제39조의2·제39조의3, 제61조부터 제66조까지의 규정을 준용하여 평가한 가액. 이 경우 「상속세 및 증여세법」 제63조 제1항 제1호 나목 및 같은 법 시행령 제54조에 따라 비상장주식을 평가할 때 해당 비상장주식을 발행한 법인이 보유한 주식(주권상장법인이 발행한 주식으로 한정한다)의 평가금액은 평가기준일의 거래소 최종시세가액으로 하며, 「상속세 및 증여세법」 제63조 제2항 제1호·제2호 및 같은 법 시행령 제57조 제1항·제2항을 준용할 때 "직전 6개월(증여세가 부과되는 주식등의 경우에는 3개월로 한다)"은 각각 "직전 6개월"로 본다.

05 개인사업자 결산 확정

1) 법인 전환일을 기준일로 하여 재무제표 작성

법인전환기준일은 개인 기업의 폐업일이 된다. 따라서 과세기간 시작일부터 법인전환기준일까지의 거래내역 및 자산·부채 평가내역을 반영하여 개인 기업의 결산을 완료해야 한다.

법인전환기준일은 법인 설립등기일이나 현물출자이행일과는 별개의 개념이다. 법인설립등기일은 법인으로서의 자격을 부여받는 시점이며, 현물출자 이행일은 개인 자산이 실제로 법인에 이전되는 날을 말한다.

2) 개인사업 폐업에 따른 종합소득세 확정

개인사업 폐업 시 발생하는 종합소득세를 계산하고, 세금 신고를 준비한다.

3) 순자산 가액 결정

결산을 완료한 후 순자산 가액을 최종 확정하고 법인의 자본금으로 설정한다.

06 회계감사

1) 공인회계사의 회계감사

현물출자를 통해 법인으로 전환할 때 현물출자 자산의 정확한 가치를 파악하고 자산의 공정한 가치가 법적으로 인정받기 위해 공인회계사의 회계감사가 필요하다.

부동산과 같은 유형자산은 한국부동산원 등의 공식 감정기관을 통해 감정받고 나머지 자산은 공인회계사의 감사를 통해 평가된다. 감사절차를 통해 감사인은 법인 설립에 필요한 자산과 부채의 정확한 가치를 보고서로 작성하고, 법인 설립 심사에 필요한 자료로 활용된다.

2) 감사 후 처리 및 주의사항

회계감사 후 발생하는 수정사항은 감사인과 협의하여 처리한다. 자산이나 부채 중 특정 항목에서 차이가 발생할 경우, 현물출자액은 감사보고서에 기재된 감정금액으로 평가되는데 개인기업의 기말재고의 시가평가는 당기순이익의 증가로 이어져 소득세까지 영향을 미친다.

3) 최종 자산·부채의 적정성 평가

자산과 부채의 평가 결과를 바탕으로 법인 설립에 적합한 재무 상태를 확인한다.

07 법인설립 준비

1) 상호, 사업목적, 임원, 구성, 발기인 등 결정

(1) 개인 기업주를 포함한 1인 이상의 발기인을 구성 : 발기인은 1명 이상이어야 하며 개인사업자가 발기인으로 포함되어야 한다. 발기인은 회사 설립에 관한 정관을 작성하고, 최소 1주 이상의 주식을 인수해야 한다.

(2) 상호는 법인의 정체성을 나타내는 중요한 요소이며 설립 준비 과정에서 법인의 상호를 결정해야 한다. 상호는 다른 법인과 중복되지 않도록 동일한 상호가 이미 등록되어 있는지를 관할 법원에서 미리 확인이 가능하다.

(3) 세무사 작성 정관과 필요서류 준비 : 정관은 회사의 설립 목적, 주식의 종류 및 수, 임원 구성, 법인의 사업 목적 등을 상세히 명시하여 작성한다. 정관의 작성은 발기인들의 합의에 따라 이루어진다.

2) 세무상 유리한 정관 정비 및 공증

현물출자 자산을 포함한 자본금의 구체적인 내용을 정관에 명시하여야 한다. 작성된 정관은 공증인에 의해 인증을 받아야 한다.

(1) 정관에 현물출자에 관한 사항 기재 : 법인설립 전에 발기인이 구성된 후 개인사업자와 발기인 대표 간에 체결되는 현물출자계약서는 현물출자의 범위, 계약 당사자, 자산의 평가 및 이전 방식 등 중요한 사항들을 구체적으로 명시하여야 한다.

(2) 인원 보수 규정 정비 : 임원 및 직원의 보수 규정은 세법상 적절한 범위 내에서 결정되어야 하며 정관에 명시함으로써 보수 지급과 관련하여 발생할 문제를 방지할 수 있다.

(3) 중간배당, 자기주식 취득, 이익소각에 관한 사항 등 정비 : 중간배당, 자기주식 취득과 이익소각은 법인의 자본 관리를 위한 중요한 수단이므로 정관에 명시하여야 한다.

08. 현물출자가액 및 법인 자본금 결정

1) 순자산 가액 이상으로 법인자본금 결정: 현물출자에 의한 법인전환 시 양도소득세 이월과세 등 조세지원을 받기 위해서는 신설법인의 자본금이 법인으로 전환하는 개인기업의 순자산평가액 이상이어야 한다.
2) 주식발행사항 결정 : 신설법인의 자본금 결정에는 개인기업의 순자산평가액 이외에도 기업의 장래운영계획, 현물출자가액 등이 함께 고려되어야 하며 실무적으로 순자산평가액 보다 다소 여유를 두고 개인기업의 모든 자산과 부채를 포괄하여 현물출자를 하되 추가적인 현금 등을 출자하여 자본금 규모를 크게 하여 법인자본금을 결정해야 한다.
3) 법인 설립일 전 현물출자 이행 : 신설법인의 자본금이 개인기업의 순자산평가액 이상인 한 법인의 주주별 출자액은 무관하므로 법인의 자본금온 개인사업자의 현물출자액 뿐만 아니라 개인사업자의 현금출자액 등을 포함한다.

09. 현물출자 계약서 작성   *QR코드 자료실 참고

1) 개인사업자와 설립 중인 정관상 법인 발기인을 대표로 현물출자계약서 작성

현물출자 계약은 발기인 대표와 개인사업자 간에 체결되는데 조특법상의 양도소득세 이월과세 등 조세지원과 포괄적인 사업양도에 대한 부가가치세가 과세되지 않기 위해 현물출자 계약서에 사업의 포괄적 양도에 대한 내용이 명확히 포함되어야 한다.

2) 현물출자 기준일 전에 현물출자계약 체결 후 공증

현물출자계약의 체결 시기는 발기인 대표 선임 후 신설법인의 사업자등록 신청일 이전에 체결되어야 사업자등록 시 제출이 가능하다.

10　법인 예비 사업자등록 신청

1) 법인설립등기 전 예비사업자등록 신청

(1) 현물출자를 통한 법인전환 시 개인사업자가 법인으로 전환될 때 신설된 법인의 사업자등록을 진행해야 하는데 법인의 설립등기가 완료되기 전이므로 세금계산서 발행이나 사업 수행이 중단되지 않도록 법인전환기준일에 미리 여유를 두고 법인의 사업자등록을 완료하는 것이 중요하다.

(2) 구비서류 : 사업자등록신청서, 발기인의 주민등록등본, 허가사업인 경우 허가증, 허가 전인 경우 사업계획서 사본 제출, 임대차계약서 사본 해당 부분 도면, 현물출자계약서

2) 법인설립등기 전 사업자등록 가능성

부가가치세법 제8조 제1항에 따르면 사업자는 사업개시일 전이라도 사업자등록을 할 수 있다. 법인설립등기 전에 사업자등록을 신청할 때는 법인설립이 완료되지 않았기 때문에 발기인의 신분을 확인할 수 있는 주민등록등본이 요구되며, 허가가 필요한 사업인 경우에는 사업허가신청서나 사업계획서를 제출한다.

3) 거래처에 사업자등록사항 통보

변경된 사업자등록증을 첨부하여 거래처에 안내한다.

11　개인사업자 폐업신고 및 부가가치세 신고

1) 폐업신고 (폐업일자는 법인전환일의 전일)

개인기업이 법인으로 전환되면 해당 과세기간의 개시일부터 폐업일까지의 기간에 대한 부가가치세를 폐업일이 속하는 달의 말일부터 25일 이내에 신고해야 한다.

2) 개인사업자 부가가치세 신고

현물출자를 통한 법인설립으로 인한 폐업은 포괄적인 사업 양도로 간주되기 때문에 부가가치세가 과세되지 않는다. 부가가치세 신고시 사업자등록증 원본과 함께 폐업신고확인서를 첨부하고 현물출자에 의한 법인전환임을 명확히 하기 위해 현물출자계약서를 함께 제출하는 것이 필요하다.

12 법원에 감사인 선임신청

1) 법원에 검사인 선임신청: 법원이 선임한 검사인의 조사이행 검토·협의

법원은 현물출자의 적법성과 적정성을 조사하기 위해 검사인을 임명한다. 상법 제298조에 따르면, 검사인은 현물출자 자산의 가치를 조사하고 출자 과정이 법적으로 문제가 없는지 확인한다. 검사인의 조사는 법인의 재무 건전성을 확보하기 위한 중요한 단계이다.

2) 감정평가기관에서 자산감정 시 검사인 대체 가능

상법 제299조에 의거하여 법원은 감정의 공정성을 확보하기 위해 검사인을 선임할 수 있으며, 감정평가기관의 평가를 통해 감정 결과가 충분히 신뢰할 만하다고 판단되는 경우 검사인의 선임이 생략될 수 있다.

13 법원인가 및 법인 설립등기

1) 법원인가일(변태설립사항 조사보고서 송달일)부터 2주이내 법인설립등기

법인 설립 등기는 법인 존재를 법적으로 승인받기 위한 절차로, 상법 제317조에 명시된 바에 따라 법인 설립이 완료되면 2주 이내에 본점 소재지 관할 등기소에 신청해야 한다. 이 등기는 법인의 설립일이 된다.

2) 법인 설립 등기 신청 시 필요서류

정관, 이사 및 감사의 선임을 증명하는 서류, 주식 인수 증명서, 현물출자와 관련된 감정평가서 또는 법원 검사인 보고서, 납입 증명서가 필요하다.

3) 등기 지연의 문제점과 유의사항

법인 설립 등기를 지연하거나 누락할 경우 법적으로 법인의 설립이 완료되지 않은 것으로 간주되므로 주의해야 한다.

14 법인설립등기 후 사업자등록

법인 설립이 완료된 후 세무서에 법인 설립 신고 및 사업자 등록 신청을 해야 한다. 특히 현물출자와 관련된 세무 신고와 함께 세무서에 사업자 등록 신청 서류를 보완해야 한다. 법인 설립등기 후 20일 이내에 사업자등록을 완료해야 하며, 보완 시 필요한 서류는 법인 등기부등본과 주주 명세서 등이다.

15 명의변경 통보 : 금융기관 및 관계기간에 명의변경 통보

금융기관 및 관계 기관에 명의변경을 통보하여 법인 명의로 자산과 부채를 이전하고, 법인의 새로운 계좌 개설과 명의 변경이 이루어진다.
① 금융기관 예금 및 차입금 명의 변경
② 거래처, 조합 및 협회 등의 명의 변경
③ 토지거래 허가가 필요한 경우 관할 지자체에 허가신청

16. 양도소득세 신고

1) 법인설립등기일이 속하는 달의 말일부터 2개월 이내
2) 양도소득세 이월과세 신청서 제출 : 법인전환 시 양도소득세 신고 및 이월과세 적용 신청서를 제출해야 한다. 조세특례제한법에 따라 양도소득세를 이월과세하는 혜택을 받기 위해서 이월과세 신청서를 제출하는 것은 필수이다.

17. 소유권 이전 및 취득세 감면 신청

1) 부동산 및 차량 명의변경 및 소유권 이전(30일 이내 취득세 신고 및 부동산 및 화물차 취득세 감면신청서 제출)
법인전환으로 인한 자산 취득 시 취득세를 신고하고 감면 혜택을 받을 수 있는지 확인해야 한다. 조세특례제한법에 따라 일정 조건을 충족하는 경우 취득세 감면을 받을 수 있으며 이를 위해서는 지방자치단체에 취득세 신고 및 감면 신청을 제출해야 한다.
2) 제출서류 : 법인설립 등기부등본, 현물출자계약서, 이사회 결의서, 정관 사본 첨부

18. 법인세 신고

양수 법인은 법인세 신고와 함께 이월과세 신청서를 제출해야 하며, 현물출자와 관련된 세부 내역을 명확히 기재해야 한다.

19. 종합소득세 신고 : 개인사업자 종합소득세 신고

다음 해 5월까지 사업 폐업 및 자산 이전을 고려하여 종합소득세 신고를 한다.

6장 법인전환(현물출자) 체크리스트

대상	현물출자자		연락처	
	신설법인		사업자등록번호	
	주사업장 주소		법인등록번호	
	현물출자 순자산 가액		법인전환 기준일	
	자본금		발기인	

구분	체크 항목	체크 Y	체크 N	비고	투입 시간
법인전환 목적	대표이사의 주요 법인전환 주요 목적 부합 여부				
대상 사업자 적정성	사업장 분할 여부 검토 - 동일 사업장 분할 후 일부 사업장 현물출자 여부				
	업종 검토 - 호텔, 여관, 주점업 등 소비성서비스업 여부 확인				
	보유자산 검토 - 농지법 등 관련 법률에 따라 법인 명의로 취득할 수 없는 자산보유 사업장 여부 확인				
양도소득세 이월과세 관련	현물출자 대상 자산의 적정성 여부 검토 - 사업용 자산인 현금성 자산·외상매출금 등, 재고자산, 유형·무형자산은 포함하되 건설중인자산은 제외했는지 여부(서면4팀-1447, 2005.08.18)				
	소멸사업장의 자산평가 방법 (조특령 §29 ⑤, 조특령 §28①2호, 통칙 32-29-2) ① 상증령 49조 시가				

구분	체크 항목	체크 Y	체크 N	비고	투입 시간
	② 상증령 49조의 시가로 인정되는 매매가액, 감정가액, 수용·공매가액				
	순자산 가액 계산 시 영업권 제외 여부 확인				
	기존법인이 아닌 신설법인 설립 현물출자 여부				
	소멸하는 사업장의 순자산 가액 < 신설법인자본금				
	- 개인사업자의 발기인 참여 여부 - 개인사업자의 순자산 가액 이상 출자 여부 (조특령 §29②)				
	법인설립일부터 3개월 이내 포괄양도 여부 (조특령 §29②)				
	양도소득세 신고시 이월과세 신청서 적정 제출 여부				
	법인 설립일 이전 현물출자 이행 완료 여부				
	자본금의 순자산 가액 이상 여부 (조특법 §32②)				
	현물출자기준일 전에 현물출자계약 체결 여부				
	설립등기일로부터 5년 이내 양도소득세 추징 사항 공지 여부 (조특법 §32⑤) - 사업 폐지 - 주식 등의 50% 이상 양도				
	주식평가 시 이월과세액은 주식평가 시 법인세 등 부채에 포함되지 않는 사항 공지 여부 (사전-2017-법령해석재산-0731, 2018.06.20.)				
현물출자기준일 전에	취득 후 30일 이내 취득세 감면신청서 제출 여부				

구분	체크 항목	체크 Y	체크 N	비고	투입 시간
현물출자계약 체결 여부	5년 이내 사업을 폐지하거나 주식을 처분하는 경우 취득세 추징 사항 공지 여부 (지특법 §57조의2④, 지특령 §28조의2③)				
	취득세 감면에 대한 농어촌특별세 검토 여부				
주택임대법인 및 부동산 임대법인 관련	2020.08.12. 이후 설립하는 부동산임대법인의 경우 취득세 감면 혜택 배제사항 공지 여부 (지특법 §57조의2④)				
	2020.08.12. 이후 법인이 주택 구입 시 취득세율 12% 적용 공지 여부 (지법 §13조의2①1)				
	법인이 주택 보유 시 종합부동산세 공제금액 없고, 세 부담 상한선 없이 세율 적용 (종부법 §8①, §10,§9②, ⑤, ⑦) - 2주택 이하는 2.7% - 3주택 이상(조정대상지역 내 2주택)은 5% - 세액공제 없음				
	법인이 2021.1.1. 이후 일정 주택, 분양권, 조합권 입주권 양도 시 20% 중과세율적용 공지 여부				
폐업 일자	개인사업자 폐업일 : - 법인전환 기준일 전일로 처리했는지 여부				
법인설립등기	법인설립등기 - 변태 설립사항조사보고서 송달일부터 2주 이내				
퇴직금 등 관련	개인사업자의 퇴직금 처리 또는 퇴직급여충당금 승계 유불리 여부 검토				
소득세 관련	개인사업자 결산 시 개인사업자의 소득세 부채 계상 여부				
개인사업자	폐업 시 잔존재화 공급의제 :				

구분	체크 항목	체크 Y	체크 N	비고	투입 시간
수입금액 가산	- 시가로 환산하여 개인사업자 수입금액에 가산 보유한 재고자산 현황 및 시가 파악과 검토				
금융기관 부채	금융기관 부채 유무 확인 - 해당 부채의 법인 인계 여부 확인				
법인전환 시기	부가가치세 신고 시기와 일치 여부 체크				
	법인전환 시기는 연중으로 선정 - 개인사업자 소득금액 인하 - 연말, 연초 바쁜 시기 기피				
세 부담 수용 규모	- 다음 해 종합소득세액 부담 수용액 범위 확인 - 영업권 양도 관련 예상세액 부담 수용액 범위 확인				
사업 영위 기간 관련	법인 가업승계 및 가업상속 : - 개인사업자 영위 기간 인정 여부 검토				
	금융기관 및 협력사 - 개인사업자 영위 기간 인정 여부 검토				
정관 정비	- 정관 필수 규정 사항 정비 - 임원 보수 규정 정비				
법인전환 후 회계·세무 관리	법인전환 후 회계 및 세무 관리방안 제시 여부				
영업권 가액 희망 수령 방식	법인에 잉여자금 있는 즉시 수령				
	일부 일시금 수령 후 분할 수령				
	일정 기간 분할 수령				

7장 사례해설

01 법인전환 타당성 검토

1) 검토예제

개인기업 오성당은 도소매업을 영위하고 있으며, 매출이 계속 증가하고 있다. 2026년 성실신고확인대상사업자로의 전환이 예상되는 상황에서 법인전환을 고려해보기로 했다.

▶업체명 : 오성당
▶업　태 : 도소매업
▶사업장 : 자가 소유
▶2025년도 예상 매출액 : 14억
▶2025년도 예상 당기순이익 : 2.65억

2) 타당성 검토

① 개인사업자인 경우 예상세금
2025년 말 기준 예상 당기순이익 2.65억원으로, 예상되는 개인 종합소득세는 다음과 같다. (38% 세율구간 해당)

종합소득세	80,760,000원
지방소득세	8,076,000원
합계	88,836,000원

* 소득공제 및 세액공제·세액감면은 고려하지 않음.

3) 법인사업자인 경우 예상세금

2025년 말 기준 예상 당기순이익은 2.65억원으로, 예상되는 법인소득세는 다음과 같다. (19% 세율구간 해당)

법인소득세	30,350,000원
지방소득세	3,035,000원
합계	33,385,000원

* 세액공제·세액감면은 고려하지 않음.

4) 전환여부 결정

① 기업의 당기순이익에 대한 소득세액을 고려할 때, 법인으로의 전환이 보다 유리하다.

② 개인 기업 연수입금액이 성실신고확인대상사업자 전환 기준인 15억원을 넘어설 경우, 납세자는 성실신고확인대상사업자에 해당되어 성실신고확인비용 등을 추가로 부담해야 한다. 뿐만 아니라 성실신고확인대상사업자가 성실신고확인서를 제출하지 않는 경우 추가적인 가산세 부담 및 세무조사 대상으로 선정될 수 있다는 점에서 세무 관리에 더 큰 주의를 요한다.

③ 사업이 확장되는 시점에 맞춰 법인으로 전환함으로써, 기업의 신뢰도가 상승할 수 있다.

02 전환방법 선택

1) 전환방법 결정

현재 개인기업인 오성당의 경우에는 토지·건물의 부동산을 가지고 있으므로 양도소득세 과세대상 자산을 법인에 현물출자하는 경우에는 개인이 부동산을 양도하는 경우와 마찬가지로 자산양도에 따른 양도소득세를 납부해야 한다.

조세특례제한법의 요건을 갖추어 법인전환을 하면 양도당시에 납부하여야 하는 양도소득세가 이연되어 전환법인이 향후에 양도했을 때 법인세로 납부하는 큰 혜택이 있으므로 현물출자를 통한 법인전환의 방법을 선택하는 것이 유리하다.

2) 전환시기 결정

성실신고확인대상사업자가 되기 전 법인으로 전환하는 것이 유리하다. 개인기업 오성당의 2025년 수입금액은 14억원으로, 전환 기준금액인 15억원을 곧 넘어설 것으로 예상된다. 시기를 놓쳐 성실신고확인대상사업자로 전환된 이후 법인으로 전환하게 된다면, 3년간 성실신고확인서를 첨부하여 법인세를 신고해야 한다.

법인 전환시 개인 기업은 폐업 절차를 밟는다. 이 때 폐업일의 다음 달 25일까지 폐업에 따른 부가가치세 확정 신고가 마무리되어야 하므로, 폐업일은 부가가치세 확정신고 기간의 말일로 일치시키는 것이 실무상 간편하다. 본 사례에서는 폐업일(법인전환기준일)을 6월 30일로 가정하였다.

03 회계처리 방법

1) 25.06.30일 현재 개인기업 오성당의 재무상태표

과목	금액	과목	금액
현금	5,065,845	외상매입금	170,568,745
외상매출금	150,654,870	미지급금	53,554,865
미수금	12,052,390	예수금	4,954,532
재고자산	189,954,528	선수금	13,654,871
토지	620,000,000	장기차입금	630,000,000
건물	275,000,000	부채총계	872,733,013
감가상각누계액	(35,437,500)		
비품	20,300,000	자본금	348,598,375
감가상각누계액	(16,258,745)	자본총계	348,598,375

과목	금액	과목	금액
자산총계	1,221,331,388	부채및자본총계	1,221,331,388

*1. 토지의 시가는 920,000,000원으로, 건물의 시가는 294,562,500원으로 가정하였음.
*2. 재고자산 시가는 장부가액과 동일하다고 가정함.
*3. 과밀억제권역 밖의 설립으로 가정함.

2) 전환법인 회계처리

차 변		대 변	
현금	6,467,470	외상매입금	170,568,745
외상매출금	150,654,870	미지급금	53,554,865
미수금	12,052,390	예수금	4,954,532
재고자산	189,954,528	선수금	13,654,871
토지	920,000,000	장기차입금	630,000,000
건물	294,562,500		
비품	4,041,255	자본금	705,000,000
계	1,577,733,013	계	1,577,733,013

3) 설명

① 토지와 건물이 시가로 반영된 신설법인의 자본금은 705,000,000원이다.

② 현물출자로 인해 설립된 법인의 자본금이 전환 전 개인기업의 순자산가액인 703,598,375원 이상으로 조특법상 조세지원요건은 충족하였다.

※ 순자산가액은 법인전환기준일 현재의 시가로 평가한 자산의 합계액에서 충당금을 포함한 부채의 합계액을 공제한 금액임.

③ 신설되는 주식회사 오성당의 1주의 발행금액은 50,000원, 액면가액은 10,000원이므로 현물출자재산 705,000,000원에 대하여 부여할 주식은 보통주 14,100주이며 단주에 해당하는 부분이 있다면 현물출자자에게 현금으로 반환한다.

04 예상되는 소요비용

1) 취득세

① 취득세

취득세는 1,214,562,500원×4%×(1-50%) = 24,291,250원 이다.

* 과밀억제권역 밖 설립이므로 취득세율은 4% 적용함.

② 취득세분 지방교육세

취득세분 지방교육세는 1,214,562,500원×2%×(1-50%)×20% = 2,429,120원 이다.

③ 취득세경감분 농특세

취득세경감분 농특세는 1,214,562,500원×4%×50%×20% = 4,858,250원 이다.

④ 취득세분 농특세

취득세분 농특세는 1,214,562,500원×2%×(1-50%)×10% = 1,214,560원 이다.

⑤ 납부할 취득세

납부할 취득세 합계액은 32,793,180원 이다.

2) 양도소득세

* 양도소득세는 이월과세적용신청에 따라 이월과세 되었다고 가정함)

① 양도소득세 예상액 : 100,860,000원 (전액이월)

② 양도소득지방세 예상액 : 10,086,000원 (전액이월)

항 목	금 액		
	토 지	건 물	합 계
양도가액	920,000,000	294,562,500	1,214,562,500
필요경비	620,000,000	239,562,500	859,562,500
양도차익	300,000,000	55,000,000	355,000,000
장기보유특별공제	30,000,000	5,500,000	35,500,000

항목	금 액		
	토 지	건 물	합 계
양도소득금액			319,500,000
양도소득기본공제			2,500,000
과세표준			317,000,000
세율			40%
산출세액			100,860,000

* 2019년 1월 1일 취득으로 가정한다.

3) 등록면허세(지방교육세 포함)

① 등록면허세 = 705,000,000원 × 0.4% = 2,820,000원

② 지방교육세 = 2,820,000원 × 20% = 564,000원

05 이월과세신청서 예시

■ 조세특례제한법 시행규칙 [별지 제12호서식](2015.03.13 개정)

이월과세적용 신청서

※ 뒤쪽의 작성방법을 읽고 작성하시기 바랍니다. (앞쪽)

신청인 (양도자)	① 상호 오성당	② 사업자등록번호 000-00-00000
	③ 성명 000	④ 생년월일 1900-00-00
	⑤ 주소 서울시 00구 00로 000, 000호	(전화번호: 000-0000-0000)

양수인	⑥ 상호 주식회사 오성당	⑦ 사업자등록번호 000-00-00000
	⑧ 성명 000	⑨ 생년월일 1900-00-00
	⑩ 주소 서울시 00구 00로 000, 000호	(전화번호: 000-0000-0000)

이월과세적용 대상 자산

⑪ 자 산 명	⑫ 소 재 지	⑬ 면 적	⑭ 취득일	⑮ 취 득 가 액
토지	서울시 00구 00로 000	000㎡	19.01.01	620,000,000
건물	서울시 00구 00로 000	000㎡	19.01.01	239,562,500
⑯ 양 도 일	⑰ 양 도 가 액	⑱ 이월과세액	⑲ 비 고	
25.06.30	920,000,000	76,398,868		
25.06.30	294,562,500	24,461,132		

소멸하는 사업장의 순자산가액의 계산

⑳ 사업용자산의 합계액(시가)	부 채		㉓ (⑳ - ㉒) 순 자 산 가 액
	㉑ 과 목	㉒ 금 액	
1,576,331,388	장기차입금 등	872,733,013	703,598,375

「조세특례제한법 시행령」
[ ]제28조제3항
[√]제29조제4항
[ ]제63조제10항
[ ]제65조제5항
에 따라 이월과세의 적용을 신청합니다.

20XX년 XX월 XX일

신청인(양도인)   000 (서명 또는 인)
양수인   000 (서명 또는 인)

세무서장 귀하

첨부 서류	1. 사업용자산 및 부채명세서 1부 (전자신고 방식으로 제출하는 경우에는 구비서류를 제출하지 않고 법인이 보관합니다) 2. 현물출자계약서 사본 1부(「조세특례제한법 시행령」 제63조제10항에 따라 신청하는 경우로 한정합니다)	수수료 없 음
담당 공무원		

06 취득세 감면신청서 (토지분, 건물분 각각 신청 필요함)

■ 지방세특례제한법 시행규칙[별지 제1호서식] 〈개정 2020. 12. 31.〉

지방세 감면 신청서

※ 뒤쪽의 작성방법을 참고하시기 바라며, 색상이 어두운 난은 신청인이 적지 않습니다. (앞쪽)

접수번호		접수일		처리기간	5일
신청인	성명(대표자)	000		주민(법인)등록번호	000000-0000000
	상호(법인명)	주식회사 오성당		사업자등록번호	000-00-00000
	주소 또는 영업소	서울시 00구 00로 000, 000호			
	전자우편주소	0000@0000.000		전화번호 (휴대전화번호)	000-0000-0000
감면대상	종류	토지		면적(수량)	000㎡
	소재지	서울시 00구 00로 000			
감면세액	감면세목	취득세	과세연도	20XX	기분 XX기
	과세표준액	920,000,000	감면구분	50% 세액 감면	
	당초 산출세액	36,800,000	감면받으려는 세액	18,400,000	
감면 신청 사유	현물출자에 따른 법인전환에 따라 취득하는 사업용 재산 토지에 대해서 취득세 감면을 요청합니다.				
감면 근거 규정	「지방세특례제한법」 제 57조의 2, 3항 5호 및 같은 법 시행령 제 126 조				
관계 증명 서류	양도소득세 이월과세 신청서 등				
감면 안내 방법	직접교부[ ] 등기우편[ ] 전자우편 [√]				

신청인은 본 신청서의 유의사항 등을 충분히 검토했고, 향후에 신청인이 기재한 사항과 사실이 다른 경우에는 감면된 세액이 추징되며 별도의 이자상당액 및 가산세가 부과됨을 확인했습니다.

「지방세특례제한법」 제4조 및 제183조, 같은 법 시행령 제2조제6항 및 제126조제1항, 같은 법 시행규칙 제2조에 따라 위와 같이 지방세 감면을 신청합니다.

20XX 년 XX 월 XX 일

신청인 000 (서명 또는 인)

특별자치시장·특별자치도지사
·시장·군수·구청장 귀하

첨부서류	감면받을 사유를 증명하는 서류	수수료 없음

210mm×297mm [백상지(80/㎡) 또는 중질지(80/㎡)]

용역계약서 (법인전환_현물출자) 표준계약서(예시)

용역계약서(법인전환)

_____(이하 갑이라 한다)와 세무사 ____(이하 을이라 한다)는 「법인전환」에 관한 용역에 관한 계약(이하 "본 계약"이라 한다)을 다음과 같이 체결한다.

제1조 [목적]
본 계약의 목적은 개인사업자의 법인전환에 관한 업무를 수행하기 위함에 있다.

제2조 [용역의 범위]
① 을은 갑의 요청에 따라 관련 업무를 수행하며 구두, 전화 또는 서면에 의한 상담, 서류작성 등 자문을 성실하게 응하여야 한다.
② 제1항에 대한 구체적인 용역의 범위는 다음 각 호와 같다.
1. 현물출자에 의한 법인전환 세제혜택 및 장·단점 검토 후 현물출자에 의한 법인전환 실행플랜 수립
2. 현물출자에 의한 법인전환 제절차 실행 및 총괄대행
3. _____
4. 위 수행과정에서 발생한 세무컨설팅을 통한 대응 방안 제시 및 교육지원
이 외의 구체적인 용역 업무 범위는 갑과 을이 협의하여 별첨한다.

제3조 [용역 기간]
본 계약의 존속기간은 계약체결일로부터 <u>20 </u>년 __월 __일까지로 하되, 계약의 종기 전 본건이 완료되는 경우 그 완료일까지로 한다. 다만, <u>20 </u>년 __월 __일까지 본건이 완료되지 아니할 경우에는 갑, 을은 상호 협의하여 본 계약기간을 연장하되, 이 경우 을에 대한 추가보수는 상호 협의하여 결정하기로 한다.

제4조 [용역 보수]
① 본 계약에 따른 용역 보수는 일금 _____원(₩_____. 부가가치세 별도)으로 한다.
② "갑"은 본 계약과 관련하여 용역 보수를 다음과 같이 지급한다.

구분	지급기한	금액
착수금	20___년 ___월 ___일까지	일금 _____원 (₩_____)
잔 금	산출물 제출 이후 ___일 이내	일금 _____원 (₩_____)

③ 상기 보수 이외에 인쇄비 및 출장비 등 실경비는 "갑"의 부담으로 한다.

제5조 [보수의 지급 방법]
① 제4조에 따른 보수는 을의 계좌(<u>00 은행, 000-0000-000000, 예금주 000</u>)로 지급한다.
② 을은 제4조에 따른 보수에 대하여 갑에게 세금계산서를 부가가치세법에 따른 공급시기에 발행한다.

제6조 [보수지급의 지체]
① 갑이 본 계약에 정한 비용 또는 보수의 지급을 지체한 때에는, 을은 위임사무에 착수하지 않거나 그 위임사무의 처리를 중단 또는 계약을 해지할 수 있다.
② 전항의 경우 을은 신속하게 갑에게 그 취지를 통보하여야 한다.

제7조 [의무]
갑은 신의성실의 원칙에 따라 본 계약에 의한 업무수행에 필요한 증빙자료 및 제반 서류를 신속하고 정확하게 을에게 제공하여야 하며, 을은 세법에 따라 갑이 제공한 자료에 의해 합리·타당하고 성실하게 업무를 수행하여야 하는 선관주의 의무를 부담한다.

제8조 [용역 결과물의 소유권]
본 계약상 을에 의하여 작성되어 갑에게 제공된 용역 결과물 및 모든 관련 문서에 대한 소유권은 갑이 본 계약상의 용역에 대한 대가를 지급함과 동시에 을로부터 갑에게 이전된다.

제 9 조 [책임 및 면책]
① 갑이 제공한 자료의 불비 및 사실과 다른 자료의 제시, 근거 없는 진술 등의 사유로 본 계약업무 수행이 불가능하거나 이로 인하여 발생하는 문제에 을은 그 책임을 지지 아니한다. 이러한 경우에도 갑은 을에게 보수를 지급하여야 한다.
② 을은 갑이 제공한 자료에 대하여 허위가 없이 신뢰성이 있는 것으로 간주하여 업무를 수행하고, 갑이 제공한 자료에 허위사항이 있거나 요구자료의 지연 제시 또는 미제출로 인해서 장래 갑에게 발생하는 불이익한 행정처분 등에 대하여 갑은 을에게 그 책임을 물을 수 없다.
③ 천재지변 기타 이에 준하는 사유로 본 계약을 수행할 수 없을 때는 갑·을 쌍방에게 본 계약 불이행의 책임이 없는 것으로 한다.

제 10 조 [책임의 제한]
① 본 계약과 관련하여 을의 채무불이행이나 불법행위로 인하여 갑에게 손해가 발생한 경우, 배상책임의 부담자 및 발생한 손해 액수 등은 관련 법률 규정에 따른다.
② 을이 손해배상책임의 부담자가 되었을 경우, 을이 갑에게 배상할 금액은 수령한 보수액을 그 한도로 한다.
③ 위 제 1 항에 따른 갑의 실제 손해액이 을에게 지급한 보수액을 초과할 경우, 갑이 실제 손해액을 입증하더라도 보수액을 초과하는 손해에 대해서는 이를 을에게 청구할 수 없다.

제 11 조 [계약해지]
갑의 사정에 의하여 본 계약을 해약할 때에는 갑은 기지급한 보수액의 반환을 청구하지 못한다. 다만, 을의 사정으로 본 계약을 해약할 때는 을은 기수령한 보수액을 반환하며, 갑과 을의 사정으로 인한 불가항력적 사유로 인하여 계약의 이행이 불가능하게 된 때에는 계약은 종료하는 것으로 하고, 보수의 지급 등에 관하여는 상호 합의에 따라 정하는 것으로 한다.

제 12 조 [기밀보장]
을은 계약업무 수행과정에서 지득한 갑의 기밀을 엄수하여야 한다.

제 13 조 [분쟁의 해결]
본 계약에서 발생한 분쟁은 갑과 을의 합의에 따라 해결함을 원칙으로 하고, 당사자 사이에 해결되지 않은 분쟁은 중재법에 따른 중재기관의 중재에 따라 최종 해결한다.

제 14 조 [특약조항]
　　일반사항 외의 특약사항은 아래 각호에 기재하여 정하며, 일반사항과 특약사항이 상충하는 때에는 특약사항이 우선한다. 기타 본 계약에 명시되지 아니한 사항은 일반적인 관례에 따라 갑과 을이 상호 협의하여 정하기로 한다.
　　1.
　　2.
　　3.

　　세무사 _____은 계약서 내용을 충분히 설명하였으며,
　　의뢰인 _____은 위 사항을 모두 확인하여 숙지하였으며, 위 내용에 동의함에 따라 아래와 같이 서명합니다.

　　　　　　　　　　의뢰인 (성명) _____ (서명/인)

　　위의 사실을 증명하기 위하여 본 계약서를 2 부 작성하여 간인하고 갑과 을이 각각 1 부씩 소지하기로 한다.

　　　　　　　　　　　　20 년　　월　　일

[갑]　　　　　　　　　　　　　　　[을]

사 업 자 등 록 번 호 :　　　　　　사업자등록번호 :
(또는 주민등록번호)

주　　　　소 :　　　　　　　　　　주　　　　소 :
연　락　처 :　　　　　　　　　　　상　　　　호 :
성　　　　명 :　　　　　　(인)　　대표세무사 :　　　　　　　　(인)

법인전환 안내문(예시)

협력업체 및 거래처 관계자 귀하

귀사의 무궁한 발전을 기원합니다.
당사는 사세 확장에 따라 아래와 같이 법인전환을 하게 되었음을 알려드립니다.
그동안 보내주신 관심에 진심으로 감사의 말씀을 전합니다.

법인전환을 계기로 모든 임직원이 새로운 마음가짐으로 정진하도록 하겠습니다.
앞으로도 많은 성원 부탁드립니다. 감사합니다.

------------------ 아 래 ------------------

1. 변경된 사업자정보
 가. 사업자 등록번호 :
 나. 법인명 :
 다. 대표자 :
 라. 소재지 :
 마. 변경일 :

2. 변경된 계좌번호
 가. 은행명 :
 나. 계좌번호 :
 다. 예금주 :

3. 법인전환으로 인해 사업자 정보 및 계좌번호만 변경되었습니다.
 (회사주소, 대표자, 부서별 담당자 등은 변경사항 없음)

4. 첨부서류
 가. 사업자등록증 사본 1부
 나. 통장사본 1부

5. 이외 다른 서류가 필요하신 업체는 아래의 연락처로 요청바랍니다.
 가. 담당자 :
 나. 연락처 :

㈜ ○ ○ ○

제5편 중소기업 통합 법인전환

1) 법인전환 세무 한눈에 보기

기업 통합에 의한 법인전환 유형	개인기업간 통합에 의한 법인 신설	A(개인) + B(개인) → C(법인)
	개인기업과 법인기업 간의 통합에 의한 법인 신설	A(개인) + B(법인) → C(법인)
	개인기업이 법인기업에 흡수통합	A(개인) + B(법인) → B(법인)
조세지원	양도소득세	이월과세
	양도소득세 지방소득세	이월과세
	취득세	50% 경감
	농어촌특별세	취득세 감면분 농특세 과세
	법인설립등록세	과세
	부가가치세	과세제외
	인지세/면허세	부담
	국민주택채권매입	전액매입
	개인기업 조세감면	승계
조세지원 대상	업종	소비성 서비스업 제외

	통합 당사자	통합당사자 모두 '중소기업법'에 의한 중소기업에 해당하여야 함
	소멸되는 사업장의 중소기업자	통합 후 존속 또는 설립되는 법인의 주주이어야 함
	취득주식의 가액	소멸하는 사업장의 '순자산평가액' 이상이어야 함
	통합 범위 요건	사업장별로 그 사업에 관한 주된 자산을 모두 승계하여 사업의 동일성 유지
		설립 후 1년이 경과되지 아니한 법인이 출자자인 개인(국기법 제39조 제2호의 규정에 의한 과점주주에 한한다)의 사업을 승계하는 것은 통합으로 보지 않음.
사후관리	양도소득세	소멸되는 중소기업이 사업용 고정자산을 양도한 날로부터 5년 이내에 다음의 사유가 발생한 경우 사유 발생일이 속한 달의 말일부터 2개월 이내에 이월과세액을 양도소득세로 납부해야 함 1) 통합법인이 승계받은 사업을 폐지 2) 해당 중소기업인이 통합으로 취득한 주식 또는 출자지분의 50% 이상을 처분하는 경우
	취득세	사업용 재산을 취득한 날로부터 5년 이내에 다음의 사유가 발생한 경우 경감받은 취득세를 추징한다. 1) 승계받은 사업을 폐지 2) 통합으로 취득한 주식 등의 50% 이상을 처분하는 경우

2) 업무기준표 (5장 절차 참고)

구분		업무 내용	투입 시간	비고
D-23	대표이사 1차 브리핑	개인사업자 VS 법인사업자 장단점 공지		
		중소기업 통합에 의한 법인전환 세제 혜택 및 장·단점 공지		
		중소기업 통합에 의한 법인전환 절차 공지		
		중소기업 통합에 의한 법인전환 예상 소요 비용 공지 - 세무사 수수료 등 - 회계감사[*1] 수수료 - 감정평가[*1] 수수료 - 자본변경등기[*1] 비용 　[*1] 일괄수주계약 방식, 납세자 개별 선정방식 중 선택		
D-16	개인사업자 가결산 및 법인전환 타당성 검토	가결산을 통한 자산의 탁상감정 의뢰		
		개인사업자의 수입금액으로 계상될 재고자산 확인		
		중소기업 통합 대상 순자산 가액 검토		
		중소기업 통합 기준일(= 개인기업 폐업일=법인명의 사업개시일 = 법인기업 통합일) 설정		
		개인사업자 예상 부가가치세 및 종합소득세 산정 공지		
D-14	대표이사 2차 브리핑	중소기업 통합시 양도소득세, 취득세, 부가가치세 절세효과 공지		
		현물출자에 의한 법인전환 VS 중소기업 통합에 의한 법인전환 예상 세액 공지		
		대략적인 영업권 평가액 및 관련 세금 검토		
		금융기관 부채 기존법인에 인계 가능 여부 사전		

구분		업무 내용	투입 시간	비고
		확인 필요 공지		
		예상 세금 및 확정 수수료 공지		
		중소기업 통합에 의한 법인전환 확정 소요 비용 공지 - 세무사 수수료 - 회계감사 수수료 - 감정평가 수수료 - 자본변경 등기 비용		
D-12	자산 감정평가	「감정평가 및 감정평가사에 관한 법률」에 따른 감정 평가업자가 감정한 가액으로 자산 평가		
D-10	중소기업 통합 계약서 작성	개인사업자와 법인 대표간의 중소기업 통합 계약서 작성 - 조세특례제한법 제31조, 제32조, 지방세특례제한법 제57조의2를 고려		
		중소기업 통합 계약 체결 후 공증		
D-9	법인사업자 등록 신청	법인명의 사업자등록 신청 - 흡수통합시 지점에 대한 사업자등록 신청		
D-8	개인사업자 결산 확정	자산 및 부채의 현실화 등 유의하여 결산 마감		
D-6	회계감사	공인회계사의 회계감사		
		최종 자산·부채의 적정성 평가		
D-5	현물출자가액과 신주인수가액 결정	- 순자산 가액 이상으로 신주발행사항 결정		
		- 현물출자가액과 신주인수가액 결정		
D-day	개인사업자 폐업신고 및	폐업신고		
		- 폐업일자 : 통합기준일		

제5편 중소기업 통합 법인전환

구분		업무 내용	투입시간	비고
	부가가치세 신고	개인사업자 부가가치세 신고		
		- 중소기업 통합 계약서 첨부		
D+1	신주발행준비와 청약	- 주주총회 특별결의(사업양수도, 정관변경시)		
		- 이사회결의(증자시)		
		- 주식 청약과 배정		
D+1.5	법원에 검사인 선임 신청	법원에 검사인 선임신청		
		- 법원이 선임한 검사인의 조사이행 검토·협의		
		감정평가기관에서 자산감정 시 검사인 대체 가능		
D+1.5 ~ 2개월	현물출자이행 및 자본변경 등기	현물출자 이행 및 신주발행으로 인해 자본금 증가시 자본변경등기 신청		
	명의변경 통보	금융기관 및 관계기관에 명의변경 통보		
	양도소득세 신고	양도소득세 이월과세 신청서 제출		
D+2.5 개월	소유권 이전 및 취득세 감면 신청	부동산 및 차량 명의변경 및 소유권 이전		
		- 30일 이내 취득세 신고 및 부동산 및 화물차 취득세 감면신청서 제출		
		- 중소기업통합계약서, 순자산 가액 평가보고서 첨부		
익년 3월	법인세 신고	양수법인 법인세 신고 및 이월과세 신청서 제출		
		- 현물출자계약서, 순자산 가액 평가보고서 첨부		
익년 5월	종합소득세 신고	개인사업자 종합소득세 신고		
총 투입시간		시간당 보수	보수 청구액	

1장. 중소기업 통합 법인전환 의의

> ★ 추천하는 유형 : 중소기업 통합에 의한 법인전환은 2개 이상의 사업장이 있는 경우로서 각 기업의 고유한 강점을 최대한 활용해 시너지를 창출하고 싶은 기업에게 유용한 법인전환 방법이다.

01 중소기업 통합 법인전환의 개요

중소기업 통합 법인전환은 2개 이상의 개인사업자 또는 법인사업자가 협력하여 하나의 법인 형태로 변환하는 과정이다.

중소기업 간 통합은 기업들이 경쟁력을 강화하고, 비용 절감이나 기술 공유 등의 이점을 누리기 위해 이루어질 수 있다. 또한 규모의 경제를 실현하고, 혁신 역량을 강화하며, 새로운 시장 진출 기회를 확보하는 데 중요한 역할을 할 수 있으므로 이러한 장점들을 장려하기 위해 소비성서비스업을 제외한 사업을 영위하는 중소기업 간의 통합에 대하여 조세지원을 하고 있다.

02 중소기업 통합의 장점 및 단점

1) 장점

중소기업이 통합되면 운영비용을 절감할 수 있을 뿐만 아니라, 중복된 자원을 통합함으로써 효율적으로 운영할 수 있어 규모의 경제 실현이 가능하다. 또한 통합을 통해 자본이 집중되어 재무 건전성이 강화되며, 이는 자금 조달 및 투자 기회를 확대할 수 있게 된다.

여러 중소기업을 하나의 사업자로 만들면서 양도세 이월과세, 취득세 감면 등의 세금혜택을 볼 수 있으며, 법인 형태는 사업의 지속성과 안정성을 높여 장기적인 성장 기반을 제공하므로 이를 통해 기업은 경쟁력을 강화하고, 시장에서의 성공 가능성을 높일 수 있다.

2) 단점

법인전환 과정에서 다양한 법적 절차와 규제를 준수해야 한다. 법인설립 후 1년이 경과되지 않은 법인사업자는 최소 1년 이상 운영되어야(구체적인 조건은 후술하기로 한다) 세제 혜택을 받을 수 있다.

법적, 재무적, 행정적 비용이 발생할 수 있고, 중소기업을 통합하는 과정에서 조직 구조나 운영 방식의 차이로 인해 혼란이 발생 될 수 있기 때문에 사전에 철저한 계획과 준비가 필요하다.

03 중소기업 통합방법의 결정

현재 조세특례제한법 제31조에서는 「통합에 의하여 설립되는 법인」, 「통합 후 존속하는 법인」이라는 표현을 하고 있을 뿐, [통합] 그 자체의 구체적인 방법이나 구체적인 규정을 두고 있지 않다.

중소기업 간 통합 후의 기업형태는 법인으로 한정되어 있으며, 중소기업의 통합 유형은 다음과 같이 4가지로 구분된다.

① 개인중소기업간의 통합에 의하여 법인을 설립하는 경우

A(개인) + B(개인) → C(법인)

② 개인중소기업과 법인중소기업간의 통합에 의하여 법인을 설립하는 경우

A(개인) + B(법인) → C(법인)

③ 개인중소기업이 법인중소기업에 흡수통합되는 경우

A(개인) + B(법인) → B(법인)

④ 법인중소기업 간의 통합

A(법인) + B(법인) → A or B or C(법인)

통합 유형중 ①, ②, ③은 개인기업이 법인으로 전환되는 유형이고, ④의 경우 상

법상 합병에 해당하므로 본서에서는 개인기업이 법인으로 전환되는 유형만 다루기로 한다.

1) 개인중소기업간의 통합

통합에 의하여 설립되거나 통합 후 존속하는 주체는 법인이어야 하므로, ① 법인을 먼저 설립 후 개인기업을 양도·양수하는 방법과 ② 개인기업 순자산의 현물출자에 의하여 법인을 설립하는 방식이 있다.

①의 경우 신설법인은 당해 업종의 영업실적이 없으므로 중소기업에 해당하지 않는다는 것으로 주장할 여지가 있다. 조세지원을 받기 위해서는 중소기업간의 통합이라는 요건을 충족해야 하므로, ②의 방식으로 각 개인기업을 현물출자함으로써 중소기업 간의 통합을 적용하는 경우 조세지원을 받을 수 있다.

> 두개의 개인기업이 현물출자가 아닌 현금을 각각 출자하여 법인을 설립하고 신설법인에 두개의 개인기업을 포괄적으로 양도·양수할 경우 양도소득세 면제에 해당되는지 [재산01254-514, 1986.02.13.]
>
> 중소기업간의 통합으로 인하여 소멸되는 중소기업이 그 사업용 부동산을 통합에 의하여 설립된 법인 또는 통합 후 존속하는 법인에게 양도함으로써 발생하는 소득에 대하여는 양도소득세를 면제하는 것이나,
> 2개의 개인중소기업이 공동으로 별개의 법인을 설립하고 그 설립된 법인에 개인중소기업의 사업용 부동산을 포괄적으로 양도하는 때에는 양도소득세가 과세됨.

2) 개인기업과 법인기업의 통합에 의하여 법인을 설립하는 경우

이 경우에도 ① 법인을 먼저 설립 후 개인기업과 법인중소기업을 양도·양수하는 방법과 ② 개인기업과 법인기업의 현물출자에 의하여 법인을 설립하는 방식이 있다.

①의 경우 신설법인은 당해 업종의 영업실적이 없으므로 중소기업이라는 사실을 입증하기 어렵고, 중소기업에 해당하지 않는다는 것으로 주장할 여지가 있다. 따라서 중소기업 간의 통합이라는 요건을 충족하지 못하게 되어 조세지원을 받지 못할 수 있고 ②의 경우에만 조세지원을 받을 수 있다. 다만 실무상 법인을 법인에 현물출자하는 방법이 불가능한 것은 아니지만, 종전 법인을 소멸시켜야 하는 절차가 남으므로, 그 절차가 복잡할 뿐만 아니라 실익도 별로 없어 실무상 나타날 가능성이 거의 없다.

3) 개인기업이 법인기업에 흡수통합되는 경우

개인기업이 법인기업에 흡수통합되는 방법은 3가지가 있다.

① 법인기업의 기존주주로부터 주식을 취득하고 개인기업을 양도·양수하는 방법
② 법인기업의 유상증자금액을 개인기업주가 인수하고 개인기업을 양도·양수하는 방법
③ 개인중소기업을 법인중소기업에 현물출자하는 방법

예규에 따르면 ①의 방법은 법인기업의 기존주주로부터 주식을 취득하는 경우에는 조세특례제한법 제31조의 중소기업간 통합으로 인정되지 않는다.

> 소멸하는 사업장의 중소기업자가 통합법인 기존주주의 주식을 취득하는 경우 [법인46012-1418, 1999.04.15.]
>
> 조세감면규제법 제31조 제1항의 규정에 의한 "중소기업간 통합"은 통합으로 소멸하는 사업장별로 그 사업에 관한 주된 자산이 통합법인에 모두 승계되어 사업의 동질성이 유지되는 경우로서 같은법 시행령 제28조 제2항 각호에 규정하는 요건을 모두 갖춘 현물출자 등 사업용 자산을 통합 후 존속법인에게 양도하는 경우에 한하여 적용되는 것으로 통합으로 인하여 소멸하는 사업장의 중소기업자가 통합법인의 기존주주의 주식을 취득하는 경우에는 같은 규정에 의한 중소기업간 통합에 해당하지 않습니다.

위 ②(법인기업의 유상증자금액을 개인기업주가 인수하고 개인기업을 양도·양수)의 방법은 구체적인 세부 사항과 관련 법령에 따라 다르게 해석될 소지가 있기 때문에 단순히 개인이 법인의 유상증자에 참여한다고 해서 조세지원을 바로 적용되는 것은 아니다. 그러나 사업장별로 그 사업에 관한 주된 자산을 모두 승계하여 사업의 동일성이 유지되고, 조세특례제한법 시행령 제28조 제1항(중소기업 간의 통합에 대한 양도소득세의 이월과세 등)에 따른 요건을 모두 갖춘 경우(요건에 대해서는 추후 후술하기로 한다)에는 조세지원을 적용 받을 수 있다.

> 유상증자에 따라 신주를 교부받은 후 사업을 양도·양수하는 방식으로 통합하는 경우 중소기업 간의 통합에 대한 양도소득세의 이월과세(조세특례제한법 §31) 적용 여부 [부동산거래관리과-59, 2013.02.05.]

◆ 질의내용 요약
○ 사실관계
  - 甲은 중소기업(A)을 영위 중이며, B법인(중소기업)과 아래와 같은 방법으로 중소기업 간의 통합 예정임(유상증자 후 사업포괄양도·양수).
  - B법인은 사업양수자금 마련을 위하여 유상증자
    ⓐ 甲이 유상증자대금 납입
    ⓑ B법인은 신주 발행·교부(A사업장의 순자산가액 이상)
  - 사업포괄양도·양수
    ⓒ 甲은 B법인에게 사업양도
    ⓓ B법인은 甲에게 대금지급
○ 질의내용
  - 유상증자에 따라 신주를 교부받은 후 사업을 양도·양수하는 방식으로 통합하는 경우 중소기업 간의 통합에 대한 양도소득세의 이월과세(조세특례제한법 §31) 적용 여부

◆ 회신 내용
  - 「조세특례제한법」 제31조에 따라 중소기업 간의 통합으로 인하여 소멸되는 중소기업이 사업용 고정자산을 통합법인에게 양도하는 경우 그 사업용 고정자산에 대해서는 양도소득세 이월과세를 적용받을 수 있는 것입니다.
  - 이 경우 "중소기업 간의 통합"에는 주금 또는 출자금의 납입방법에 관계없이 해당 중소기업의 사업장별로 그 사업에 관한 주된 자산을 모두 승계하여 사업의 동일성이 유지되는 것으로서 같은 법 시행령 제28조 제1항에 따른 요건을 모두 갖춘 경우를 포함하는 것입니다.

조세특례제한법 제31조(중소기업간의 통합에 대한 양도소득세 등의 이월과세) 제1항에서 "통합법인"은 통합에 의하여 설립된 법인과 통합 후 존속하는 법인 모두를 포함하고 있으므로, ③(개인중소기업을 법인중소기업에 현물출자)을 적용하는 경우 조세지원을 적용받는 데 있어 무리가 없다.

또한 위에 서술하는 여러 이유로 ③개인중소기업이 법인중소기업에 흡수통합되는 유형의 중소기업 간 통합 시에는 개인기업을 현물출자하는 방법이 절차의 복잡성이나 추가적인 자금소요가 없다는 점에서 많이 활용되고 있다.

개인기업을 법인기업에 현물출자하는 중소기업 통합은 회사설립 후 증자 시의 현물출자라는 점에서 회사설립 시의 현물출자와는 다소 다르다.

2장 조세지원

1) 현물출자와 중소기업 통합의 조세지원 비교

구 분	현물출자	중소기업통합(현물출자)
양도소득세	이월과세(주택 및 주택을 취득할수 있는 권리 제외)	이월과세(주택 및 주택을 취득할 수 있는 권리 포함)
양도소득분 개인지방소득세	이월과세	이월과세
부가가치세	과세제외	과세제외
취득세	50%감면(부동산임대업과 부동산매매업은 적용배제)	50%감면(부동산임대업과 부동산매매업은 적용배제)
농어촌특별세	취득세 감면분 농특세 과세	취득세 감면분 농특세 과세
국민주택채권매입	면제	부담
세액감면 승계	승계	승계

01 양도소득세의 이월과세

요건을 갖춘 중소기업 간 통합으로 인하여 개인기업이 사업용 고정자산을 설립 또는 존속하는 법인에 양도하는 경우 당해 양도소득세는 이월과세를 적용받을 수 있다. [조세특례제한법 제31조 제1항]

1) 이월과세(移越課稅)의 의미

조세특례제한법에서 "이월과세"란 개인이 해당 사업에 사용되는 사업용고정자산 등(이하 "종전사업용고정자산등"이라 한다)을 현물출자 등을 통하여 법인에 양도하는 경우 이를 양도하는 개인에 대해서는 「소득세법」 제94조에 따른 양도소득에 대한 소득세(이하 "양도소득세"라 한다)를 과세하지 아니하고, 그 대신 이를 양수한 법인이 그 사업용고정자산

등을 양도하는 경우 개인이 종전사업용고정자산등을 그 법인에 양도한 날이 속하는 과세기간에 다른 양도 자산이 없다고 보아 계산한 같은 법 제104조에 따른 양도소득 산출세액 상당액을 법인세로 납부하는 것을 말한다.

즉 이월과세는 개인기업을 법인 형태로 전환하기 위해 양도소득세 과세대상자산을 법인으로 이전하는 과정에서, 개인 대표자가 부담해야 할 양도소득세를 즉시 납부할 필요가 없도록 지원하는 규정이다. 해당 양도소득세는 법인이 양수받은 자산을 양도하는 시점에 법인세로 납부하도록 정하고 있다. 따라서 납세의무자는 개인에서 법인으로 변경되며, 납부시기가 이연되는 효과가 있다.

이월과세는 양도소득세를 즉각 납부하는 부담을 경감하여 실질적인 변화 없이 사업을 안정적으로 운영할 수 있도록 함으로써, 법인전환 과정에서 기업의 규모가 축소되는 것을 방지하는 데 그 목적이 있다.

2) 신청절차

양도소득세의 이월과세를 적용받고자 하는 자는 통합한 날이 속하는 과세연도의 과세표준신고(예정신고 포함)시 기획재정부령이 정하는 이월과세 적용신청서를 납세지 관할 세무서장에게 제출해야 한다(사업용 자산 및 부채명세서, 중소기업통합 계약서 사본 등 첨부).

즉, 법인 전환 후 첫 번째 과세연도에 신청서를 제대로 제출하지 않으면 양도소득세 이월과세 혜택을 받을 수 없다.

3) 양도소득분 개인지방소득세 이월과세 (지방세특례제한법 제120조)

양도소득분 개인지방소득세에 대해서도 이월과세를 적용받을 수 있다. 신청 절차는 양도소득세 이월과세와 동일하게 통합한 날이 속하는 과세연도의 과세표준신고 시 이월과세 적용신청서를 납세지 관할 지방자치단체의 장에게 제출하여야 한다.

다만 「조세특례제한법 시행령」 제29조 제4항에 따라 양도소득세 이월과세 신청서를 제출하는 것으로 지방세특례제한법 제120조에 따른 개인지방소득세에 대한 이월과세도 함께 신청한 것으로 간주되므로 실무상 별도의 신청은 필요하지 않다.

02 취득세의 감면 등 (지방세특례제한법 제57조의2 제3항 제5호)

1) 취득세 감면

요건을 갖춘 중소기업 간의 통합에 따라 2027년 12월 31일까지 설립되거나 존속하는 법인이 취득하는 사업용 고정자산(「통계법」 제22조에 따라 통계청장이 고시하는 한국표준산업분류에 따른 부동산 임대 및 공급업에 대해서는 제외한다)에 대해서는 취득세의 100분의 50을 경감한다.

다만, 취득일부터 5년 이내에 대통령령으로 정하는 정당한 사유 없이 해당 사업을 폐업하거나 해당 재산을 처분(임대를 포함한다) 또는 주식을 처분하는 경우에는 경감 받은 취득세를 추징한다. 또한, 비영업용 소형승용차 등 비사업용 자산은 취득세가 경감되지 않는다.

[대법원 2003.03.14.선고 2002두12182판결]
위 법규정이 현물출자되는 사업용 재산에 대하여 등록세, 취득세를 면제하는 취지는 이 경우 실질적으로는 동일한 사업주가 사업의 운영형태만을 바꾸는 것에 불과하여 재산이전에 따르는 등록세, 취득세 등을 부과할 필요가 적음과 더불어 개인사업의 법인전환을 장려함에 있다.

2) 농어촌특별세 과세 (농어촌특별세법 제5조 제1항 제1호 및 제6호)

감면된 취득세의 20%는 농어촌특별세로 납부해야 하며, 지방세분 농어촌특별세로 표준세율(2%)에 해당하는 취득세의 10%를 납부해야 한다.

호별	과세표준	세율
1	「조세특례제한법」·「관세법」·「지방세법」 및 「지방세특례제한법」에 따라 감면을 받는 소득세·법인세·관세·취득세 또는 등록에 대한 등록면허세의 감면세액(제2호의 경우는 제외한다)	100분의 20
2	「조세특례제한법」에 따라 감면받는 이자소득·배당소득에 대한	100분의 10

호별	과세표준	세율
	소득세의 감면세액	
3	삭제 〈2010.12.30.〉	
4	「개별소비세법」에 따라 납부하여야 할 개별소비세액 가. 「개별소비세법」 제1조 제3항 제4호의 경우 나. 가목 외의 경우	100분의 30 100분의 10
5	「자본시장과 금융투자업에 관한 법률」에 따른 증권시장으로서 대통령령으로 정하는 증권시장에서 거래된 증권의 양도가액	1만분의 15
6	「지방세법」 제11조 및 제12조의 표준세율을 100분의 2로 적용하여 「지방세법」, 「지방세특례제한법」 및 「조세특례제한법」 따라 산출한 취득세액	100분의 10
7	「지방세법」에 따라 납부하여야 할 레저세액	100분의 20
8	「종합부동산세법」에 따라 납부하여야 할 종합부동산세액	100분의 20

03 조세감면 등 승계

중소기업 통합시 설립 또는 존속하는 법인은 동 개인기업이 받고 있던 아래의 조세혜택이 법인에게 승계되어 당해 개인기업의 공제 잔여기간 내에 종료하는 각 과세연도에 이월하여 공제받을 수 있다.

1) 창업중소기업 및 창업벤처중소기업

조세특례제한법 제6조 제1항 및 제2항에 따른 창업중소기업·창업벤처중소기업 또는 제64조 제1항에 따른 농공단지 및 중소기업특별지원지역 입주기업으로서 세액 감면을 받은 기업이 감면기간이 지나기 전에 통합을 하는 경우 통합법인은 승계 받은 사업에서 발생하는 소득에 대하여 통합당시의 잔존 감면기간 내에 종료하는 각 과세연도까지 그 감면을 받을 수 있다(법인소득세 감면).

현행 지방세특례제한법에서의 창업중소기업·창업벤처중소기업·농공단지 입주기업 등에 대한 지방소득세 세액감면[지특법 제100조, 지특법 제125조] 규정은 2018년 12월 31일 이전에 창업하거나 입주하는 경우에만 적용하며 적용시한이 종료되었으므로 지방소득세 감면은 법인에게 승계하지 아니한다.

개인사업자의 법인전환 시 창업중소기업에 대한 세액감면 승계 여부
[서면-2022-법인-1835 [법인세과-1575] 생산일자 : 2022.10.31.]

[요지]
거주자가 창업중소기업에 대한 세액감면 기간이 지나기 전에 사업 양도·양수의 방법으로 법인 전환한 경우에 해당 중소기업 법인은 <u>그 거주자의 남은 감면기간에 대하여</u> 창업중소기업 세액감면을 적용 받을 수 있는 것임.

[상세내용]
○ 사실관계
 - 질의법인은 수도권과밀억제권역에서 전자상거래 도소매업을 영위하는 개인사업자('21.1월 창업)로부터 같은 해 10월 「조세특례제한법」 제32조 제1항의 요건을 갖춰서 전환한 법인으로 개인 사업자 당시 적용받았던 조세특례제한법 제6조 제1항 나목에 의한 청년창업중소기업에 대한 세액감면을 승계함.
 - 개인사업자 영위 기간에 대해서는 종합소득세 신고 시 조세특례제한법 제6조에 의한 청년창업중소기업에 대한 세액감면 신청
○ 질의내용
 - 개인사업자가 '21년 귀속 종합소득세 신고 시 「조세특례제한법」 제6조 창업중소기업 등에 대한 세액감면을 적용 받을 경우 전환법인이 동일한 사업연도에 세액감면을 적용할 수 있는지 여부

법인전환에 따른 창업 중소기업 등에 대한 세액감면 적용
[서면-2017-법인-3365, 2018.03.20.]

1. 사실관계
 ○ 질의법인은 건축설계업을 영위하는 법인으로, 대표자가 2013.03.06. 개업한 개인사업에서 법인전환하여 2016.06.29. 법인설립등기, 2016.07.01. 법인으로 사업자등록하였고
  - 2017.07. 질의법인 명의로 벤처기업 확인을 받음.

○ 개인사업자 사업자등록은 질의법인 설립 후인 2017.05.30. 폐업하였고, 법인 설립 이후도 개인사업에서 매출이 발생하였으나
- 신규영업이나 계약에서 발생한 것이 아니라 기존 거래처와의 계약관계 상 중도금·잔금과 관련된 것이고, 해당 매출 관련으로 사업을 유지함.
○ 법인전환 전 개인사업 당시인 2013년부터 2016년까지 4년간 '창업중소기업 세액감면' 받았음.

2. 질의내용
○ 질의1) 질의법인이 세액감면을 적용받던 개인사업자에서 법인전환 설립되었으므로, 남은 감면기간이 있는 것으로 보아 2016과세연도 창업 중소기업세액감면 적용가능 여부
○ 질의2) 법인 창업 후 3년 이내 벤처기업 확인에 따라, 새로이 2016과세연도부터 창업벤처 중소기업세액감면 적용가능 여부

3. 회신내용
귀 질의1의 경우, 거주자가 하던 사업을 법인으로 전환하여 새로운 법인을 설립하는 경우는 「조세특례제한법」 제6조 제6항 규정에 따라 창업으로 보지 아니하나, 동법 제6조 제1항에 따른 세액감면을 적용받던 거주자가 하던 사업(이하 "개인 기업"이라 함)을 동법 제32조 제1항에 따른 법인전환 요건을 충족하여 중소기업 법인으로 전환하는 경우, 해당 중소기업 법인은 동법 제32조 제4항에 따라 개인 기업의 남은 감면기간에 대하여 동법 제6조 제1항의 창업중소기업 세액감면을 적용받을 수 있는 것입니다.

귀 질의2의 경우, 거주자가 하던 사업을 법인으로 전환하여 새로운 법인을 설립하는 경우는 「조세특례제한법」 제6조 제6항 규정에 따라 창업으로 보지 아니하나, 개인 거주자가 「조세특례제한법」 제6조 제3항에 해당하는 업종을 창업한 후 동법 제32조 제1항에 따른 법인전환 요건을 충족하여 중소기업 법인으로 전환하는 경우, 개인 기업의 창업일로부터 3년 이내에 벤처기업을 확인받는 경우 해당 중소기업 법인은 동법 제6조 제2항의 창업벤처 중소기업 세액감면을 적용받을 수 있는 것입니다.

2) 수도권과밀억제권역 밖으로 공장을 이전하는 중소기업 등

조세특례제한법 제63조에 따른 수도권과밀억제권역 밖으로 공장을 이전하는 중소기업 또는 제68조에 따른 농업회사법인이 감면 기간이 지나기 전에 통합을 하는 경우 통합법인은 통합으로 인하여 소멸되는 중소기업자로부터 승계받은 사업에서 발생하는 소득에 관하여 통합당시 잔존감면기간 내에 종료하는 각 과세연도분까지 그 감면을 받을 수 있다

(법인세소득세 감면).

현행 지방세특례제한법에서의 수도권과밀억제권역 밖으로 공장을 이전하는 중소기업에 대한 세액감면[지특법 제124조]은 2017년 12월 31일까지 사업을 개시한 경우에만 감면을 적용하고, 농업인 등에 대한 양도소득분 개인지방소득세의 면제[지특법 제128조]는 2018년 12월 31일 이전에 농지를 농업법인에 현물출자하는 경우에만 해당하므로 지방소득세의 잔존기간 감면은 승계되지 아니한다.

> 개인사업자가 법인으로 전환하는 경우, 잔존 감면기간동안 지방으로 이전하는 중소기업에 대한 세액감면 적용 [소득세과-629 생산일자 : 2012.08.20.]
>
> [요지]
> 개인사업자가「조세특례제한법」제32조 및 같은법 시행령 제29조 제2항에 따라 법인으로 전환하는 경우, <u>전환 후 법인은 개인사업자의 잔존 감면기간동안「조세특례제한법」제63조에 따른 수도권과밀억제권역 밖으로 이전하는 중소기업에 대한 세액감면을 적용받을 수 있는 것임.</u>
>
> [상세내용]
> ○ 사실관계
>   - 거주자 A는 2001.4월 서울에서 사업장을 임차, 공장시설을 갖춘 후 사업자 등록하여 젓갈반찬 제조중소기업을 운영하던 개인사업자로
>   - 강원도 횡성군에 공장을 신축하여 2008.2월 사업장을 이전과 함께 상호를 변경한 후 현재까지 젓갈반찬 제조중소기업을 경영하고 있으며
>   - 2012.12월 중 법인으로 전환할 예정임.
> ○ 질의
>   - 수도권과밀억제권역 밖으로 이전하는 중소기업에 대한 세액감면을 적용받던 중소제조업을 운영하는 개인사업자가 법인으로 전환하는 경우 잔존 감면기간 동안 해당 세액감면을 계속 적용받을 수 있는지 여부

3) 미공제세액 승계

조세특례제한법 제144조에 의한 미공제세액이 있는 내국인이 통합을 하는 경우 통합법인은 소멸되는 중소기업자로부터 승계받은 자산에 대한 미공제세액상당액을 당해 중소기

업자의 이월공제 잔여기간내에 종료하는 각 과세연도에 이월하여 공제받을 수 있다.

현행 지방세특례제한법 제174조 세액공제액의 이월공제에서 개인사업자 사업소득 관련 지방소득세 미공제세액을 전환 법인이 승계한다는 규정을 두고 있지 않으므로 중소기업 간 통합시 미공제 지방소득세액은 이월공제를 적용하지 않는 것으로 해석된다.

> ◎ 조세특례제한법 제144조(세액공제액의 이월공제)
>
> 공제할 세액 중 해당 과세연도에 납부할 세액이 없거나 제132조에 따른 법인세 최저한세액 및 소득세 최저한세액에 미달하여 공제받지 못한 부분에 상당하는 금액은 해당 과세연도의 다음 과세연도 개시일부터 10년 이내에 끝나는 각 과세연도에 이월하여 그 이월된 각 과세연도의 소득세[사업소득(제96조의3 및 제126조의6을 적용하는 경우에는 「소득세법」 제45조 제2항에 따른 부동산임대업에서 발생하는 소득을 포함한다)에 대한 소득세만 해당한다] 또는 법인세에서 공제한다.

제7조의2(기업의 어음제도개선을 위한 세액공제)

제7조의4(상생결제 지급금액에 대한 세액공제)

제8조의3(상생협력을 위한 기금 출연 등에 대한 세액공제)

제10조(연구·인력개발비에 대한 세액공제)

제12조(기술이전 및 기술취득 등에 대한 과세특례)

제12조의3(기술혁신형 합병에 대한 세액공제)

제12조의4(기술혁신형 주식취득에 대한 세액공제)

제13조의2(내국법인의 벤처기업 등에의 출자에 대한 과세특례)

제13조의3(내국법인의 소재·부품·장비전문기업 등에의 출자·인수에 대한 과세특례)

제19조(성과공유 중소기업의 경영성과급에 대한 세액공제 등)

제24조(통합투자세액공제)

제25조의6(영상콘텐츠 제작비용에 대한 세액공제)

제25조의7(내국법인의 문화산업전문회사에의 출자에 대한 세액공제)

제26조(고용창출투자세액공제)

제29조의2(산업수요맞춤형고등학교등 졸업자를 병역 이행 후 복직시킨 기업에 대한 세액공제)

제29조의3(경력단절 여성 고용 기업 등에 대한 세액공제)
제29조의4(근로소득을 증대시킨 기업에 대한 세액공제)
제29조의5(청년고용을 증대시킨 기업에 대한 세액공제)

제29조의7(고용을 증대시킨 기업에 대한 세액공제)

제29조의8(통합고용세액공제)

제30조의3(고용유지중소기업 등에 대한 과세특례)

제30조의4(중소기업 사회보험료 세액공제)

제96조의3(상가임대료를 인하한 임대사업자에 대한 세액공제)

제99조의12(선결제 금액에 대한 세액공제)

제104조의8(전자신고 등에 대한 세액공제)

제104조의14(제3자물류비용에 대한 세액공제)

제104조의15(해외자원개발투자에 대한 과세특례)

제104조의22(기업의 운동경기부 등 설치·운영에 대한 과세특례)

제104조의25(석유제품 전자상거래에 대한 세액공제)

제104조의30(우수 선화주기업 인증을 받은 화주 기업에 대한 세액공제)

제104조의32(용역제공자에 관한 과세자료의 제출에 대한 세액공제)

제122조의4(금사업자와 스크랩등사업자의 수입금액의 증가 등에 대한 세액공제)

제126조의6(성실신고 확인비용에 대한 세액공제)

제126조의7(금 현물시장에서 거래되는 금지금에 대한 과세특례)

> 법인전환으로 신설된 법인이 개인사업자의 이월공제세액 승계 여부
> [법인-173 (2014.04.11.)]
>
> [요지]
> 「조세특례제한법」 제144조의 규정에 의한 이월세액이 있는 개인사업자가 법인전환을 하는 경우 당해 이월세액은 개인사업자의 이월공제기간내에 전환법인이 이를 승계하여 공제받을 수 있음.

3장 조세지원의 요건

01 조세지원 대상업종

중소기업 통합 시 조세지원을 받기 위해서는 통합당사기업이 소비성서비스업 외의 업종을 경영하는 중소기업이어야 한다. 소비성서비스업이란 다음의 어느 하나에 해당하는 사업을 말한다.
① 호텔업 및 여관업 (관광진흥법에 따른 관광숙박업은 제외)
② 주점업 (일반유흥주점업, 무도유흥주점업 및 식품위생법 시행령 제21조에 따른 단란주점 영업만 해당하되, 관광진흥법에 따른 외국인전용유흥음식점업 및 관광유흥음식점업은 제외)
③ 그 밖에 오락유흥 등을 목적으로 하는 사업으로서 기획재정부령으로 정하는 사업

어떤 사업이 소비성 서비스업에 해당하는지 여부는 실질에 따라 판정한다. 업종 판정 시 특별한 규정이 있는 경우를 제외하고 통계청이 고시한 한국표준산업분류를 따라야 한다.

사업자가 두 가지 이상의 업종을 겸영하는 경우에는 주된 업종을 따른다. 주된 업종이란 사업자가 운영하는 업종 중 수입금액이 가장 큰 업종을 말한다.

> 소비성서비스업을 제외한 사업을 영위한 사업을 영위하는 중소기업간 통합을 대상자로 하고 있는 것임 [재산46014-207, 2001.02.28.]

> "부동산업 및 소비성서비스업" 외의 사업을 영위하는 중소기업간 통합으로 인하여 소멸되는 중소기업의 사업용고정자산을 통합 후 설립된 법인 또는 통합 후 존속하는 법인에게 양도하는 경우에는 조세특례제한법 제31조의 규정에 의하여 "이월과세"를 적용받을 수 있는 것입니다.

위의 경우 "부동산업 및 소비성서비스업"과 그 외의 사업을 겸업하는 경우 당해 사업의 업종의 판정은 직전사업년도 당해 사업의 사업별 수입금액이 가장 큰 업종을 기준으로 판단하는 것입니다.

부동산임대업을 영위하는 개인사업자와 당해 부동산을 임차한 법인간의 합병시 이월과세 적용 여부 [서면2팀-445(2004.03.16.)]

부동산임대업을 주업으로 하는 중소기업은 조세특례제한법 제31조 제1항과 같은법 시행령 제28조 제1항 및 제130조 제2항의 규정에 의하여 양도소득세의 이월과세를 적용 받을 수 있는 것입니다.

골프연습장을 주업으로 하는 중소기업의 양도소득세 이월과세 적용 여부
[서일46014-11040, 2002.08.12.]

골프연습장을 주업으로 하는 중소기업은 조세특례제한법 제31조 제1항 및 같은법 시행령 제28조 제1항과 같은법 시행령 제130조 제2항의 규정에 의하여 양도소득세의 이월과세를 적용 받을 수 있는 중소기업의 업종(사업)에 해당하는 것임.

법인전환에 대한 양도소득세 이월과세 적용 여부
[부동산거래관리과-1252 생산일자 : 2010.10.12.]

[요지]
「조세특례제한법 시행령」 제29조 제3항 각 호에 해당하는 소비성서비스업을 영위하는 거주자가 법인으로 전환하는 경우에는 「조세특례제한법」 제32조에 따른 법인전환에 대한 양도소득세 이월과세가 적용되지 않는 것임.

[질의내용]
○ 사실관계
 - 1996년부터 남양주 화도읍에서 호텔 및 레스토랑 경영
 - 2003년부터는 직접 경영하지 않고 임대

- 현재 사업장의 레스토랑은 관광숙박업에 등록되어 있으나 호텔은 객실 수가 모자라 관광숙박업에 등록되어 있지 않아 소비성서비스업에 해당됨.
- 향후 사업장을 임대하지 않고 본인이 직접 경영하다가 법인 전환하고 건물을 멸실하고 신축하여 호텔도 관광숙박업으로 등록할 예정임.

○ 질의내용
- 법인 전환 후의 업종만 소비성서비스업에 해당하지 않으면 조세특례제한법 제32조에 따른 법인전환 이월과세를 적용받을 수 있는지

법인전환에 대한 양도소득세의 이월과세 적용 여부
[서면인터넷방문상담2팀-85 생산일자 : 2006.01.11.]

[요지]
부동산임대업을 영위하는 개인사업자가 부동산을 현물출자하여 법인으로 전환하고 임차인이 소비성서비스업을 영위하는 경우 당해 부동산에 대하여 양도소득세 이월과세를 적용받을 수 있는 것임.

[상세내용]
○ 사실관계
부동산을 임대하는 개인사업자가 해당 부동산을 현물출자하여 법인으로 전환하는 경우에 조세특례제한법 제32조 [법인전환에 대한 양도소득세의 이월과세]의 적용에 있어 소비성서비스업을 영위하는 법인을 제외하고 있음.

○ 질의내용
법인전환 후에도 부동산을 임대하는 업종의 변동은 없으나, 해당 부동산을 임차하여 사용하는 임차인이 소비성서비스업(예, 호텔업)을 영위하는 경우에 상기 이월과세를 적용받을 수 있는 것인지

법인전환 양도세 이월과세 규정 적용시 반드시 동일 업종으로 전환해야 하는지 여부
[재산세과-2246 생산일자 : 2008.08.14.]

[요지]
법인전환에 대한 양도소득세의 이월과세 규정을 적용함에 있어 동일한 업종으로 전환하거나

사업의 종류를 추가 또는 변경하는 경우도 적용됨.

[회신]
「조세특례제한법」 제32조(법인전환에 대한 양도소득세의 이월과세) 규정을 적용함에 있어서 '사업양수도방법'이라 함은 당해 사업을 영위하던 자가 발기인이 되어 전환하는 사업장의 순자산가액 이상을 출자하여 법인을 설립하고, 그 법인설립일부터 3월 이내에 당해 법인에게 사업에 관한 모든 권리와 의무를 포괄적으로 양도하는 것을 말하는 것이며, 이 경우 동일한 업종으로 전환하거나 사업의 종류를 추가 또는 변경하는 경우도 포함합니다.

사업장의 일부 업종만 법인으로 전환하는 경우 이월과세 적용 여부
[부동산거래관리과-0861 생산일자 : 2011.10.12.]

[요지]
「조세특례제한법」 제32조에 따른 법인전환에 대한 양도소득세 이월과세는 <u>사업장별로 적용하는 것</u>으로서 해당 사업장의 일부 업종은 법인으로 전환하고 일부 업종은 개인사업으로 계속 영위하는 경우에는 동 규정을 적용할 수 없는 것임.

[상세내용]
○ 사실관계
  - 7인 공동으로 토지와 건물을 공유하면서 함께 병원을 운영하고 있음(7인 공동사업자)
  - 병원은 부동산을 의료업에 대부분 사용하고 일부인 장례식장 등을 임대하고 있음(사업자등록은 과세·면세 겸영사업자로 등록).
  - 상기 임대업용 부동산과 의료업용 부동산을 법인으로 전환하여 부동산임대업을 영위하고, 의료업용 부동산은 당해 병원에 다시 임대하고자 함.
○ 질의내용
  - 부동산임대업과 의료업을 운영하는 공동사업자가 사업용고정자산(임대업용 자산과 의료업용 자산)을 현물출자하거나 사업양수도 방식에 의하여 법인으로 전환하고, 해당 자산을 임대하여 의료업을 계속하는 경우 법인전환에 대한 양도소득세 이월과세를 적용받을 수 있는지 여부

02 통합 당사자의 범위

중소기업 통합시 조세지원을 받기 위해서는 통합당사기업 모두가 「중소기업기본법」에 의한 중소기업요건을 충족해야 한다.

중소기업기본법에서는 업종의 특성에 따라 평균매출액 또는 연간매출액을 참작하여 정한 업종별 규모 기준과 자산규모 및 소유·경영의 실질적인 독립성에 관한 기준을 모두 갖추어야 중소기업에 해당한다고 하고 있다.

1) 중소기업기본법에 의한 중소기업의 범위

다음에 해당하는 기업 또는 조합 등을 영위하는 자를 중소기업의 범위에 포함한다. 다만, 독점규제 및 공정거래에 관한 법률 제31조 제1항에 따른 공시대상기업집단에 속하는 회사 또는 같은 법 제33조에 따라 공시대상기업집단의 소속회사로 편입·통지된 것으로 보는 회사는 제외한다.

(1) 다음의 요건을 모두 갖추고 영리를 목적으로 사업을 하는 기업 (중기령 제3조)

① 업종별 매출액 혹은 자산총액 등이 아래의 기준을 충족해야 한다.
  ㉠ 자산 총액이 5천억원 미만일 것 (중기령 제7조의2)
    - 자산총액은 회계관행에 따라 작성한 직전 사업연도 말일 현재 재무상태표상의 자산총계로 한다(중기령 제7조의2 제1항).
    - 해당 사업연도에 창업하거나 합병 또는 분할한 기업의 자산총액은 창업일이나 합병일 또는 분할일 현재의 자산총액으로 한다(중기령 제7조의2 제2항).
  ㉡ 해당 기업이 영위하는 주된 업종과 해당기업의 평균매출액 또는 연간매출액이 별표1의 기준에 맞을 것. 하나의 기업이 둘 이상의 서로 다른 업종을 영위하는 경우에는 제7조에 따라 산정한 평균매출액등 중 평균매출액등의 비중이 가장 큰 업종을 주된 업종으로 본다(중기령 제4조 제1항).
    - 평균매출액등을 산정하는 경우 매출액은 일반적으로 공정·타당하다고 인정되는 회계 관행(이하 "회계관행"이라 한다)에 따라 작성한 손익계산서상의 매출액을 말한다. 다만, 업종의 특성에 따라 매출액에 준하는 영업수익 등을 사용하

는 경우에는 영업수익 등을 말한다(중기령 제7조 제1항).
평균매출액등은 다음 각 호의 구분에 따른 방법에 따라 산정한다.

ⓐ 직전 3개 사업연도의 총 사업기간이 36개월인 경우 : 직전 3개 사업연도의 총 매출액을 3으로 나눈 금액

ⓑ 직전 사업연도 말일 현재 총 사업기간이 12개월 이상이면서 36개월 미만인 경우(직전 사업연도에 창업하거나 합병 또는 분할한 경우로서 창업일, 합병일 또는 분할일부터 12개월 이상이 지난 경우는 제외한다) : 사업기간이 12개월인 사업연도의 총 매출액을 사업기간이 12개월인 사업연도 수로 나눈 금액

ⓒ 직전 사업연도 또는 해당 사업연도에 창업하거나 합병 또는 분할한 경우로서 제2호에 해당하지 아니하는 경우 : 다음 각 목의 구분에 따라 연간매출액으로 환산하여 산정한 금액

　가. 창업일, 합병일 또는 분할일부터 12개월 이상이 지난 경우 : 제3조에 따른 중소기업 해당 여부에 대하여 판단하는 날(이하 "산정일"이라 한다)이 속하는 달의 직전 달부터 역산(逆算)하여 12개월이 되는 달까지의 기간의 월 매출액을 합한 금액

　나. 창업일, 합병일 또는 분할일부터 12개월이 되지 아니한 경우 : 창업일이나 합병일 또는 분할일이 속하는 달의 다음달부터 산정일이 속하는 달의 직전 달까지의 기간의 월 매출액을 합하여 해당 월수로 나눈 금액에 12를 곱한 금액. 다만, 다음 중 어느 하나에 해당하는 경우에는 창업일이나 합병일 또는 분할일부터 산정일까지의 기간의 매출액을 합한 금액을 해당 일수로 나눈 금액에 365를 곱한 금액으로 한다.

　　❶ 산정일이 창업일, 합병일 또는 분할일이 속하는 달에 포함되는 경우

　　❷ 산정일이 창업일, 합병일 또는 분할일이 속하는 달의 다음 달에 포함되는 경우

주된 업종별 평균매출액등의 중소기업 규모 기준(제3조 제1항 제1호 가목 관련)

해당 기업의 주된 업종	분류기호	규모 기준
1. 의복, 의복액세서리 및 모피제품 제조업	C14	평균매출액등 1,500억원 이하
2. 가죽, 가방 및 신발 제조업	C15	
3. 펄프, 종이 및 종이제품 제조업	C17	
4. 1차 금속 제조업	C24	
5. 전기장비 제조업	C28	
6. 가구 제조업	C32	
7. 농업, 임업 및 어업	A	평균매출액등 1,000억원 이하
8. 광업	B	
9. 식료품 제조업	C10	
10. 담배 제조업	C12	
11. 섬유제품 제조업(의복 제조업은 제외한다)	C13	
12. 목재 및 나무제품 제조업(가구 제조업은 제외한다)	C16	
13. 코크스, 연탄 및 석유정제품 제조업	C19	
14. 화학물질 및 화학제품 제조업(의약품 제조업은 제외한다)	C20	
15. 고무제품 및 플라스틱제품 제조업	C22	
16. 금속가공제품 제조업(기계 및 가구 제조업은 제외한다)	C25	
17. 전자부품, 컴퓨터, 영상, 음향 및 통신장비 제조업	C26	
18. 그 밖의 기계 및 장비 제조업	C29	
19. 자동차 및 트레일러 제조업	C30	
20. 그 밖의 운송장비 제조업	C31	
21. 전기, 가스, 증기 및 공기조절 공급업	D	

해당 기업의 주된 업종	분류기호	규모 기준
22. 수도업	E36	평균매출액등 800억원 이하
23. 건설업	F	
24. 도매 및 소매업	G	
25. 음료 제조업	C11	
26. 인쇄 및 기록매체 복제업	C18	
27. 의료용 물질 및 의약품 제조업	C21	
28. 비금속 광물제품 제조업	C23	
29. 의료, 정밀, 광학기기 및 시계 제조업	C27	
30. 그 밖의 제품 제조업	C33	
31. 수도, 하수 및 폐기물 처리, 원료재생업 (수도업은 제외한다)	E (E36 제외)	
32. 운수 및 창고업	H	
33. 정보통신업	J	
34. 산업용 기계 및 장비 수리업	C34	평균매출액등 600억원 이하
35. 전문, 과학 및 기술 서비스업	M	
36. 사업시설관리, 사업지원 및 임대 서비스업(임대업은 제외한다)	N (N76 제외)	
37. 보건업 및 사회복지 서비스업	Q	
38. 예술, 스포츠 및 여가 관련 서비스업	R	
39. 수리(修理) 및 기타 개인 서비스업	S	
40. 숙박 및 음식점업	I	평균매출액등 400억원 이하
41. 금융 및 보험업	K	
42. 부동산업	L	
43. 임대업	N76	

해당 기업의 주된 업종	분류기호	규모 기준
44. 교육 서비스업	P	

* 비고

1. 해당 기업의 주된 업종의 분류 및 분류기호는 「통계법」 제22조에 따라 통계청장이 고시한 한국표준산업분류에 따른다.
2. 위 표 제19호 및 제20호에도 불구하고 자동차용 신품 의자 제조업(C30393), 철도 차량 부품 및 관련 장치물 제조업(C31202) 중 철도 차량용 의자 제조업, 항공기용 부품 제조업(C31322) 중 항공기용 의자 제조업의 규모 기준은 평균매출액등 1,500억원 이하로 한다.

(2) 「사회적기업 육성법」 제2조 제1호에 따른 사회적기업 중에서 대통령령으로 정하는 사회적 기업

(3) 「협동조합 기본법」 제2조에 따른 협동조합, 협동조합연합회, 사회적협동조합, 사회적협동조합연합회, 이종(異種)협동조합연합회(이 법 제2조 제1항 각 호에 따른 중소기업을 회원으로 하는 경우로 한정한다) 중 대통령령으로 정하는 자

(4) 「소비자생활협동조합법」 제2조에 따른 조합, 연합회, 전국연합회 중 대통령령으로 정하는 자

(5) 「중소기업협동조합법」 제3조에 따른 협동조합, 사업협동조합, 협동조합연합회 중 대통령령으로 정하는 자

2) 소유와 경영의 실질적인 독립성

지분 소유나 출자 관계 등 소유와 경영의 실질적인 독립성이 대통령령으로 정하는 기준에 맞아야 한다. 따라서 다음에 해당하는 경우는 제외한다(중기령 제3조 제1항 제2호).

(1) 자산총액이 5천억원 이상인 법인(외국법인을 포함하되, 비영리법인 및 제3조의2 제3항 각 호의 어느 하나에 해당하는 자는 제외한다)이 주식 등의 100분의 30 이상을 직접적 또는 간접적으로 소유한 경우로서 최다출자자인 기업

이 경우 최다출자자는 해당 기업의 주식등을 소유한 법인 또는 개인으로서 단독으로 또는 다음의 어느 하나에 해당하는 자와 합산하여 해당 기업의 주식등을 가장 많이

소유한 자를 말하며, 주식 등의 간접소유비율에 관하여는 「국세조세조정에 관한 법률 시행령」 제2조 제3항을 준용한다.
① 주식 등을 소유한 자가 법인인 경우 : 법인의 임원
② 주식 등을 소유한 자가 ①에 해당하지 아니하는 개인인 경우 : 그 개인의 친족
(2) 관계기업에 속하는 기업의 경우에는 중기령 제7조의4에 따라 산정한 평균매출액 등이 별표 1의 기준에 맞지 아니한 기업

3) 규모 확대 등에 대한 중소기업 유예기간 적용

중소기업이 그 규모의 확대 등으로 중소기업에 해당하지 아니하게 된 경우 그 사유가 발생한 연도의 다음 연도부터 5년간은 이를 중소기업으로 본다(중기법 제2조 제3항). 유예기간은 법인별로 최초 1회에 한하여 적용된다.

다만, 중소기업이 다음의 사유로 중소기업에 해당하지 아니하게 되면 유예기간을 적용하지 아니한다(중기령 제9조).

① 중소기업 외의 기업과 합병하는 경우
② 중소기업이 중소기업으로 보는 유예기간 중에 있는 기업을 흡수합병한 경우로서 중소기업으로 보는 유예기간 중에 있는 기업이 당초 중소기업에 해당하지 아니하게 된 사유가 발생한 연도의 다음 연도부터 5년이 지난 경우
③ 중소기업이 중기법 제2조 제1항 각호 외의 부분 단서에 해당하게 된 경우(실질적 독립성 상실)
④ 규모의 확대 등으로 중소기업 유예를 받았던 기업이 업종별 규모기준에 따른 중소기업이 되었다가 그 평균매출액의 증가 등으로 다시 중소기업에 해당하지 아니하게 된 경우

조세특례제한법(조특령 제2조)과 중기법(중기법 제2조, 중기령 제3조)의 중소기업 요건 비교

중소기업기본법상 중소기업이더라도, 조세특례제한법상으로는 중소기업에 해당하지 않아서 세제 혜택을 받지 못하는 경우가 있으므로 꼼꼼히 확인해보아야 한다.

구분	중소기업기본법 시행령 제3조	조세특례제한법 시행령 제2조
업종	모든 업종	소비성서비스업 제외한 모든 업종
자산총액	직전 사업연도 자산총액 5천억원 미만	과세연도 종료일 현재 재무상태표상의 자산총액 5천억원 미만
매출액	「중소기업기본법 시행령」 [별표1]의 업종별 규모 기준에 따른 평균매출액	「중소기업기본법 시행령」 [별표1]의 업종별 규모기준에 따른 매출액
기업집단 기준	공시대상기업집단에 속하는 회사 또는 같은 법 제33조에 따라 공시대상기업집단의 소속회사로 편입·통지된 것으로 보는 회사는 제외	
소유와 경영의 실질적 독립성	자산총액이 5천억원 이상인 법인이 주식등의 100분의 30 이상을 직접적 또는 간접적으로 소유한 경우로서 최다출자자인 기업은 제외	
	관계기업의 직전 3개 사업연도 평균매출액이 [별표1] 기준에 맞지 않는 기업은 제외	관계기업의 과세연도 종료일 현재 매출액이 [별표1] 기준에 맞지 않는 기업은 제외

유예기간	·사유발생한 연도의 다음 연도부터 5년간 중소기업으로 봄(최초 1회에 한함).
	·유예기간 제외 사유
	 - 중소기업 이외의 기업과의 합병
	   공시대상기업집단 편입
	   이미 유예를 적용받은 적 있는 경우
		사유발생 과세연도와 그 다음 3개 과세연도까지 중소기업으로 봄(최초 1회에 한함).
		·유예기간 제외 사유
		 - 중소기업 이외의 기업과의 합병
		 - 유예기간 중인 기업과의 합병
		 - 독립성 기준 미충족(관계기업은 허용)
		 - 창업일이 속하는 과세연도 종료 후 2년 이내 규모기준 초과

03 통합 범위의 요건

중소기업 통합시 조세지원을 받기 위해서는 당해 기업의 사업장별로 그 사업에 관한 주된 자산을 모두 승계하여 사업의 동일성이 유지되는 것을 요건으로 하되, 설립 후 1년이 경과되지 아니한 법인이 출자자인 개인(국세기본법 제39조 제2호의 규정에 의한 과점주주에 한함) 의 사업을 승계하는 것은 이를 통합으로 보지 않는다(조특령 제28조 제1항).

1) 사업장별 통합

중소기업 통합은 당해 기업 사업장별로도 분리해서 할 수 있다. 다만, 중소기업 여부의 판정은 사업장별로 분리해서 판정하는 것이 아니라 기업 전체로 판정해야 하므로 주의가 필요하다.

[부동산거래관리-1222, 2010.10.04.] 중소기업 간의 통합에 대한 양도소득세의 이월과세 적용여부

[질의]
(사실관계)
- 2인(부부)이 6개 사업장으로 부동산임대업 영위 중이며, 해당 사업장의 부동산을 포함한 건물관리업 법인 甲을 2003.10. 설립하여 운영 중
- 甲 법인이 공동사업장 6개 중 2개 사업장의 사업을 승계하여 甲 법인은 통합법인으로 존속하고 개인사업장은 소멸 예정

(질의내용)
- 2개 사업장의 사업용고정자산에 대하여 조세특례제한법 제31조에 따른 양도소득세 이월과세가 적용되는지
- 법인기업 甲, 개인사업장이 조세특례제한법 제31조에 규정된 중소기업에 해당하는지

[회신]
1. 「조세특례제한법」 제31조에 따른 중소기업 간의 통합에 대한 양도소득세의 이월과세는 각 사업장별로 적용하는 것입니다.

2. 또한, 동 규정을 적용함에 있어 "중소기업자"는 「중소기업기본법」 제2조에 따른 기업을 영위하는 자를 말하는 것으로서, 2 이상의 사업장이 있는 경우 중소기업 해당 여부는 해당 내국인의 전체 사업장을 기준으로 판단하는 것이며 그 중 공동사업장이 있는 경우에는 해당 공동사업장 전체를 기준으로 판단하는 것입니다.

2) 주된 자산 승계 요건

사업의 동일성을 유지하는 데 필요한 자산을 승계하는 것으로, 실무적으로는 부가가치세법상 재화의 공급으로 보지 않는 사업양도 요건을 모두 충족하는 것이 부가가치세를 면제 받을 수 있으므로 유리하다.

부가가치세법상 사업양도는 그 사업에 관한 모든 권리와 의무(미수금, 미지급금, 사업무관 토지·건물 등에 관한 것 제외)가 포괄적으로 승계되는 것을 요건으로 하고 있다.

3) 사업의 동일성 유지

'사업의 동일성 유지'가 '중소기업 간 통합'의 요건으로 규정된 것은 중소기업 간 통합의 형식만 갖추었을 뿐 실질적으로는 단순한 자산의 양도에 불과한 경우 과세특례규정이 적용되는 문제점을 개선하기 위한 것으로 해석된다[서울행정법원 2013.11.01. 선고 2013구합56171 판결 참조].

중소기업 통합과 관련한 과세관청의 유권해석을 보면 중소기업 통합에 의한 법인전환시 통합 중소기업 간에 동일한 업종을 영위하여야 하는 것은 아니나, 통합법인은 통합으로 인하여 소멸하는 중소기업 사업장의 사업에 관한 주된 자산을 모두 승계하여 당해 사업의 동일성이 유지되어야 한다고 하고 있다(법인46012-2543, 2000.12.26.).

동일한 업종으로 전환하거나 사업의 종류를 추가 또는 변경하는 경우
[재산-1015, 2009.05.22.]

[질의]
- 1명의 개인사업자가 서로 다른 2개 사업장의 사업용고정자산 전부를 현물출자하여 1개의 법인으로 통합시 이월과세 적용 여부
- 사업용고정자산을 현물출자하여 법인으로 전환한 경우 새로 설립된 법인의 업종이 달라도 이월과세를 적용 받을수 있는지

[회신]
「조세특례제한법」 제31조 규정에 의한 중소기업간 통합에 대한 양도소득세 이월과세는 「같은 법 시행령」 제28조 제1항의 규정에 따라 통합에 의하여 설립된 법인 또는 통합 후 존속하는 법인이 통합으로 인해 소멸하는 기업의 사업장별로 그 사업에 관한 주된 자산을 모두 승계하여 사업의 동일성이 유지되는 경우에 한하여 적용되는 것임.
「조세특례제한법」 제32조(법인전환에 대한 양도소득세의 이월과세) 규정을 적용함에 있어서 '사업양수도방법'이라 함은 당해 사업을 영위하던 자가 발기인이 되어 전환하는 사업장의 순자산가액 이상을 출자하여 법인을 설립하고, 그 법인설립일부터 3월 이내에 당해 법인에게 사업에 관한 모든 권리와 의무를 포괄적으로 양도하는 것을 말하는 것이며, 이 경우 동일한 업종으로 전환하거나 사업의 종류를 추가 또는 변경하는 경우도 포함하는 것임.

부동산임대업을 영위하던 거주자가 법인과의 통합계약에 따라 사업용 고정자산인 토지를 법인에게 양도하고 법인이 해당 토지 위에 있는 구건물의 철거를 완료하여 건물을 신축 후 부동산임대업에 사용하는 경우 [서면-2016부동산-3981, 2016.08.23.]

1. 질의내용 요약
    ○ 사실관계
        - 갑과 가족(3인)은 06.09.18.부터 경기도 이천시 대월면 소재 토지의 임대사업자 등록 후 토지 임대업 영위 중
        - 해당 토지는 특수관계법인인 중앙○○○○(주)와 제이○○○○(주)에게 임대 중임
        - 제이○○○○(주)는 2013.04.01. 갑과 가족(3인) 등이 주주로하여 설립된 법인으로부 동산임대업을 주업종으로 하고 있음.
        - 제이○○○○(주)는 갑과 가족(3인)으로부터 해당 토지를 현물출자 받은 후, 토지

위에 있는 중앙○○○○(주)가 소유하고 있는 공장건물을 철거하고 물류창고시설 공사를 하여 완공 후 임대할 예정임.

○ 질의내용
 - 위의 경우, 조세특례제한법 제31조 중소기업간의 통합에 의한 양도소득세 등 이월과세에 해당되어 토지 양도소득세의 이월과세가 가능한지

○ 회신
「조세특례제한법」 제31조에 따른 중소기업간의 통합이란 중소기업이 사업장별로 그 사업에 관한 주된 자산을 모두 승계하여 사업의 동일성이 유지되는 것으로서 동법 시행령 제28조 제1항 각호의 요건을 모두 갖춘 것을 말하는 것입니다.
부동산임대업을 영위하던 거주자가 법인과의 통합계약에 따라 사업용 고정자산인 토지를 법인에게 양도하고 법인이 해당 토지 위에 있는 <u>구건물의 철거를 완료하여 건물을 신축한 후 부동산임대업에 사용하는 경우「조세특례제한법」제31조에 따른 중소기업간의 통합에 대한 양도소득세의 이월과세를 적용받을 수 있는 것입니다.</u>

중소기업간의 통합에 대한 이월과세 적용 이후 일부 부동산을 자가사용하는 경우 추징 여부 [서면-2015-1743, 2016.04.15.]

1. 사실관계
(생략)
○ 2013.02.25. 개인사업자는 임대용 건물 철거 중(2013.02.20~2013.04.30) (주)○○○와 중소기업 간 통합하면서 개인사업자의 사업용고정자산을 통합 후 존속하는 법인인 (주)○○○에 양도하고 조세특례제한법 제31조 제1항에 따른 양도소득세 이월과세를 적용받음 (개인사업자 폐업)
○ 2013.06.17. 철거완료 및 (주)○○○ 신축건물 착공
○ 2014.10.20. (주)○○○ 건물 준공(준공후 계속 전부임대)
 · 임대부동산 소재지 : A 소재
  [토지 연면적(550㎡), 건물연면적(16층, 5,843.87㎡)]
 · 임대부동산 소재지 : C 소재
  [토지 연면적(483㎡), 건물연면적(7층, 2,449.42㎡)]
 ※ 향후 임대용 건물(16층 임대연면적 5,843.87㎡) 중 일부(약 50㎡)를 (주)○○○가 건물 관리사무실용(지점설치)으로 자가사용할 예정

2. 질의내용
○ 개인인 부동산임대업자가 조세특례제한법 제31조 제1항에 따른 중소기업 간의 통합으로 양도소득세 이월과세를 적용받은 후,
통합 후 존속하는 법인이 승계받은 임대용 부동산의 일부를 자가 사용하는 경우 이월과세가 계속 유지되는 것인지

3. 회신
개인인 부동산임대 사업자가「조세특례제한법」제31조에 따른 중소기업간의 통합에 대한 양도소득세 이월과세를 적용받은 후, <u>구건물을 철거하고 신축한 임대사업용 건물의 극히 일부를 통합법인이 임대사업의 관리 목적만으로 사용하는 경우에는 계속하여 양도소득세 이월과세를 적용받을 수 있는 것입니다.</u> 이 경우 실질적으로 임대사업의 관리 목적만을 위하여 사용하는지 여부는 사실판단할 사항입니다.

개인사업자가 사업용고정자산을 다른 법인에게 임대하다가 두 기업이 통합한 후 통합법인이 해당 사업용 고정자산을 자가사용하는 경우 [부동산납세과-15, 2015.01.12]

1. 질의내용 요약
   ○ 사실관계
     - 1997.07.06. 개인사업자(○○○틸, 제조업) 개업
     - 2009.01.01. 위 개인사업장 내에 주식회사 ○○○틸 설립
       * 개인사업장 중 일부를 주식회사 ○○○틸에 임대
   ○ 질의내용
     개인사업자(제조업)가 100% 출자하여 설립한 법인에 사업장의 일부를 임대하고 있던 중 중소기업 간의 통합으로 사업용고정자산을 통합 후 존속하는 법인에 양도하고 해당 사업장을 존속하는 법인이 단독으로 자가사용할 때「조세특례제한법」제31조의 양도소득세 이월과세 규정을 적용받을 수 있는지

통합 전		통합 후	
구분	업종	구분	업종
개인	제조업 + 부동산임대업 (법인사업자에 임대)	법인	제조업 (사업장 전체를 법인이 자가사용)
법인	제조업		

○ 회신내용
「조세특례제한법」제31조의 "중소기업 간의 통합에 대한 양도소득세의 이월과세 등" 규정은 같은법 시행령 제28조에 따라 중소기업자가 당해 기업의 사업장별로 그 사업에 관한 주된 자산을 모두 승계하여 사업의 동일성이 유지되는 경우에 적용되는 것으로, 동 규정을 적용함에 있어 임대사업에 사용하던 부동산을 임차자인 통합법인에게 양도한 후 통합법인이 동 부동산을 자가사용 및 일부 임대하는 경우 사업의 동일성이 유지되지 않는 것입니다.

임대업에 사용하던 부동산을 임차자인 통합법인에게 양도한 후 통합법인이 통합일부터 약 8개월이 지난 시점부터 임대를 개시하여 일부를 6개월 임대한 경우 [지방세운영과-170, 2014.01.14.]

국세청에서는 임대사업에 사용하던 토지를 임차자인 통합법인에 양도한 후 통합법인이 해당 토지를 자가사용 및 일부 임대하는 경우 사업의 동질성이 유지되는 것으로 보지 않고 있으며 2010.06.29.), 임대업에 사용되는 토지가 법인에 양도된 후에도 임대업에 사용되는 경우를 사업의 동질성이 유지되는 것으로 보고 있다부동산거래과-207, 2012.04.18.).
통합법인이 통합일부터 약 8개월이 지난 시점에 임대를 개시한 점, 임대개시 후에도 임대기간이 일부는 6개월, 일부는 15개월인 점, 통합법인의 법인등기부나 사업자등록증에 부동산임대업을 추가하거나 변경한 사실이 없는 점 등을 고려할 때 중소기업자가 영위하던 임대업의 동일성이 중소기업 간 통합 후에도 유지되는 것으로 보기에는 무리가 있는 것으로 보이나, 이에 대하여는 과세권자가 관련자료 및 사실관계 조사 등을 통해 중소기업 간 통합전후 경영하는 사업현황 및 해당 재산의 이용실태·이용기간 등을 종합적으로 고려하여 최종 판 단 하여야 할 사안이다.

[서면4팀-2576, 2005.12.21.] A와 B의 업종이 상이한 경우 만약 통합 후 B의 기존사업부분을 폐지하고 승계한 A의 사업 종목만을 유지할 경우 사업의 동일성을 유지하는 것으로 보아 양도소득세의 이월과세 규정이 적용되는지 여부

「조세특례제한법」제31조(중소기업간의 통합에 대한 양도소득세의 이월과세) 및 같은법 시행령 제28조의 규정을 적용함에 있어서 통합중소기업간에 동일한 중소기업업종을 주업으로 영위하여야 하는 것은 아니나, 통합법인은 통합으로 소멸되는 중소기업 사업장의 사업에 관한 주된 자산을 모두 승계하여 당해 사업의 동일성이 유지되어야 하는 것입니다.

4) 법인사업자 1년 이상 운영

설립 후 1년이 경과되지 아니한 법인이 출자자인 개인(국세기본법 제39조 제2호의 규정에 의한 과점주주에 한한다)의 사업을 승계하는 것은 이를 통합으로 보지 아니한다(조특령 제28조 제1항). 따라서 출자자인 개인이 통합대상 법인기업의 과점주주가 아닌 경우에는 법인설립 후 경과기한에 대한 제한이 없다.

이 때 법인 설립 후 1년이 경과하였더라도 조세의무를 면탈하기 위하여 휴업기간이 있는 경우에는 그 휴업기간을 제외한다.

> 설립이란 법인설립등기일을 의미하는 것임 [서이46014-10940, 2003.7.16.]
>
> 현행 조세특례제한법 시행령 제28조(중소기업간의 통합에 대한 양도소득세의 이월과세) 제1항 후단에서는 "설립 후 1년이 경과되지 아니한 법인이 출자자인 개인(국세기본법 제39조 제2항의 규정에 의한 과점주주에 한한다)의 사업을 승계하는 것은 이를 통합으로 보지 아니한다"라고 규정하고 있는 바,
> 상기 규정에서 "설립"이란 "법인설립등기일"을 의미하는 것이며, 법인설립 후 1년이 경과하였더라도 조세의무를 면탈하기 위하여 휴업기간이 있는 경우에는 그 휴업기간을 제외하고 같은 규정을 적용하는 것입니다.

> 설립후 1년이 경과된 경우 과점주주의 사업승계 [서면4팀-2048, 2004.12.15.]
>
> 현행 조세특례제한법 시행령 제28조(중소기업간의 통합에 대한 양도소득세의 이월과세 등) 제1항 후단에서는 "설립 후 1년이 경과되지 아니한 법인이 출자자인 개인(국세기본법 제39조 제2항의 규정에 의한 과점주주에 한한다)의 사업을 승계하는 것은 이를 통합으로 보지 아니한다"라고 규정하고 있는 바 상기 규정에서 "설립"이란 "법인설립등기일"을 의미하는 것이며, 법인설립 후 1년이 경과되었다면 "과점주주"라 하더라도 이월과세를 적용받을 수 있는 것임.

> 청구법인이 법인설립 후 매출실적이 없다는 사유로 중소기업간 통합요건을 충족하지 못한 것으로 보아 취득세 감면을 배제한 처분의 당부 [조심2012지708(2013.04.10.)]
>
> 살피건대, 「조세특례제한법 시행령」 제28조 제1항 후단에서 "설립 후 1년"이 경과되지 아니한 법인이 출자자인 개인의 사업을 승계하는 것은 이를 통합으로 보지 아니하는 바,
>
> 위 규정에서 "설립"이란 "법인설립등기일"을 의미하는 것이며, 법인설립 후 1년이 경과하였더라도 조세의 회피 및 의무를 면탈하는 등 불법적인 행위를 위한 고의적인 휴업기간이 있는 경우에는 그 휴업기간을 제외하고 위 규정을 적용하여야 할 것이나,
>
> <u>위 규정의 법인설립 기간을 단순히 사업운영에 따른 매출실적 유무로 한정하여 해석할 수 없다 할 것이고, "설립"의 의미를 "법인설립등기일"이외에 다른 의미로 해석할 여지가 없다 할 것이다.</u>
>
> 청구법인은 법인설립 후 세무관청에 휴업신청을 한 사실이 없고, 조세의무를 면탈 또는 회피하기 위하여 사실상 휴업한 사실이 없는 이상, <u>단순히 법인설립 후 1년 기간 동안 매출액이 발생하지 아니하였다 하여 이를 휴업기간으로 보기에는 무리가 있다 할 것이다.</u>

04 소멸되는 사업장의 중소기업자 요건

중소기업 통합시 조세지원을 받기 위해서는 통합으로 인하여 소멸되는 사업장의 중소기업자가 통합 후 존속하는 법인 또는 통합으로 인하여 설립되는 법인(이하에서 "통합법인"이라 한다) 의 주주 또는 출자자이어야 한다(조특령 제28조 제1항 제1호).

> 소멸하는 사업장의 중소기업자가 통합법인 기존주주의 주식을 취득하는 경우 [법인46012-1418, 1999.04.15.]
>
> 조세감면규제법 제31조 제1항의 규정에 의한 "중소기업간 통합"은 통합으로 소멸하는 사업장별로 그 사업에 관한 주된 자산이 통합법인에 모두 승계되어 사업의 동질성이 유지되는 경우로서 같은법 시행령 제28조 제2항 각호에 규정하는 요건을 모두 갖춘 현물출자 등 사업용 자산을 통합 후 존속법인에게 양도하는 경우에 한하여 적용되는 것으로 통합으로 인하여 소멸

하는 사업장의 중소기업자가 통합법인의 기존주주의 주식을 취득하는 경우에는 같은 규정에 의한 중소기업간 통합에 해당하지 않습니다.

중소기업 간 통합으로 소멸하는 개인기업의 출자금 납입방법
[재일46014-709, 1998.04.24.]

[질의]
조세감면규제법 제31조 중소기업 간의 통합에 대한 양도소득세 등의 감면에 관하여 질의함. 개인중소기업을 기존중소기업인 법인에 통합시 소멸하는 개인기업이 존속하는 법인 기업에 자본금을 출자하는 방법이
① 「반드시 현물출자방식」으로 출자하여야만 양도가액의 특례(이월과세)규정의 조세지원을 받을 수 있는지
② 「현금출자방식」(존속 법인기업에서는 증자형식)으로 출자하여도 양도가액의 특례(이월과세) 규정의 조세지원을 받을 수 있는지의 여부

[회신]
조세감면규제법 제31조의 규정에 의하여 중소기업간 통합으로 인하여 소멸되는 중소기업의 사업용 고정자산을 통합에 의하여 설립되는 법인 또는 통합 후 존속하는 법인에게 양도함으로써 이월과세를 적용받을 수 있는 경우는 소멸하는 사업장의 중소기업자가 주금 또는 출자금의 납입방법에 관계없이 당해 통합으로 인하여 취득하는 주식 또는 출자지분의 가액이 통합으로 인하여 소멸하는 사업장의 순자산가액 이상이 되어야 함.

05 취득하는 주식 : 순자산가액 이상일 것

중소기업 통합시 조세지원을 받기 위해서는 통합으로 인하여 소멸하는 사업장의 중소기업자가 당해 통합으로 인하여 취득하는 주식 또는 지분의 가액이 통합으로 인하여 소멸하는 사업장의 순자산가액(통합일 현재의 시가로 평가한 자산의 합계액에서 충당금을 포함한 부채의 합계액을 공제한 금액으로 한다)이상이어야 한다(조특령 제28조 제1항 제2호).

이 때 사업장의 순자산가액을 계산함에 있어
① '시가'라 함은 불특정다수인 사이에 자유로이 거래가 이루어지는 경우에 통상 성립된다고 인정되는 가액으로서 수용·공매가격 및 감정가액 등 상속세 및 증여세법 시행령 제49조의 규정에 의하여 시가로 인정되는 것을 포함하며,
② 영업권은 포함하지 않는다(조세특례제한법 기본통칙 32-29…2).

> 중소기업 간의 통합에 대한 양도소득세의 이월과세 적용시 소멸하는 사업자가 통합으로 인하여 취득하는 주식의 가액이 시가인지 발행가액인지 여부 [서울행법2020구합85108, 2021.10.12.]
>
> 이 사건 조항에서 말하는 '통합으로 인하여 취득하는 주식 또는 지분의 가액'은 통합 당시 당사자 사이의 합의에 의하여 정하여진 발행가액을 의미한다고 봄이 상당하다. 그 구체적인 이유는 다음과 같다.
> 가) 이 사건 조항은 '소멸하는 사업장의 순자산가액'은 통합일 현재의 시가로 평가하도록 하고 있으나, 소멸하는 사업장의 중소기업자가 취득하는 '주식 또는 지분의 가액'에 관하여는 별다른 평가방법을 규정하고 있지 않으므로, 당사자 사이에서 계약으로 정한 주식가액을 의미한다고 보는 것이 문언에 부합하는 해석이다.
> 나) 이 사건 조항의 전신인 구 조세감면규제법 시행령(1997.12.31. 대통령령 제15562호로 개정되기 전의 것) 제28조 제2항 제2호는 이월과세의 요건으로 '통합으로 인하여 소멸하는 사업장의 중소기업자가 당해 통합으로 인하여 취득하는 주식 또는 지분의 가액은 통합으로 인하여 소멸하는 사업장의 1년간 평균 순자산가액(통합일이 속하는 월의 직전 월 말일부터 소급하여 1년간 매월 말일 현재의 사업용자산의 합계액에서 충당금을 포함한 부채의 합계액을 공제한 금액의 합계액을 12로 나눈 금액을 말한다) 이상일 것'이라고 규정하고 있다가, 1997.12.31. 대통령령 제15562호로 개정되면서 '통합으로 인하여 소멸하는 사업장의 중소기업자가 당해 통합으로 인하여 취득하는 주식 또는 지분의 가액은 통합으로 인하여 소멸하는 사업장의 순자산가액(통합일 현재의 시가로 평가한 사업용자산의 합계액에서 충당금을 포함한 부채의 합계액을 공제한 금액의 합계액을 말한다. 이하 같다) 이상일 것'으로 변경되었다. 이는 소멸하는 사업장의 순자산가액을 장부가액으로 평가하던 것을 시가로 평가하도록 변경한 것인데, 당사자 사이에 시가와 장부가액의 차액 상당액을 현금 등으로 수수하는 경우 유상양도에 해당함에도 양도소득세를 과세하지 못하게 되는 것을 방지하고, 법인의 자본을 충실히 하기 위한 것이다.
> 중소기업 간 통합에 관한 양도소득세 이월과세의 취지는 통합으로 인하여 소멸하는 사업장의 사업용고정자산을 통합법인에 양도함에 따라 중소기업자에 대하여 발생하는 장부가액과 양도가액(시가)의 차액에 대한 양도소득세를 통합일 현재 과세하지 아니하고 통합법인이 이를 양도할 때까지 그 과세를 이월하겠다는 것이다. 그런데 소멸하는 사업장의 순자산가액(사업용고정자산)을 장부가액으로 평가하여 해당 이월과세 규정을 적용하도록 할

경우, 당사자 사이에서 위 규정을 적용받으면서 과세를 회피하기 위하여 사업용고정자산의 장부가액과 시가 사이에 차이가 발생하였음에도 불구하고 사업용고정자산의 장부가액을 기준으로 통합으로 인하여 취득하는 주식가액을 산정하면서, 시가와 장부가액의 차액은 현금으로 수수하는 등의 방법을 택할 경우, 소멸하는 사업장의 중소기업자에 대하여는 사업용고정자산의 양도소득세가 발생하지 않고(장부가액 = 양도가액), 통합법인에는 순자산가액이 그대로 승계되지 않고 장부가액 만큼만 이전되며, 자본도 실제로 취득한 사업용고정자산의 시가보다 적게 증가하여 자본충실의 문제가 발생할 가능성이 있어, 이와 같은 문제를 방지하기 위하여 위와 같이 개정된 것이라고 봄이 상당하다.

그렇다면 이 사건 조항에서 <u>중요한 것은 통합으로 인하여 소멸하는 사업장의 순자산가액의 적정한 평가이고, 이로 인하여 중소기업자가 취득하는 주식 또는 지분의 가액은 위 순자산가액을 양도하고 취득한 대가로서의 의미를 가질 뿐이다.</u>

다) <u>통합법인의 주식가치 평가가 의미가 있는 것은 결국 당사자 사이에서 인수되는 순자산가액의 대가로 몇 주의 신주를 발행할 것인지를 결정할 때인 바</u>, 가사 이때 통합 후 존속하는 법인의 주식가치가 잘못 평가되어 과다하거나 과소한 신주가 발행되었다고 하더라도, 이는 당사자 사이의 고가매입 또는 저가매입 문제가 될 뿐이지 통합법인의 자본에는 아무런 영향을 미치지 않으므로, 이월과세 적용요건과 관련하여 과세관청이 이를 사후적으로 재평가할 이유가 없다.

소멸하는 사업장의 순자산가액이 부수(-)인 경우 양도소득세 이월과세 해당 여부
[서면법규-1376, 2012.11.20.]

[질의]

(사실관계)
○ 중소기업 통합유형 (조세특례제한법 §31)

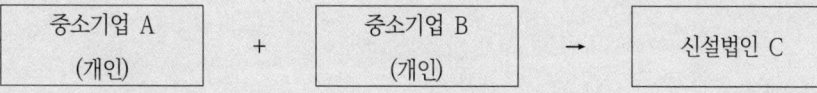

- 중소기업 A의 순자산가액이 0원 이하

(질의내용)
○ 조세특례제한법 제31조(중소기업간 통합에 대한 양도소득세 이월과세)에 따라 중소기업인

개인기업 A와 개인기업 B를 통합하여 법인 C를 만드는 과정에서 개인기업 A의 경우 자산보다 부채가 커서 순자산가액이 0원 이하인 경우
- 조특령 제28조 제1항 제1호와 제2호에 따라 개인기업A의 소유주는 개인기업A의 순자산 가액 이상을 출자하여 법인C의 주식을 소유하여야 양도소득세 이월과세요건을 충족하는 것으로 보임.
○ 개인기업A의 사업주가 양도소득세 이월과세 요건을 충족하기 위하여 법인C의 발기인으로 참여시 현금출자를 0원 이상만 하여야 하는지

[회신]
귀 의견조회의 경우, 「조세특례제한법」 제31조에 따른 중소기업간 통합에 따른 양도소득세 이월과세를 적용함에 있어 통합으로 <u>소멸하는 사업장의 순자산가액이 부수(-)인 경우 양도소득세 이월과세를 적용받을 수 없는 것입니다.</u>

물상보증채무가 소멸하는 사업장의 순자산가액에서 공제하는 부채에 해당하는지 여부
[조심2012광3701, 2012.12.05.]

<u>우발부채(물상보증채무)를 소멸하는 사업장의 순자산가액 산정시 자산가액에서 공제하는 부채에 해당하지 않는 점</u> 등을 종합할 때, 청구인의 쟁점부동산 현물출자는 조세특례제한법 제31조의 이월과세 요건을 충족하지 못한 것으로 보임.

중소기업간 통합에 대한 이월과세 적용 시 이월과세액의 부채 포함여부 등
[부동산거래관리-594, 2010.04.21.]

[질의]

(사실관계)
- 조세특례제한법 제31조 및 같은 법 시행령 제28조 제1항 제2호에 의한 중소기업간(개인부동산임대업을 법인에 통합)의 통합 시 "통합으로 인하여 소멸하는 사업장의 중소기업자가 당해 통합으로 인하여 취득하는 주식 또는 지분의 가액이 통합으로 인하여 소멸하는 사업장의 순자산가액(통합일 현재의 시가로 평가한 자산의 합계액에서 충당금을 포함한 부채의 합계액을 공제한 금액을 말한다) 이상일 것"이라고 규정하고 있음.

(질의내용)
- 이 경우 "충당금을 포함한 부채의 합계액"의 범위에 통합 후 통합법인이 당해 자산을 양도할 때 납부할 양도소득세 이월과세액을 포함하는지

[회신]
「조세특례제한법 시행령」 제28조 제1항 제2호에 따른 "통합으로 인하여 소멸하는 사업장의 순자산가액(통합일 현재의 시가로 평가한 자산의 합계액에서 충당금을 포함한 부채의 합계액을 공제한 금액)"에서 공제대상 부채에는 같은 법제31조 제1항에 따른 양도소득세 이월과세액은 포함되지 아니하는 것입니다.

06 대상 자산 : 사업용 고정자산 요건

조세지원은 사업용 고정자산을 양도·양수하는 경우 적용한다.

단, 해당 사업용 고정자산이 주택 또는 주택을 취득할 수 있는 권리인 경우 2021년 1월 1일 이후부터 대상 자산에서 제외한다. 법인 전환 방식에 관계없이 사업용 고정자산 요건은 동일하나, 해당 규정은 현물출자 또는 세감면 사업양수도 방식으로 법인 전환하는 경우에 한하여 적용된다. 따라서 중소기업 통합에 의한 법인전환 시에는 양도소득세 이월과세가 허용됨에 유의해야 한다.

지방세특례제한법에서는 2020년 8월 12일 이후 부동산 임대업 및 공급업의 사업용 고정자산에 대해서는 취득세를 감면하지 않고 전액 과세한다.

사업용 고정자산이란 당해 사업에 직접 사용하는 유형 및 무형자산(1981년 1월 1일 이후에 취득한 부동산으로서 기획재정부령이 정하는 법인의 업무와 관련이 없는 부동산의 판정기준에 해당되는 자산을 제외한다)을 말한다. 따라서 해당 자산이 법인의 재고자산에 해당하는 경우 조세지원 대상 자산에서 제외된다는 점에 유의해야 한다.

이 때 기획재정부령이 정하는 법인의 업무와 관련이 없는 부동산의 판정기준에 해당되는 자산이란, 「법인세법 시행령」 제49조 제1항 제1호의 규정에 의한 업무와

관련이 없는 부동산("업무무관부동산")을 말한다. 이 경우 업무무관부동산에 해당하는지의 여부에 대한 판정은 양도일을 기준으로 한다(조세특례제한법 시행규칙 제15조 제3항).

업무무관부동산의 범위는 아래와 같다. 다만, 법령에 의하여 사용이 금지되거나 제한된 부동산1), 「자산유동화에 관한 법률」에 의한 유동화전문회사가 동법 제3조의 규정에 의하여 등록한 자산유동화계획에 따라 양도하는 부동산 등 기획재정부령이 정하는 부득이한 사유가 있는 부동산을 제외한다.

① 법인의 업무에 직접 사용하지 아니하는 부동산. 다만, 기획재정부령이 정하는 아래의 기간(유예기간)이 경과하기 전까지의 기간 중에 있는 부동산을 제외한다.

   ㉠ 건축물 또는 시설물 신축용 토지 : 취득일부터 5년(「산업집적활성화 및 공장설립에 관한 법률」 제2조 제1호의 규정에 의한 공장용 부지로서 「산업집적활성화 및 공장설립에 관한 법률」 또는 「중소기업 창업지원법」에 의하여 승인을 얻은 사업계획서상의 공장건설계획기간이 5년을 초과하는 경우에는 당해 공장건설계획기간)

   ㉡ 부동산매매업[한국표준산업분류에 따른 부동산 개발 및 공급업(묘지분양업을 포함한다) 및 건물 건설업(자영건설업에 한한다)을 말한다. 이하 이 조에서 같다]을 주업으로 하는 법인이 취득한 매매용부동산 : 취득일부터 5년

   ㉢ 위 외의 부동산 : 취득일부터 2년

② 유예기간 중에 당해 법인의 업무에 직접 사용하지 아니하고 양도하는 부동산. 다만, 기획재정부령이 정하는 부동산매매업을 주업으로 영위하는 법인의 경우를 제외한다.

---

1)
   가. 법령에 의하여 사용이 금지 또는 제한된 부동산(사용이 금지 또는 제한된 기간에 한한다)
   나. 「문화재보호법」에 의하여 지정된 보호구역안의 부동산(지정된 기간에 한한다)
   다. 유예기간이 경과되기 전에 법령에 따라 해당 사업과 관련된 인가·허가(건축허가를 포함한다. 이하 이 호에서 같다)·면허 등을 신청한 법인이 「건축법」 제18조 및 행정지도에 의하여 건축허가가 제한됨에 따라 건축을 할 수 없게 된 토지(건축허가가 제한된 기간에 한정한다)
   라. 유예기간이 경과되기 전에 법령에 의하여 당해사업과 관련된 인가·허가·면허 등을 받았으나 건축자재의 수급조절을 위한 행정지도에 의하여 착공이 제한된 토지(착공이 제한된 기간에 한한다)

[조세특례집제한법 집행기준 32-29-1] 사업용고정자산의 범위
사업용고정자산은 사업에 직접 사용하는 유형자산과 무형자산을 말하는 것으로, 사업에 직접 사용하지 아니하는 토지나 건설중인 자산(그에 딸린 토지 포함) 또는 재고자산을 현물출자 하는 경우에는 이월과세가 적용되지 아니한다. 다만, 해당 사업용고정자산이 주택 또는 주택을 취득할 수 있는 권리인 경우는 제외한다.

현물출자에 대한 과세특례 적용여부
[서면인터넷방문상담2팀-1352 귀속년도 : 2007 생산일자 : 2007.07.23.]

[요지]
현물출자 대상자산은 주식과 토지, 건축물 및 사업용자산을 말하는 것이나, 부동산매매업의 재고자산인 토지는 이에 해당하지 아니하는 것임.

[상세내용]
○ 사실관계
 - 1997년 10월 서울시에 개업한 (주)○○○건설은 건설 사업용 토지를 보유하고 있으나 장기간 사업에 사용하지 못하고 있으며, 사업의 원활한 진행이 어려워 당해 토지를 현물출자하여 신설법인설립을 계획하고 있는 바, 이 경우 조세특례제한법 제38조 및 동 시행령 제35조에 따른 '현물출자에 대한 과세특례'를 적용 받을 수 있는지 여부에 대하여 질의함.
○ 질의요지
 - 건설업법인 소유의 건설용지(토지)를 현물출자하여 신설법인을 설립하는 경우 현물출자에 대한 과세특례를 적용받을 수 있는지 여부

법인전환에 대한 양도소득세 이월과세 적용 여부
[재산세과-940 생산일자 : 2009.12.08.]

[요지]
법인전환에 대한 양도소득세 이월과세 적용 여부를 판단함에 있어 사업용 고정자산이라 함은 당해 사업에 직접 사용하는 유형자산 및 무형자산을 말하는 것으로 건설 중인 자산(부수토지 포함)은 동 규정이 적용되지 않는 것임.

[회신]
「조세특례제한법」 제32조에 따른 법인전환에 대한 양도소득세 이월과세 적용 여부를 판단함에 있어 사업용 고정자산이라 함은 당해 사업에 직접 사용하는 유형자산 및 무형자산을 말하는 것으로 귀 질의의 건설 중인 자산(부수토지 포함)은 동 규정이 적용되지 않는 것임.

사업에 직접 사용하지 아니하고 보유중인 부동산 [법인46012-2036, 1998.07.22.]

조세감면규제법 제31조의 중소기업간의 통합에 대한 양도소득세 등의 이월과세를 적용받는 중소기업간의 통합이라 함은 같은법 시행령 제37조의3 제1항 각호의 1에 해당하는 사업을 제외한 사업을 영위하는 중소기업간의 통합을 말하는 것이며,
이월과세를 적용받는 사업용고정자산은 당해 사업에 직접 사용하는 유형자산과 무형자산(토지초과이득세법 제8조 또는 동법 제9조의 규정에 의한 유휴토지 등에 해당되거나 조세감면규제법 시행령 제73조의 규정에 해당되는 자산을 제외)을 말하는 것으로, 질의의 경우 거주자가 해당사업에 직접 사용하지 아니하고 보유중인 부동산에 대하여는 이월과세를 적용받을 수 없는 것입니다.

토지와 건물 중 일부를 임대용으로 사용하는 자산의 현물출자에 따른 이월과세
[부동산납세과-781 생산일자 : 2014.10.17.]

[요지]
하나의 건물과 그 부수토지 중 임대사업장으로 사용하고 있는 부분과 자가사용하고 있는 부분 중 사업자등록이 되어 있는 임대사업장 부분만 현물출자의 방법에 따라 법인으로 전환하는 경우에 현물출자하는 사업용고정자산에 대하여 「조세특례제한법」 제32조의 규정을 적용할 수 있는 것임.

[상세내용]
○ 사실관계
　- 2004.01.30. 경기도 화성시 소재 토지 취득
　- 2012.09.10. 부동산 임대사업자등록
　- 2013.12.31. 건물신축하여 소유권 보존등기
　　* 지하 2층 지상 4층의 건물 중 지하 1, 2층, 지상 1,2,3층은 임대사업장으로 사용하고

있고, 4층은 신청인이 거주하고 있어 임대사업장 아님.
○ 질의내용
개인사업자의 사업용자산(3층 이하의 토지건물)과 비사업용자산인 4층 주거부분을 포함한 전체 부동산을 현물출자대상으로 하여야 양도소득세 이월과세 및 취득세 감면규정을 적용받을 수 있는지 여부

임대사업장으로 사용하는 면적 비율만큼 법인 명의로 공유지분등기한 경우 조세특례제한법§32 적용 여부
[서면-2021-법규재산-3301 [법규과-2635] 생산일자 : 2023.10.18.]

[요지]
구분 등기할 수 없는 하나의 건물과 그 부수토지 중 주택부분을 제외한 <u>사업자등록이 되어 있는 임대사업장 부분만 그 위치와 면적으로 특정하여 법인에게 현물출자하는 것으로 약정하고 그 내용대로 공유등기한 경우(구분소유적 공유관계가 성립한 경우) 현물출자하는 해당 임대사업장의 사업용 고정자산에 대하여 조세특례제한법 제32조의 규정을 적용할 수 있는 것임.</u>

[상세내용]
○ 사실관계
 - 신청인은 1991년부터 상가임대업을 영위하고 있는 개인사업자로서 지하1층과 지상 1~2층은 음식점업을 영위하는 사업자에게 임대하고 3층 및 옥탑은 신청인의 주거용으로 사용하고 있음.
 - 해당 건물은 별도로 구분등기가 되어 있지 않으며 건축법상 구분등기가 불가능한 상황임
 - 신청인은 해당 개인임대사업자에 대해 조세특례제한법 제32조에 따른 현물출자 방식에 의한 법인전환을 고려중인 바, 신청인이 거주하는 3층과 옥탑을 제외한 임대사업장에 해당하는 지하1층과 지상 1~2층만을 법인전환할 계획임.
○ 질의내용
 - 부동산임대업을 영위하는 사업자가 건축법상 구분등기가 불가능한 겸용건물 중 임대사업장으로 사용하고 있는 면적 비율만큼 공유지분등기(구분소유적 공유관계)하는 방식으로 사업용 고정자산을 현물출자한 경우, 「조세특례제한법」 제32조 적용 대상인지

공동소유 사업용고정자산 현물출자시 양도소득세 이월과세 해당 여부 등
[부동산거래관리과-408 생산일자 : 2012.07.27.]

[요지]
「조세특례제한법」 제32조에 따라 법인전환에 대한 양도소득세의 이월과세를 적용할 때 공동소유 사업용고정자산을 그 중 1인이 사업자등록하여 운영한 경우로서 해당 공동소유 사업용고정자산 전부를 같은 조에 따라 법인에 현물출자하는 경우에는 <u>사업자등록이 되어 있는 사업자지분에 한하여 이월과세를 적용받을 수 있는 것임.</u>

[상세내용]
○ 사실관계
 - 부동산 임대업을 영위하고 있는 개인사업자(상호 : ○○○부동산), 부동산(토지 및 건물) 소유지분은 甲(본인) 50%, 乙(타인) 16.67%, 丙(타법인) 33.33%이고, ○○○부동산은 甲의 명의로만 사업자등록이 되어 있음(甲의 지분에 해당하는 취득가액은 장부에 기록되어 있음)
○ 질의내용
 ○○○부동산의 사업용고정자산 전체(토지 및 건물)를 현물출자하여 법인전환하는 경우 乙 및 丙이 「조세특례제한법」 제32조에 따른 양도소득세 이월과세를 적용받을 수 있는지 여부

법인전환에 따른 이월과세를 적용받을 수 있는 자산
[서면인터넷방문상담4팀-2440 생산일자 : 2005.12.08.]

[요지]
<u>농지법에 의하여 법인 명의로 할 수 없는 자산은 법인전환에 따른 이월과세를 적용받지 못함.</u>

[회신]
거주자가 사업용 고정자산을 현물출자에 의하여 법인으로 전환하고자 하는 경우로서, 당해 법인이 「농지법」 등 관련법령에 따라 법인 명의로 취득할 수 없는 당해 사업용 고정자산(토지)에 대하여는 조세특례제한법 제32조의 규정을 적용받을 수 없는 것입니다.

법인전환에 대한 양도소득세의 이월과세 적용여부
[서면인터넷방문상담4팀-1040 귀속년도 : 2004 생산일자 : 2004.07.07.]

[요지]
실제 사업자와 사업용고정자산의 소유자가 다른 경우에는 법인전환에 대한 양도소득세 이월 과세가 적용되지 아니하는 것임.

[상세내용]
공동사업에 있어서 사업용고정자산(토지 및 공장)의 실제소유자는 공동사업자 138명이나 소유권등기는 당사의 운영위원회에서 정한 10명 앞으로 공동등기하였다가 법인전환으로 인한 현물출자시 조세특례제한법 제32조의 법인전환에 대한 양도소득세의 이월과세를 적용받을 수 있는 지 여부

취득에 관한 등기가 불가능한 자산을 현물 출자하여 법인으로 전환 시 양도소득세 이월과세를 적용받을 수 있는지 여부 [재일46014-105 생산일자 : 1998.01.21.]

[질의내용]
제조업에 공하는 공장 건물 중 일부가 군사보호법의 규정에 의하여 관할 관청으로부터 허가를 받지 못함에 따라 미등기인 상태에서 미등기 공장건물을 포함한 제조에 공하는 전 자산을 현물출자 방법에 의한 법인으로 전환 하였을 시 동 미등기 공장건물에 대한 양도 소득세가 면제되는지 여부

[요지]
거주자가 미등기된 사업용 고정자산을 현물 출자하여 법인으로 전환하는 경우 양도소득세 이월과세를 적용받을 수 없으나 그 미등기된 사업용 고정자산이 법률의 규정에 의하여 취득에 관한 등기가 불가능한 자산으로서 '미등기제외자산'에 해당하는 경우에는 그러하지 않는 것임.

[회신]
거주자가 미등기된 사업용 고정자산을 현물출자하여 법인으로 전환하는 경우 조세감면규제법 제32조에 의한 양도소득세 이월과세(법률 제5195호의 경우 감면 또는 양도가액특례, 이하 같음)를 적용받을 수 없는 것이나 그 미등기된 사업용 고정자산이 법률의 규정에 의하여 취득에 관한 등기가 불가능한 자산으로서 소득세법시행령 제168조 제2호의 규정에 의한 '미등기제외자산'에 해당하는 경우에는 적용받을 수 있음.

토지 임대사업자가 현물출자의 방법에 따라 법인으로 전환하는 경우 이월과세 적용 여부 [서면-2018-부동산-1278 [부동산납세과-121] 생산일자 : 2019.01.29.]

[요지]
법인세법 시행령」 제49조 및 같은 법 시행규칙 제26조에 따른 업무무관부동산에 해당하지 않는 건축물이 있는 토지를 임대한 임대사업자가 임대용으로 사용하던 해당 토지를 현물출자의 방법에 따라 법인으로 전환하는 경우 「조세특례제한법」 제32조를 적용받을 수 있는 것입니다.

[상세내용]
○ 사실관계
 - 2004.01.00. 甲은 경기도 하남시 ○○동 소재 A토지 취득
 - 2004.04.15. A토지를 임대사업자로 등록, 乙법인에 임대
 - 2004.12.00. 乙법인은 A토지 지상에 건물을 신축하고 건물임대사업을 영위함.
  ※ 甲과 乙법인은 특수관계자에 해당
 - 2019.00.00. 甲은 토지임대업을 법인으로 전환할 예정임.
○ 질의내용
 - 토지임대업을 영위하는 자(甲)가 임대하던 토지(A토지)를 현물출자하여 법인전환하는 경우 「조세특례제한법」 제32조 제1항에 따른 이월과세를 적용받을 수 있는지

건축물이 없는 토지를 현물출자하여 법인전환 하는 경우 이월과세 적용 여부
[서면-2019-부동산-3898 [부동산납세과-1126] 생산일자 : 2020.09.28.]

[요지]
건축물이 없는 토지를 임대한 임대사업자가 임대용으로 사용하던 해당 토지를 현물출자 하여 법인전환 하는 경우 해당 토지는 「조세특례제한법」 제32조 법인전환에 대한 양도소득세 이월과세 규정을 적용받을 수 없는 것임.

[상세내용]
○ 사실관계
 - 2003년 甲은 대구 달서구 대천동 소재 A토지(공동취득) 취득

- 2019년 甲은 공동소유자와 부동산임대업으로 사업자등록
- 2020.00월 甲은 A토지를 법인 현물출자예정(토지에 건축물 없음)
○ 질의내용
- A토지가 「조세특례제한법」 제32조의 법인전환이월과세 적용이 가능한 지 여부

07 이월과세적용신청서 제출 요건

이월과세 적용으로 인해 당장 납부할 양도소득세액이 발생하지 않더라도, 양도소득세 신고 의무는 이행해야 한다.

양도소득세의 이월과세를 적용받고자 하는 자는 사업양수도를 한 날이 속하는 과세연도의 과세표준 신고(예정신고를 포함한다)시 새로이 설립되는 법인과 함께 기획재정부령이 정하는 이월과세적용신청서를 납세지 관할세무서장에게 제출하여야 한다.

과세표준신고시까지 이월과세적용신청서를 제출하지 아니한 경우 이월과세적용을 배제함 [수원지방법원-2010-구합-16272 생산일자 : 2011.04.28.]

[요지]
과세표준 신고시까지 이월과세적용신청서를 제출하도록 한 것은 조세감면에서와 같이 납세자의 단순한 협력의무라고 볼 수 없고, 납세자가 양도소득세 직접 부담 또는 이월과세를 선택하도록 한 것이어서 그 신청이 필수적인 요건이라고 봄이 타당함.

이월과세적용신청서를 기한 내 제출하지 아니한 경우
[조심-2010-부-0096 생산일자 : 2010.02.25.]

[요지]
개인 기업이 법인으로 전환하면서 양도신고에 대한 확정 신고를 하지 않고, 기한 후 신고시

「법인전환에 대한 양도소득세의 이월과세」 적용신청서를 제출한 건에 대하여 기한내 제출하지 않아 이월과세 적용을 배제함.

사업양도·양수의 방법에 따라 법인전환 후 예정신고기한을 경과하여 이월과세를 신청하는 경우 가산세 적용 여부 [상속증여세과-169 생산일자 : 2013.05.30.]

법인전환에 따른 양도소득세 이월과세 신청은 확정신고기한까지 할 수 있으며, 이는 2010년 이후 양도소득세 예정신고불성실가산세가 도입된 이후에도 동일함.

양도소득세 이월과세적용신청이후 취득가액의 오류로 수정신고시 추가납부할 세액도 이월과세가 가능한지 여부 [대법원-2014-두-40661 생산일자 : 2014.12.24.]

양도소득세 이월과세가 적용되는 경우에는 그 사업용 고정자산의 양도에 따른 양도소득세 전부에 대하여 이월과세가 적용된다고 봄이 타당하고, 양도인이 양도소득 과세표준이나 양도소득세액을 적게 신고하였다고 하여 달리 볼 것은 아님.

양도소득세 이월과세 해당 여부
[국심-2005-중-3473 생산일자 : 2006.06.26.]

[요지]
확정신고기한 경과 후 경정청구에 의해 양도소득세 이월과세신청서를 제출한 경우 이월과세적용대상이 아니라고 본 처분의 당부

조세감면의 경우 납세자가 변경되지 않지만 이월과세의 경우는 납세자가 개인에서 법인으로 변경되어 부과하여야 할 조세가 개인에서 법인으로 전가되는 문제가 있기 때문에 납세자의 명확한 의사표시가 요구되는 점을 감안할 때, 이월과세적용신청서의 기한(당해 과세연도의 과세표준확정 신고)내 제출규정을 납세자의 단순한 협력의무로 보기보다는 최소한 당해 과세연도 과세표준확정시까지 납세자가 이를 선택하도록 한 것으로 봄이 타당하다.

4장 조세지원의 사후관리

01 양도소득세 등 이월과세 사후관리

중소기업간 통합규정에 따라 양도소득세 이월과세를 적용받은 내국인이 사업용 고정자산을 양도한 날부터 5년 이내에 다음 중 어느 하나에 해당하는 사유가 발생하는 경우에는 해당 중소기업인은 사유발생일이 속하는 달의 말일로부터 2개월 이내에 이월과세액(통합 법인이 이미 납부한 세액을 제외한 금액을 말한다)을 양도소득세 및 개인지방소득세로 납부하여야 한다(조세특례제한법 제31조 제7항, 지방세특례제한법 제119조 제4항).

① 통합법인이 승계받은 사업을 폐지하는 경우
② 해당 중소기업인이 통합으로 취득한 주식 또는 출자지분의 50% 이상을 처분하는 경우

1) 통합법인이 승계받은 사업을 폐지하는 경우

통합법인이 통합으로 인하여 소멸되는 사업장의 중소기업자로부터 승계받은 사업용 고정자산을 50%이상 처분하거나 사업에 사용하지 않은 경우 사업의 폐지로 본다.
다만, 다음 중 어느 하나에 해당하는 경우에는 그러하지 아니한다(조특령 제28조 제9항).

① 통합법인이 파산하여 승계받은 자산을 처분한 경우
② 통합법인이 적격 합병, 적격 분할(인적 분할), 적격분할 요건을 갖춘 물적분할, 적격현물출자의 방법으로 자산을 처분한 경우
③ 통합법인이 「채무자 회생 및 파산에 관한 법률」에 따른 회생절차에 따라 법원의 허가를 받아 승계받은 자산을 처분한 경우

2) 해당 중소기업인이 통합으로 취득한 주식 또는 출자지분의 50% 이상을 처분하는 경우

사후관리를 적용하는 주식처분은 주식 또는 출자지분의 유상이전, 무상이전, 유상감자 및

무상감자(주주 또는 출자자의 소유주식 또는 출자지분 비율에 따라 균등하게 소각하는 경우는 제외한다)를 포함한다.

다만, 다음 중 어느 하나에 해당하는 경우에는 그러하지 아니하다(조특령 제28조 제10항).

① 이월과세를 적용받은 내국인이 사망하거나 파산하여 주식 또는 출자지분을 처분하는 경우
② 해당 내국인이 적격합병이나 적격분할(인적분할)의 방법으로 주식 또는 출자지분을 처분하는 경우
③ 해당 내국법인이 주식의 포괄적 교환·이전 또는 현물출자의 방법으로 과세특례를 적용받으면서 주식 또는 출자지분을 처분하는 경우
④ 해당 내국인이 「채무자 회생 및 파산에 관한 법률」에 따른 회생절차에 따라 법원의 허가를 받아 주식 또는 출자지분을 처분하는 경우
⑤ 해당 내국인이 법령상 의무를 이행하기 위해서 주식 또는 출자지분을 처분하는 경우
⑥ 해당 내국인이 가업의 승계를 목적으로 해당 가업의 주식 또는 출자지분을 증여하는 경우로서 수증자가 조세특례제한법 제30조의6에 따른 증여세 과세특례를 적용받은 경우

위의 ⑥에 해당하는 경우에는 수증자를 해당 내국인으로 보아 조세특례제한법 제31조 제7항의 중소기업간 통합 특례 사후관리규정을 적용하되, 가업승계에 대한 증여세 과세특례 사후관리 5년의 기간을 계산할 때 증여자가 통합으로 취득한 통합법인의 주식 또는 출자지분을 보유한 기간을 포함하여 통산한다(조특령 제28조 제11항).

중소기업 간의 통합으로 취득한 통합법인의 주식을 5년 이내 유증한 경우 양도소득세 추징여부
[서면법규재산2021-6606, 2022.06.21.]

[질의]
(사실관계)
○ 신청인 甲은 조세특례제한법 제31조에 따른 중소기업 간 통합을 하여, 사업용 고정자산을 A법인에게 양도하고 양도소득에 대하여 이월과세를 적용받음.
○ 甲은 고령으로, 취득한 A법인의 주식을 유증*(遺贈)하고자 함.
  * 유증하는 내용의 유언을 할 예정이고 유증자는 현재 생존중임을 전제

(질의내용)
○ 사업용고정자산을 양도한 날부터 5년 이내에 취득한 지분을 미리 유증할 경우, 조특령 제28조 ⑩(1)에 따른 사후관리 예외사유인
   - '내국인이 사망하거나 파산하여 주식 또는 출자지분을 처분하는 경우'에 해당하는지 여부

[회신]
「조세특례제한법」 제31조 제1항의 중소기업 간의 통합에 대한 양도소득세의 이월과세 특례를 적용받은 내국인이 통합으로 취득한 <u>통합법인의 주식을 유증하는 경우</u>는 같은법 제31조 제7항 제2호에 따른 처분에 포함하지 않는 것입니다.

02 취득세 감면 규정의 사후관리

취득일부터 5년 이내에 대통령령으로 정하는 정당한 사유 없이 해당 사업을 폐업하거나 해당 재산을 처분(임대를 포함한다) 또는 주식을 처분하는 경우에는 경감받은 취득세를 추징한다(지방세특례제한법 제57조의2 제4항).

이 때, 대통령령으로 정하는 정당한 사유란 다음 중 하나에 해당하는 경우를 말한다.

① 해당 사업용 재산이 「공익사업을 위한 토지 등의 취득 및 보상에 관한 법률」 또는 그 밖의 법률에 따라 수용된 경우
② 법령에 따른 폐업·이전명령 등에 따라 해당 사업을 폐지하거나 사업용 재산을 처분하는 경우
③ 다음 중 어느 하나에 해당하는 경우(조특령 제29조 제7항)
   ㉠ 해당 거주자가 사망하거나 파산하여 주식 또는 출자지분을 처분하는 경우
   ㉡ 해당 거주자가 적격 합병이나 적격 분할(인적분할)의 방법으로 주식 또는 출자지분을 처분하는 경우
   ㉢ 해당 거주자가 주식의 포괄적 교환·이전 또는 현물출자의 방법으로 과세특례를 적용받으면서 주식 또는 출자지분을 처분하는 경우

ⓔ 해당 거주자가 「채무자 회생 및 파산에 관한 법률」에 따른 회생절차에 따라 법원의 허가를 받아 주식 또는 출자지분을 처분하는 경우

　　ⓜ 해당 거주자가 법령상 의무를 이행하기 위하여 주식 또는 출자지분을 처분하는 경우

　　ⓗ 해당 거주자가 가업의 승계를 목적으로 해당 가업의 주식 또는 출자지분을 증여하는 경우로서 수증자가 법 제30조의6에 따른 증여세 과세특례를 적용받은 경우

　　ⓗ의 사유에 해당하는 경우, 수증자를 해당 거주자로 보아 사후관리 규정을 적용하되, 5년의 기간을 계산할 때 증여자가 법인전환으로 취득한 주식 또는 출자지분을 보유한 기간을 포함하여 통산한다.

④ 법인전환으로 취득한 주식의 100분의 50 미만을 처분하는 경우

5장 절차

01 대표이사 1차 브리핑

1) 개인기업자 vs 법인사업자 장·단점 공지

개인사업자와 법인사업자는 세무, 법적 책임, 사업 운영 방식에서 큰 차이가 있다. 개인사업자는 간편한 설립 절차와 세무 신고의 간소함이 장점이지만, 법적 책임이 무한하며 세금 부담이 커질 수 있다. 반면, 법인은 법적 책임이 제한적이고 세제 혜택이 있지만 설립과 운영 비용이 더 많이 든다.

2) 중소기업 통합에 의한 법인전환 세제 혜택 및 장·단점 공지

중소기업 통합을 통한 법인 전환은 자산 양도에 대한 세금 부담을 줄여줄 수 있는 장점이 있다. 양도소득세 이월과세 혜택, 취득세 감면 등의 혜택이 있다. 다만, 절차가 복잡하며 평가 및 감정 비용이 발생하는 단점이 있다.

3) 중소기업 통합에 의한 법인전환 절차 공지

중소기업 통합에 의한 법인전환 절차는 개인사업자의 결산부터 시작하여 자산 평가, 계약서 작성, 법인 자본금 변경 등기를 거쳐 완료된다. 각 단계는 법적 요건을 충족해야 하며 관련 절차에는 많은 시간과 비용이 소모된다.

4) 중소기업 통합에 의한 법인전환 예상 소요 비용 공지

① 세무사 수수료 : 법인전환 과정에서 세금 계산 및 신고를 위한 비용
② 회계감사 수수료 : 현물출자에 대한 회계감사 의뢰 시 발생하는 비용
③ 감정평가 수수료 : 자산 감정평가를 위한 비용
④ 자본변경 등기 비용 : 법인 설립 등기 시 발생하는 법무사 및 관련 비용

02 개인사업자 가결산 및 법인전환 타당성 검토

1) 가결산을 통한 자산의 탁상감정 의뢰

개인사업자가 보유한 자산의 가치를 예비로 평가하는 과정으로, 법인전환 시 실제 자산 평가를 위한 준비 단계다.

2) 개인사업자의 수입금액으로 계상될 재고자산 확인

재고자산은 개인사업자의 수입금액에 반영되며, 법인으로 전환 시 재고자산의 처리가 중요하다.

3) 중소기업 통합 대상 순자산 가액 검토

순자산은 자산에서 부채를 차감한 금액으로 계산된다. 통합대상이 되는 순자산 가액을 평가하고, 이를 기준으로 법인전환의 타당성을 검토한다.

4) 중소기업 통합 기준일 설정

해당 일자에 개인기업이 폐업하고 법인명의로 사업이 개시되는 날이며, 개인기업을 법인기업으로 통합하는 날이다.

5) 개인사업자의 예상 부가가치세 및 종합소득세 검토

법인전환 전, 개인사업자의 부가가치세 및 종합소득세 부담을 사전에 검토해 예상 세금을 예측하고, 절세 전략을 마련한다.

03 대표이사 2차 브리핑

1) 중소기업 통합시 양도소득세, 취득세, 부가가치세 절세효과 공지

조세특례제한법 제31조에 따라 현물출자 시, 양도소득세의 이월과세와 취득세의 감면, 포괄적인 사업양수도계약을 통해 부가가치세 납부도 면제된다.

2) 현물출자에 의한 법인전환 vs 중소기업 통합에 의한 법인전환 예상 세액 공지

현물출자를 통한 법인전환과 중소기업 통합에 의한 법인전환의 세액을 비교해 제공한다.

3) 대략적인 영업권 평가액 및 관련 세금 검토

영업권의 가치를 평가하고, 그에 따라 발생할 수 있는 세금 문제를 사전 검토하여 안내한다.

4) 금융기관 부채 기존법인에 인계 가능 여부 사전 확인 필요 공지

금융기관 부채가 있는 경우, 해당 부채를 신설법인이 승계할 수 있는지 확인해야 한다.

5) 예상 세금 및 확정 수수료 공지

중소기업 통합시 발생하는 모든 세금 및 수수료를 확정하고, 예상 비용을 공지한다.

6) 중소기업 통합에 의한 법인전환 확정 소요. 비용 공지

① 세무사 수수료
② 회계감사 수수료
③ 감정평가 수수료
④ 자본변경 등기 비용

04 부동산 및 사업용고정자산 감정평가

현물출자에 의한 법인전환, 현물출자에 의한 중소기업통합 시에는 공인된 감정인의 감정이 필수이다.

법인전환 시 시가의 평가는 아주 중요한 절차인데, 특히 법원 감정인 등에 의한 현물출자가액 조사를 받기 위해서는 감정인의 감정을 근거로 수행되어야 한다. 또한 현물출자 시 세무상 특수관계인 간의 거래로서 공정한 금액을 기준으로 이루어져야 하며, 부당한 금액으로 현물출자를 하였을 때에는 세무상 부당행위계산부인 규정을 적용받게 된다. 그리고 현물출자자와 현금출자자간에 공평한 출자 및 회사의 자본충실을 해치지 않기 위해서도 감정평가는 이루어져야 한다.

05 중소기업통합을 위한 계약서 작성 * QR코드 자료실 참고

중소기업통합 계약서상의 주의사항을 살펴보면 다음과 같다.

1) 계약당사자

개인 중소기업주와 법인중소기업의 대표

2) 계약체결일

법인 사업자등록 신청 시 첨부서류로 필요하므로 소멸하는 개인사업장에 대한 법인명의 사업자등록 신청일 이전에 체결하여야 한다.

3) 현물출자 가액

현물출자에 의한 법인전환의 경우와 같이 현물출자가액을 확정할 수 없기 때문에 현물출자가액의 결정방법만이 기재되며, 현물출자가액은 추후 개인기업의 결산 및 감정·감사가 종료된 후 결정된다.

4) 내용

중소기업 통합 계약시에는 개인기업이 법인기업에 포괄적으로 현물출자 되도록 주의하여야 한다. 사업양도에 대한 부가가치세가 과세되지 않을 뿐만 아니라 조세특례제한법상의 양도소득세 이월과세 등 조세지원을 받기 위한 요건이기 때문이다.

06 법인사업자등록 신청

개인기업은 통합 기준일로 폐업이 되므로 승계한 법인기업이 사업을 중단없이 수행하기 위해 통합 기준일의 2-3일 전까지 개인사업장에 대한 법인명의 사업자등록을 신청을 하는 것이 좋다.

한편, 개인기업이 법인기업에 흡수통합되는 경우에는 통합되는 개인기업 사업장은 지점이되는 것이 일반적이며, 지점에 대한 사업자등록신청을 진행하면 된다.

07 개인기업 결산

1) 결산기간

법인전환기준일은 개인 기업의 폐업일이 된다. 따라서 과세기간 시작일부터 법인전환기준일까지의 거래내역 및 자산·부채 평가내역을 반영하여 개인 기업의 결산을 완료해야 한다.

이 결산은 개인 부가세 확정신고와 폐업신고를 통합기준일(폐업일)이 속하는 달의 말일부터 25일까지 진행해야 하므로 늦어도 부가세 폐업신고 이전에 결산을 마감하는 것이 좋다.

2) 유의사항

① 자산 및 부채의 정리 : 개인사업자 소유의 자산(부동산, 재고, 영입권 등)과 부재를 정확하게 평가하고 정리해야 하고, 자산을 장부가액이나 시가로 계상할지를 결정해야 한다.

② 가지급금과 가수금의 정리 : 자산·부채가 아닌 출자금의 납입과 인출로 처리해야 한다. 법인으로 승계되지 않도록 대체하거나 정리하여야 한다.

③ 고정자산의 상각 : 감정을 하기로 한 경우는 제외한다.

④ 영업권의 계상 : 조세지원 요건을 위한 순자산가액 계산시 영업권은 포함되지 않으므로 주의하여 계상하여야 한다.

⑤ 종업원 퇴직금 : 개인기업에서 퇴직금을 정산 지급하기로 한 경우 퇴직금 처리규정에 지급해야 하고, 법인이 승계하는 경우 결산시 미지급된 퇴직금을 부채로 포함 해야 한다.

⑥ 미지급 소득세 : 개인사업자가 납부해야 할 금액이므로 법인이 대신 납부한 경우, 상여 또는 배당으로 소득처분 해야 한다.

[조심 2016지1020, 2017.06.29.] 종업원 퇴직금 산정

미지급퇴직금에 대하여 살펴보면, 개인사업자가 사업 양도·양수를 통하여 법인으로 전환하면서 청구법인이 개인사업자의 종업원들을 승계하면서 퇴직금을 미지급한 사실이 근로소득원천징수영수증과 퇴직금산정내역서 등에 나타나므로 이들에게 미지급한 퇴직금을 부채항목에 포함하는 것이 타당하다 할 것이다.

다만, 청구법인이 산정한 퇴직금 산정방식과 금액 등이 적정한지에 대하여 처분청은 노무법인 등 공적인 기관을 통하여 퇴직금 산정내역 등을 재조사하여 산정한 퇴직금을 개인사업자의 부채에 포함한 결과에 따라 취득세 감면 여부를 결정하는 것이 타당하다고 판단된다.

[서이46012-10132, 2002.01.22.] 개인사업자의 폐업신고시 당해연도 귀속소득에 대한 소득세를 재무제표에 미지급소득세로 계상하여 이를 법인으로 승계시킬 수 있는지 여부와 승계시킬 수 없다면 이를 법인비용으로 처리시 전 개인사업자에 대한 상여 또는 배당으로 소득처분하는 것인지

법인이 개인사업자의 소득세를 납부한 경우 이를 당해법인의 손금에 산입할 수 없는 것이며, 법인의 소득금액계산상 익금에 산입한 금액은 그 귀속자에 따라 상여 등 법인세법시행령 제106조의 규정에 따라 소득처분하는 것입니다.

08 순자산가액 확정을 위한 공인회계사의 회계감사

감정받는 자산을 제외한 나머지 자산과 부채에 대하여는 공인회계사의 회계감사를 받아야 한다. 회계감사 후 재무상태표상 자산·부채금액을 공인회계사 감사보고서상 자산(유형자산 등 감정대상자산은 제외)·부채금액과 일치시키는 것이 바람직하다.

09 현물출자가액과 신주인수가액 결정

1) 개인기업의 순자산평가액 산정

개인기업의 결산이 완료되면 시가로 평가한 개인기업의 순자산평가액을 계산하고, 개인기업주가 인수하는 주식가액이 최소한 그 이상이 되도록 신주발행사항을 결정해야 한다.

2) 현물출자가액의 결정

현물출자가액은 법인전환기준일 현재의 개인기업 순자산평가액을 말한다. 유형자산 등 감정대상자산은 감정기관의 감정금액, 감정대상자산 이외의 자산과 부채는 공인회계사 감사보고서상 감정금액을 기준으로 현물출자하는 자산·부채를 평가해야 한다.

3) 신주인수가액의 결정

신주인수가액은 주식수 × 1주당 발행가액으로 산정된다. 1주당 발행가액 결정시에는 상속세 및 증여세법상 증여의제 규정(상증법 제39조 증자에 따른 이익의 증여)을 고려하여야 한다.

실무적으로 신주발행 시 인수하는 인수가액은 상속세 및 증여세법의 규정에 의한 시가를 기준으로 하고 있으므로, 증여의제 규정에도 문제를 발생시키지 않고, 통합법인의 기존주주와 현물출자하는 주주 간에도 공평한 거래가 된다고 볼 수 있다.

1주당 발행가액 결정 후 인수할 주식 수는 순자산평가액보다 여유를 두고 발행주식 수를 결정한다.

10 개인사업자 폐업신고 및 부가가치세 신고

개인기업은 통합기준일(폐업일)이 속하는 과세기간의 개시일로부터 폐업일까지의 과세기간분에 대한 부가가치세 확정신고를 폐업일이 속하는 달의 말일부터 25일 이내에 해야 한다.

사업장별로 그 사업에 관한 모든 권리와 의무를 포괄적으로 현물출자하는 경우 부가가치세법상 재화의 공급으로 보지 아니하는 사업의 양도로 보므로 법인전환을 위해 현물출자하는 사업용 자산에 대하여는 부가세가 과세되지 않는다(부기통 10-23-1).

11 신주발행준비와 청약

신주 발행에 필요한 준비와 청약절차는 다음과 같다.

1) 주주총회 특별결의

아래의 사업양수도와 정관변경을 위해서는 주주총회 특별결의가 필요하다. 이 결의는 출석한 주주의 의결권의 3분의 2 이상의 수와 발행주식총수의 3분의 1 이상의 수로써 하여야 한다.

(1) 사업양수도

개인기업체를 현물출자에 의하여 다른 회사의 영업 전부를 양수하는 경우에는 주주총회 특별결의가 필요하다(상법 제374조 제1항 제3호).

(2) 정관변경

중소기업 통합시 발행할 주식 총수 중 미발행 부분이 없어서 발행할 주식의 총수를 변경(상법 제289조 정관의 절대적 기재사항)하게 되거나 개인기업의 사업내용까지 포괄하지 못하여 목적이 변경되는 경우 정관변경이 필요하다.

또한 주주는 그가 가진 주식 수에 따라서 신주의 배정을 받을 권리가 있으나, 정관에 정하는 바에 따라 주주 외의 자에게 신주를 배정할 수도 있는데(상법 제418조 제2항), 이때 정관에 관련 내용이 없다면 기존법인의 정관변경이 필요하다.

중소기업 통합은 개인기업주가 기존법인의 주주가 아니거나 기존법인의 공동주주일 경우 기존법인 주주구성에 따라서 신주인수권의 제한이 필요할 수도 있는데, 신주인수권 제한을하기 위해서는 정관변경이 선행되어야 한다.

한편, 법인의 증자 시 기존주주가 신주인수권을 포기하고 그와 특수관계에 있는 자가 동 주식을 인수하는 경우에는 상증세법 제39조에 따른 증자에 따른 이익의 증여세 문제가 발생할 수 있어 주의가 필요하다.

위의 사유로 인한 정관 변경 시에도 주주총회의 특별결의가 필요하다(상법 제433조).

2) 이사회 결의

현물출자에 의한 법인설립 시는 현물출자내용을 정관에 기재하였던 것과는 달리 증자 때에는 정관에서 미리 정할 수 없으므로 이사회에서 결정하도록 규정되어 있다.

회사가 그 성립 후에 주식을 발행하는 경우에는 다음의 사항으로서 정관에 규정이 없는 것은 이사회가 결정한다. 다만, 이 법에 다른 규정이 있거나 정관으로 주주총회에서 결정하기로 정한 경우에는 그러하지 아니한다(상법 제416조).

① 신주의 종류와 수
② 신주의 발행가액과 납입기일
③ 무액면주식의 경우에는 신주의 발행가액 중 자본금으로 계상하는 금액
④ 신주의 인수방법
⑤ 현물출자를 하는 자의 성명과 그 목적인 재산의 종류, 수량, 가액과 이에 대하여 부여할 주식의 종류와 수
⑥ 주주가 가지는 신주인수권을 양도할 수 있는 것에 관한 사항
⑦ 주주의 청구가 있는 때에만 신주인수권증서를 발행한다는 것과 그 청구기간

3) 주식 청약과 배정

(1) 신주인수권자에 대한 최고

회사는 신주의 인수권을 가진 자에 대하여 그 인수권을 가지는 주식의 종류 및 수와 일정한 기일까지 주식인수의 청약을 하지 아니하면 그 권리를 잃는다는 뜻을 통지하여야 한다.

위의 통지는 주식인수의 청약을 약정한 일정 기일의 2주간 전에 이를 하여야 하며, 통지에도 불구하고 그 기일까지 주식인수의 청약을 하지 아니한 때에는 신주의 인수권을 가진 자는 그 권리를 잃는다(상법 제419조).

중소기업 통합시 증자는 개인기업주가 동 주식의 모집에 응하게 된다.

(2) 주식인수의 청약

주식인수의 청약을 하고자 하는 자는 주식청약서 2통에 인수할 주식의 종류 및 수와 주소를 기재하고 기명날인 또는 서명하여야 한다(상법 제302조 제1항).

(3) 신주의 배정과 인수

주식인수를 청약한 자는 발기인이 배정한 주식의 수에 따라서 인수가액을 납입할 의무를 부담한다(상법 제303조 주식인수인의 의무).

12 현물출자 조사보고 및 법원에 인가신청

현물출자에 의한 법인전환의 경우와 같이 검사인에 의한 조사 또는 공인된 감정인의 감정에 의할 수 있다.

13   현물출자 이행

법원으로부터 인가받은 후 기존 사업자의 사업용 자산을 법인에 실제로 이전하는 현물출자를 이행한다. 이 과정에서 출자자는 이전된 자산에 상응하는 법인의 주식을 받게 된다.

14   자본변경 등기신청

현물출자로 인해 증가한 법인의 자본금을 공식적으로 등록하는 절차이다. 법인등기소에 변경등기를 신청해야 하며, 신청 시 정관변경, 주식배정내역, 회계장부 등의 서류가 필요하다.

15   명의변경 통보

금융기관 및 관계기관에 법인으로 승계된 각종 자산과 부채 중 등록·등재된 자산·부채의 명의변경을 통보한다.

16   양도소득세 신고

법인설립등기일이 속하는 달의 말일부터 2개월 이내에 양도소득세 신고 및 이월과세신청서를 제출해야 한다.

17 소유권 이전 및 취득세 감면 신청

부동산 및 차량 명의변경 및 소유권을 이전한다. 이때 30일 이내 취득세 신고 및 부동산 및 화물차 취득세 감면신청서를 제출한다. 이 때 중소기업통합계약서, 순자산 가액 평가보고서 등을 함께 첨부한다.

중소기업 통합시의 후속 절차의 내용은 법인설립신고, 감가상각방법 및 재고자산평가방법 신고와 국민주택채권 매입을 면제받기 위한 절차 외에는 현물출자에 의한 법인전환과 거의 동일하다.

18 법인세 신고

다음해 3월 양수법인의 법인세 신고시 중소기업통합계약서, 순자산가액 평가보고서를 첨부하여 제출하여야 하며, 통합과 관련된 세부 내역을 명확히 기재하여야 한다.

19 종합소득세 신고

다음 해 5월까지 사업 폐업 및 자산 이전을 고려하여 폐업한 개인사업자에 대한 종합소득세 신고를 진행한다.

6장. 법인전환(중소기업통합) 체크리스트

대상	소멸되는 사업장		연락처	
	통합 법인		사업자등록번호	
	주사업장 주소		법인등록번호	
	순자산 가액		통합 기준일	
	신주인수가액		주주/출자자	

구분	체크 항목	체크 Y	체크 N	비고	투입 시간
법인전환 목적	대표이사의 주요 법인전환 주요 목적 부합 여부 검토				
대상 사업자 적정성	사업장별 통합 - 사업장별 통합시 기업 전체로 중소기업 여부 확인				
	업종 검토 - 소비성서비스업 제외				
	통합 당사자 확인 -「중소기업기본법」에 의한 중소기업 여부 확인				
	보유자산 검토 - 농지법 등 관련 법률에 따라 법인 명의로 취득할 수 없는 자산보유 사업장 여부 확인				
양도소득세 이월과세 관련	현물출자 대상 자산의 적정성 여부 검토 - 사업용 자산인 현금성 자산·외상매출금 등, 재고자산, 유형·무형자산은 포함하되 건설중인자산은 제외했는지 여부(서면4팀-1447, 2005.08.18)				
	소멸사업장의 자산평가 방법 (조특령 §28①2호, 통칙 32-29-2)				

구분	체크 항목	체크 Y	체크 N	비고	투입시간
	① 상증령 49조 시가 ② 상증령 49조의 시가로 인정되는 매매가액, 감정가액, 수용·공매가액				
	순자산 가액 계산 시 영업권 제외 여부 확인				
	사업의 동일성 - 사업에 관한 주된 자산을 모두 승계하여 사업의 동일성이 유지되는지 확인				
	법인사업자 1년 - 설립 후 1년이 경과되지 아니한 법인이 출자자인 개인(국기법 제39조 2항의 규정에 의한 과점주주에 한함)의 사업을 승계하였는지 확인				
	소멸되는 사업장의 중소기업자가 통합 후 존속하는 법인 또는 통합으로 인하여 설립되는 법인의 주주 또는 출자자인지 확인				
	소멸하는 사업장의 순자산 가액 < 통합으로 인하여 취득하는 주식 또는 지분 가액				
	양도소득세 신고시 이월과세 신청서 적정 제출 여부				
	통합기준일 전에 중소기업 통합 계약 체결 여부				
	설립등기일로부터 5년 이내 양도소득세 추징 사항 공지 여부 - 사업 폐지 - 주식 등의 50% 이상 양도				
	주식평가 시 이월과세액은 주식평가 시 법인세 등 부채에 포함되지 않는 사항 공지 여부 (사전-2017-법령해석재산-0731, 2018.06.20.)				

구분	체크 항목	체크 Y	체크 N	비고	투입 시간
취득세 감면 등 관련	취득 후 30일 이내 취득세 감면신청서 제출 여부				
	5년 이내 사업을 폐지하거나 주식을 처분하는 경우 취득세 추징 사항 공지 여부 (지특법 §57조의2④, 지특령 §28조의2③)				
	취득세 감면에 대한 농어촌특별세 검토 여부				
주택임대법인 및 부동산 임대법인 관련	2020.08.12. 이후 설립하는 부동산임대법인의 경우 취득세 감면 혜택 배제사항 공지 여부 (지특법 §57조의2④)				
	2020.08.12. 이후 법인이 주택 구입 시 취득세율 12% 적용 공지 여부 (지법 §13조의2①1)				
	법인이 주택 보유 시 종합부동산세 공제금액 없고, 세 부담 상한선 없이 세율 적용 (종부법 §8①, §10, §9②, ⑤, ⑦) - 2주택 이하는 2.7% - 3주택 이상(조정대상지역 내 2주택)은 5% - 세액공제 없음				
	법인이 2021.01.01. 이후 일정 주택, 분양권, 조합권 입주권 양도 시 20% 중과세율적용 공지 여부				
퇴직금 등 관련	개인사업자의 퇴직금 처리 또는 퇴직급여충당금 승계 유불리 여부 검토				
소득세 관련	개인사업자 결산 시 개인사업자의 소득세 부채 계상 여부				
개인사업자 수입금액 가산	폐업 시 잔존재화 공급의제 : - 시가로 환산하여 개인사업자 수입금액에 가산 보유한 재고자산 현황 및 시가 파악과 검토				
금융기관	금융기관 부채 유무 확인				

구분	체크 항목	체크		투입 시간
		Y	N 비고	
부채	- 해당 부채의 법인 인계 여부 확인			
법인전환 시기	부가가치세 신고 시기와 일치 여부 체크			
	법인전환 시기는 연중으로 선정 - 개인사업자 소득금액 인하 - 연말, 연초 바쁜 시기 기피			
세 부담 수용 규모	- 다음 해 종합소득세액 부담 수용액 범위 확인 - 영업권 양도 관련 예상세액 부담 수용액 범위 확인			
사업 영위 기간 관련	법인 가업승계 및 가업상속 : - 개인사업자 영위 기간 인정 여부 검토			
	금융기관 및 협력사 - 개인사업자 영위 기간 인정 여부 검토			
정관 정비	- 정관 필수 규정 사항 정비 - 임원 보수 규정 정비			
법인전환 후 회계·세무 관리	법인전환 후 회계 및 세무 관리방안 제시 여부			
영업권 가액 희망 수령 방식	법인에 잉여자금 있는 즉시 수령			
	일부 일시금 수령 후 분할 수령			
	일정 기간 분할 수령			

7장 중소기업 통합에 의한 법인전환의 사례해설

01 법인전환 타당성 검토

1) 검토예제

개인기업 오성당은 도소매업을 영위하고 있으며, 매출이 계속 증가하고 있다. 2026년 성실신고확인대상사업자로의 전환이 예상되는 상황에서 법인전환을 고려해보기로 했다.

- ▶ 업체명 : 오성당
- ▶ 업 태 : 도소매업
- ▶ 사업장 : 자가 소유
- ▶ 2025년도 예상 매출액 : 14억
- ▶ 2025년도 예상 당기순이익 : 2.65억

2) 타당성 검토

(1) 개인사업자인 경우 예상세금

2025년 말 기준 예상 당기순이익 2.65억원으로, 예상되는 개인 종합소득세는 다음과 같다(38% 세율구간 해당).

종합소득세	80,760,000원
지방소득세	8,076,000원
합계	88,836,000원

* 소득공제 및 세액공제·세액감면은 고려하지 않음.

(2) 법인사업자인 경우 예상세금

2025년 말 기준 예상 당기순이익은 2.65억원으로, 예상되는 법인소득세는 다음과 같다. (19% 세율구간 해당)

법인소득세	30,350,000원
지방소득세	3,035,000원
합계	33,385,000원

* 소득공제 및 세액공제 · 세액감면은 고려하지 않음.

(3) 전환여부 결정

① 기업의 당기순이익에 대한 소득세액을 고려할 때, 법인으로의 전환이 보다 유리하다.

② 개인 기업 연수입금액이 성실신고확인대상사업자 전환 기준인 15억원을 넘어설 경우, 납세자는 성실신고확인대상사업자에 해당되어 성실신고확인비용 등을 추가로 부담해야 한다. 뿐만 아니라 성실신고확인대상사업자가 성실신고확인서를 제출하지 않는 경우 추가적인 가산세 부담 및 세무조사 대상으로 선정될 수 있다는 점에서 세무 관리에 더 큰 주의를 요한다.

③ 사업이 확장되는 시점에 맞춰 법인으로 전환함으로써, 기업의 신뢰도가 상승할 수 있다.

02 전환방법 선택

1) 전환방법의 결정

2개 이상의 사업장이 있는 경우로서 기존의 법인에 중소기업 통합의 방법으로 법인전환 하는 것이 현물출자 방법보다 소요비용(조세지원 등)면에서 유리한 경우에는 중소기업 통합방법을 선택할 수 있다.

2) 전환시기 결정

성실신고확인대상사업자가 되기 전 법인으로 전환하는 것이 유리하다. 개인기업 오성당의 2025년 수입금액은 14억원으로, 전환 기준금액인 15억원을 곧 넘어설 것으로 예상된다. 시기를 놓쳐 성실신고확인대상사업자로 전환된 이후 법인으로 전환하게 된다면, 3년간 성실신고확인서를 첨부하여 법인세를 신고해야 한다.

법인 전환시 개인 기업은 폐업 절차를 밟는다. 이 때 폐업일의 다음달 25일까지 폐업에 따른 부가가치세 확정 신고가 마무리되어야 하므로, 폐업일은 부가가치세 확정신고 기간의 말일로 일치시키는 것이 실무상 간편하다. 본 사례에서는 폐업일(통합기준일)을 6월 30일로 가정하였다.

03 회계처리 방법

■ 중소기업통합을 통한 방법

① 도소매를 영위하는 개인사업자 오성당은 해당 개인기업과 본인이 경영하는 교육서비스업을 하는 법인기업 주식회사 오성당을 통합하여 법인으로 전환하는 것이 현물출자로 법인을 설립하는 법인전환 방법보다 유리하다는 조언을 얻었다.

1) 25.06.30일 현재 개인기업 오성당의 재무상태표

과목	금액	과목	금액
현금	5,065,845	외상매입금	170,568,745
외상매출금	150,654,870	미지급금	53,554,865
미수금	12,052,390	예수금	4,954,532
재고자산	189,954,528	선수금	13,654,871

과목	금액	과목	금액
토지	620,000,000	장기차입금	630,000,000
건물	275,000,000	부채총계	872,733,013
감가상각누계액	(35,437,500)		
비품	20,300,000	자본금	348,598,375
감가상각누계액	(16,258,745)	자본총계	348,598,375
자산총계	1,221,331,388	부채및자본총계	1,221,331,338

*1. 토지의 시가는 9억2천, 건물의 시가는 294,562,500원으로 가정하였음.

*2. 재고자산 시가는 장부가액과 동일하다고 가정함.

*3. 과밀억제권역 밖의 설립으로 가정함.

*4. 통합당사 회사 모두 중소기업에 속하는 등 조특법상 조세지원 요건을 갖추었음.

2) 추가 회계처리

차 변		대 변	
현금	6,467,470	외상매입금	170,568,745
	(=5,065,845+1,401,625)	미지급금	53,554,865
외상매출금	150,654,870	예수금	4,954,532
미수금	12,052,390	선수금	13,654,871
재고자산	189,954,528	장기차입금	630,000,000
토지	920,000,000	자본금	141,000,000
건물	294,562,500	주식발행초과금	564,000,000
비품	4,041,255		
계	1,577,733,013	계	1,577,733,013

3) 설명

① 오성당의 순자산평가액은 자산 1,576,331,388 - 부채 872,733,013 = 703,598,375원으로 현물출자 재산가액은 순자산평가액 이상이어야 하므로 705,000,000원으로 설정하였다.

※ 순자산가액은 법인전환기준일 현재의 시가로 평가한 자산의 합계액에서 충당금을 포함한 부채의 합계액을 공제한 금액임.

② 주식회사 오성당의 25.06.30. 현재의 비상장주식가액은 1주당 50,000원으로 평가되었다.

③ 현물출자재산 금 705,000,000원에 대하여 부여할 주식의 종류는 보통주 14,100주(1주의 발행금액 50,000원, 1주의 액면금액 10,000원)이며 이에 대한 자본금은 141,000,000원, 주식발행초과금은 564,000,000원, 현물출자금액의 합계는 705,000,000원이다.

04 예상되는 소요비용

1) 취득세

(1) 취득세

① 취득세

취득세는 1,214,562,500원×4%×(1-50%) = 24,291,250원 이다.

* 과밀억제권역 밖 설립이므로 취득세율은 4% 적용함.

② 취득세분 지방교육세

취득세분 지방교육세는 1,214,562,500원×2%×(1-50%)×20% = 2,429,120원 이다.

③ 취득세경감분 농특세

취득세경감분 농특세는 1,214,562,500원×4%×50%×20% = 4,858,250원 이다.

④ 취득세분 농특세

취득세분 농특세는 1,214,562,500원×2%×(1-50%)×10% = 1,214,560원 이다.

⑤ 납부할 취득세

납부할 취득세 합계액은 32,793,180원 이다.

(2) 국민주택채권매입액

시가표준액에 해당 요율을 곱하여 계산한다.

3) 양도소득세

* 양도소득세는 이월과세적용신청에 따라 이월과세 되었다고 가정함.

① 양도소득세 예상액 : 100,860,000원(전액이월)

② 양도소득지방세 예상액 : 10,086,000원(전액이월)

항목	금액		
	토지	건물	합계
양도가액	920,000,000	294,562,500	1,214,562,500
필요경비	620,000,000	239,562,500	859,562,500
양도차익	300,000,000	55,000,000	355,000,000
장기보유특별공제	30,000,000	5,500,000	35,500,000
양도소득금액			319,500,000
양도소득기본공제			2,500,000
과세표준			317,000,000
세율			40%
산출세액			100,860,000

* 2019년 1월 1일 취득으로 가정한다.

4) 등록면허세

	중소기업 통합	현물출자	비고
등록면허세	564,000 (= 141,000,000*0.4%)	2,820,000 (= 705,000,000*0.4%)	0.4%(중과제외)
지방교육세	112,800	564,000	20%
소계	676,800	3,384,000	

결론적으로 새로운 법인을 신설하면서 하는 현물출자 법인전환방법보다 기존의 법인에 중소기업통합의 방법으로 법인전환하는 것이 위의 사례의 경우처럼 소요비용 면에서 유리할 수 있다.

05 이월과세신청서 예시

■ 조세특례제한법 시행규칙 [별지 제12호서식](2015.03.13 개정)

이월과세적용 신청서

※ 뒤쪽의 작성방법을 읽고 작성하시기 바랍니다. (앞쪽)

신청인 (양도자)	① 상호 오성당		② 사업자등록번호 000-00-00000	
	③ 성명 000		④ 생년월일 1900-00-00	
	⑤ 주소 서울시 00구 00로 000, 000호		(전화번호: 000-0000-0000)	

양수인	⑥ 상호 주식회사 오성당		⑦ 사업자등록번호 000-00-00000	
	⑧ 성명 000		⑨ 생년월일 1900-00-00	
	⑩ 주소 서울시 00구 00로 000, 000호		(전화번호: 000-0000-0000)	

이월과세적용 대상 자산

⑪ 자 산 명	⑫ 소 재 지	⑬ 면 적	⑭ 취득일	⑮ 취 득 가 액
토지	서울시 00구 00로 000	000㎡	19.01.01	620,000,000
건물	서울시 00구 00로 000	000㎡	19.01.01	239,562,500
⑯ 양 도 일	⑰ 양 도 가 액	⑱ 이월과세액	⑲ 비 고	
25.06.30	920,000,000	76,398,868		
25.06.30	294,562,500	24,461,132		

소멸하는 사업장의 순자산가액의 계산

⑳ 사업용자산의 합 계액(시가)	부 채		㉓ (⑳ - ㉒) 순 자 산 가 액
	㉑ 과 목	㉒ 금 액	
1,576,331,388	장기차입금 등	872,733,013	703,598,375

「조세특례제한법 시행령」
[√] 제28조제3항
[   ] 제29조제4항
[   ] 제63조제10항
[   ] 제65조제5항
에 따라 이월과세의 적용을 신청합니다.

20XX년 XX월 XX일

신청인(양도인) 000 (서명 또는 인)
양수인 000 (서명 또는 인)

세무서장 귀하

첨부 서류	1. 사업용자산 및 부채명세서 1부 (전자신고 방식으로 제출하는 경우에는 구비서류를 제출하지 않고 법인이 보관합니다) 2. 현물출자계약서 사본 1부(「조세특례제한법 시행령」 제63조제10항에 따라 신청하는 경우로 한정합니다)	수수료 없음
담당 공무원 확인사항	이월과세적용대상자산의 건물(토지) 등기사항증명서	

210mm×297mm[백상지 80g/㎡ 또는 중질지 80g/㎡]

06 취득세 감면신청서 (토지와 건물의 감면신청서는 각각 작성 필요함)

■ 지방세특례제한법 시행규칙[별지 제1호서식]〈개정 2020. 12. 31.〉

지방세 감면 신청서

※ 뒤쪽의 작성방법을 참고하시기 바라며, 색상이 어두운 난은 신청인이 적지 않습니다. (앞쪽)

접수번호		접수일		처리기간	5일
신청인	성명(대표자) 000			주민(법인)등록번호	000000-0000000
	상호(법인명) 주식회사 오성당			사업자등록번호	000-00-00000
	주소 또는 영업소 서울시 00구 00로 000, 000호				
	전자우편주소 0000@0000.000			전화번호 (휴대전화번호)	000-0000-0000
감면대상	종류 토지			면적(수량)	000㎡
	소재지 서울시 00구 00로 000				
감면세액	감면세목 취득세	과세연도 20XX		기분	XX기
	과세표준액 920,000,000	감면구분 50% 세액 감면			
	당초 산출세액 36,800,000	감면받으려는 세액 18,400,000			
감면 신청 사유	중소기업 간의 통합에 의한 법인전환에 따라 취득하는 사업용 재산(토지)에 대해서 취득세 감면을 요청합니다.				
감면 근거 규정	「지방세특례제한법」제 57조의 2, 3항 5호 및 같은 법 시행령 제 126 조				
관계 증명 서류	양도소득세 이월과세 신청서 등				
감면 안내 방법	직접교부[ ] 등기우편[ ] 전자우편 [√]				

신청인은 본 신청서의 유의사항 등을 충분히 검토했고, 향후에 신청인이 기재한 사항과 사실이 다른 경우에는 감면된 세액이 추징되며 별도의 이자상당액 및 가산세가 부과됨을 확인했습니다.

「지방세특례제한법」제4조 및 제183조, 같은 법 시행령 제2조제6항 및 제126조제1항, 같은 법 시행규칙 제2조에 따라 위와 같이 지방세 감면을 신청합니다.

20XX 년 XX 월 XX 일

신청인 000 (서명 또는 인)

특별자치시장·특별자치도지사·시장·군수·구청장 귀하

첨부서류	감면받을 사유를 증명하는 서류	수수료 없음

210mm×297mm [백상지(80g/㎡) 또는 중질지(80g/㎡)]

용역계약서 (법인전환 중소기업 통합에 의한) 표준계약서(예시)

용역계약서(법인전환)

_____(이하 갑이라 한다)와 세무사 _____(이하 을이라 한다)는 「법인전환」에 관한 용역에 관한 계약(이하 "본 계약"이라 한다)을 다음과 같이 체결한다.

제1조 [목적]
본 계약의 목적은 개인사업자의 법인전환에 관한 업무를 수행하기 위함에 있다.

제2조 [용역의 범위]
① 을은 갑의 요청에 따라 관련 업무를 수행하며 구두, 전화 또는 서면에 의한 상담, 서류작성 등 자문을 성실하게 응하여야 한다.
② 제1항에 대한 구체적인 용역의 범위는 다음 각 호와 같다.
1. 중소기업 통합에 의한 법인전환 세제혜택 및 장·단점 검토 후 중소기업 통합에 의한 법인전환 실행플랜 수립
2. 중소기업 통합에 의한 법인전환 제절차 실행 및 총괄대행
3._____
4. 위 수행과정에서 발생한 세무컨설팅을 통한 대응 방안 제시 및 교육지원
이 외의 구체적인 용역 업무 범위는 갑과 을이 협의하여 별첨한다.

제3조 [용역 기간]
본 계약의 존속기간은 계약체결일로부터 20__년 __월 __일까지로 하되, 계약의 종기 전 본건이 완료되는 경우 그 완료일까지로 한다. 다만, 20__년 __월 __일까지 본건이 완료되지 아니할 경우에는 갑, 을은 상호 협의하여 본 계약기간을 연장하되, 이 경우 을에 대한 추가보수는 상호 협의하여 결정하기로 한다.

제4조 [용역 보수]
① 본 계약에 따른 용역 보수는 일금 _____원(₩_____. 부가가치세 별도)으로 한다.
② "갑"은 본 계약과 관련하여 용역 보수를 다음과 같이 지급한다.
③ 상기 보수 이외에 인쇄비 및 출장비 등 실경비는 "갑"의 부담으로 한다.

구분	지급기한	금액
착수금	20___년 ___월 ___일까지	일금 _____원 (₩_____)
잔 금	산출물 제출 이후 ___일 이내	일금 _____원 (₩_____)

제5조 [보수의 지급 방법]
① 제4조에 따른 보수는 을의 계좌(00 은행, 000-0000-000000, 예금주 000)로 지급한다.
② 을은 제4조에 따른 보수에 대하여 갑에게 세금계산서를 부가가치세법에 따른 공급시기에 발행한다.

제6조 [보수지급의 지체]
① 갑이 본 계약에 정한 비용 또는 보수의 지급을 지체한 때에는, 을은 위임사무에 착수하지 않거나 그 위임사무의 처리를 중단 또는 계약을 해지할 수 있다.
② 전항의 경우 을은 신속하게 갑에게 그 취지를 통보하여야 한다.

제7조 [의무]
갑은 신의성실의 원칙에 따라 본 계약에 의한 업무수행에 필요한 증빙자료 및 제반 서류를 신속하고 정확하게 을에게 제공하여야 하며, 을은 세법에 따라 갑이 제공한 자료에 의해 합리·타당하고 성실하게 업무를 수행하여야 하는 선관주의 의무를 부담한다.

제8조 [용역 결과물의 소유권]
본 계약상 을에 의하여 작성되어 갑에게 제공된 용역 결과물 및 모든 관련 문서에 대한 소유권은 갑이 본 계약상의 용역에 대한 대가를 지급함과 동시에 을로부터 갑에게 이전된다.

제 9 조 [책임 및 면책]

① 갑이 제공한 자료의 불비 및 사실과 다른 자료의 제시, 근거 없는 진술 등의 사유로 본 계약업무 수행이 불가능하거나 이로 인하여 발생하는 문제에 을은 그 책임을 지지 아니한다. 이러한 경우에도 갑은 을에게 보수를 지급하여야 한다.
② 을은 갑이 제공한 자료에 대하여 허위가 없이 신뢰성이 있는 것으로 간주하여 업무를 수행하고, 갑이 제공한 자료에 허위사항이 있거나 요구자료의 지연 제시 또는 미제출로 인해서 장래 갑에게 발생하는 불이익한 행정처분 등에 대하여 갑은 을에게 그 책임을 물을 수 없다.
③ 천재지변 기타 이에 준하는 사유로 본 계약을 수행할 수 없을 때는 갑·을 쌍방에게 본 계약 불이행의 책임이 없는 것으로 한다.

제 10 조 [책임의 제한]

① 본 계약과 관련하여 을의 채무불이행이나 불법행위로 인하여 갑에게 손해가 발생한 경우, 배상책임의 부담자 및 발생한 손해 액수 등은 관련 법률 규정에 따른다.
② 을이 손해배상책임의 부담자가 되었을 경우, 을이 갑에게 배상할 금액은 수령한 보수액을 그 한도로 한다.
③ 위 제 1 항에 따른 갑의 실제 손해액이 을에게 지급한 보수액을 초과할 경우, 갑이 실제 손해액을 입증하더라도 보수액을 초과하는 손해에 대해서는 이를 을에게 청구할 수 없다.

제 11 조 [계약해지]

갑의 사정에 의하여 본 계약을 해약할 때에는 갑은 기지급한 보수액의 반환을 청구하지 못한다. 다만, 을의 사정으로 본 계약을 해약할 때는 을은 기수령한 보수액을 반환하며, 갑과 을의 사정으로 인한 불가항력적 사유로 인하여 계약의 이행이 불가능하게 된 때에는 계약은 종료하는 것으로 하고, 보수의 지급 등에 관하여는 상호 합의에 따라 정하는 것으로 한다.

제 12 조 [기밀보장]

을은 계약업무 수행과정에서 취득한 갑의 기밀을 엄수하여야 한다.

제 13 조 [분쟁의 해결]

본 계약에서 발생한 분쟁은 갑과 을의 합의에 따라 해결함을 원칙으로 하고, 당사자 사이에 해결되지 않은 분쟁은 중재법에 따른 중재기관의 중재에 따라 최종 해결한다.

제 14 조 [특약조항]
　일반사항 외의 특약사항은 아래 각호에 기재하여 정하며, 일반사항과 특약사항이 상충하는 때에는 특약사항이 우선한다. 기타 본 계약에 명시되지 아니한 사항은 일반적인 관례에 따라 갑과 을이 상호 협의하여 정하기로 한다.
　　1.
　　2.
　　3.

　세무사 _____은 계약서 내용을 충분히 설명하였으며,
　의뢰인 _____은 위 사항을 모두 확인하여 숙지하였으며, 위 내용에 동의함에 따라 아래와 같이 서명합니다.

의뢰인 (성명) _____ (서명/인)

　위의 사실을 증명하기 위하여 본 계약서를 2 부 작성하여 간인하고 갑과 을이 각각 1 부씩 소지하기로 한다.

20　　년　　　월　　　일

[갑]　　　　　　　　　　　　　　　　[을]

사 업 자 등 록 번 호 :　　　　　　　사업자등록번호 :
(또는 주민등록번호)

주　　소 :　　　　　　　　　　　　주　　　소 :
연 락 처 :　　　　　　　　　　　　상　　　호 :
성　　명 :　　　　　(인)　　대 표 세 무 사 :　　　　　(인)

법인전환 안내문(예시)

협력업체 및 거래처 관계자 귀하

귀사의 무궁한 발전을 기원합니다.
당사는 사세 확장에 따라 아래와 같이 법인전환을 하게 되었음을 알려드립니다.
그동안 보내주신 관심에 진심으로 감사의 말씀을 전합니다.

법인전환을 계기로 모든 임직원이 새로운 마음가짐으로 정진하도록 하겠습니다.
앞으로도 많은 성원 부탁드립니다. 감사합니다.

------------------ 아 래 ------------------

1. 변경된 사업자정보
 가. 사업자 등록번호 :
 나. 법인명 :
 다. 대표자 :
 라. 소재지 :
 마. 변경일 :

2. 변경된 계좌번호
 가. 은행명 :
 나. 계좌번호 :
 다. 예금주 :

3. 법인전환으로 인해 사업자 정보 및 계좌번호만 변경되었습니다.
 (회사주소, 대표자, 부서별 담당자 등은 변경사항 없음)

4. 첨부서류
 가. 사업자등록증 사본 1부
 나. 통장사본 1부

5. 이외 다른 서류가 필요하신 업체는 아래의 연락처로 요청바랍니다.
 가. 담당자 :
 나. 연락처 :

㈜ ㅇㅇㅇ

제6편 영업권 평가 등

01 영업권의 개념

영업권은 기업이 영업활동을 통해 형성한 무형의 가치를 말한다. 단순히 물리적 자산이나 재고에 한정되지 않으며, 브랜드 이미지, 고객의 신뢰, 거래 관계, 시장 점유율 등으로 인해 발생하는 기업의 초과 수익 창출 능력을 포함한다. 영업권은 기업이 가진 경쟁 우위와 미래에 발생할 수 있는 수익 잠재력을 반영하는 중요한 자산으로 간주된다.

회사가 영업을 통해 쌓은 고객 네트워크와 충성도 높은 고객층은 물리적으로 측정되거나 단순 재무제표에 명시되지 않지만, 회사의 실질 가치를 증가시키는 요소로 작용한다. 이때 영업권은 법인이 아닌 개인사업자가 법인으로 전환할 때 중요한 고려사항이 된다.

> 소득세법 기본통칙 33-62…2 【 영업권의 범위 】
>
> 1. 사업의 양수도과정에서 양수도 자산과는 별도로 양도사업에서 소유하고 있는 허가·인가 등 법률상의 특권, 사업상 편리한 지리적 여건, 영업상의 비법, 신용·명성·거래선 등 영업상의 이점 등을 감안하여 적절한 평가방법에 따라 유상으로 취득한 가액

02 영업권의 평가

세법상 영업권은 자산의 일종으로 취급되어, 개인사업자가 법인으로 전환하는 과정에서 발생하는 주요 이슈 중 하나는 영업권에 대한 평가이다. 영업권의 가치는 과세 대상이 될 수 있으며, 이 과정에서 발생하는 양도소득세 또는 법인세는 기업에 부담을 줄 수 있다.

1) 영업권의 시가 (법인세법 시행령 제89조)

영업권의 평가는 시가를 기준으로 해야 하며, 불특정다수인과 계속적으로 거래한 가격 또는 특수관계인이 아닌 제3자간에 일반적으로 거래된 가격이 있는 경우에는 그 가격으로 해야 한다.

2) 시가가 불분명한 경우

시가가 불분명한 경우 감정평가업자가 감정한 가액이 있는 경우 그 가액을 우선 적용하고, 감정평가업자가 감정한 가액이 없는 경우에는 상증세법의 보충적 평가방법에 따라 시가를 산정하는 것이다.

① 감정평가업자가 감정한 가액

감정평가에 관한 규칙에 따라 무형자산을 평가시 수익환원법을 적용한다. 재무제표 분석을 통해 수익성과 안정성을 확인하며, 이익률, 부채비율, 현금 흐름 등을 점검하여 회사의 재무상태 및 시장 내 위치, 업종 전망 등을 종합적으로 분석하여 영업권 가치를 평가한다.

② 보충적 평가방법 (상속세 및 증여세법 시행령 제59조 제2항)

영업권의 평가는 다음 산식에 의하여 계산한 초과이익금액을 평가기준일 이후의 영업권지속연수(원칙적으로 5년으로 한다)를 고려하여 기획재정부령으로 정하는 방법에 따라 환산한 가액에 의한다.

다만, 매입한 무체재산권으로서 그 성질상 영업권에 포함시켜 평가되는 무체재산권의 경우에는 이를 별도로 평가하지 아니하되, 당해 무체재산권의 평가액이 환산한 가액보다 큰 경우에는 당해 가액을 영업권의 평가액으로 한다.

[최근 3년간(괄호 생략)의 순손익액의 가중평균액의 100분의 50에 상당하는 가액-(평가기준일 현재의 자기자본 × 1년만기정기예금이자율을 고려하여 기획재정부령으로 정하는 율)]

개인으로서 경영하는 사업체의 영업권 평가방법
[서면인터넷방문상담4팀-3279 생산일자 : 2006.09.26.]

[회신]
개인으로서 경영하는 사업체의 영업권을 「상속세 및 증여세법 시행령」 제59조 제2항의 규정에 의하여 평가할 때, "최근 3년간(3년에 미달하는 경우에는 당해 연수로 한다)의 순손익액의 가중평균액"은 같은법 시행령 제56조 제1항의 규정을 준용하여 평가하는 것으로 평가기준일 이전 1년, 2년 및 3년이 되는 사업연도의 사업소득금액을 기준으로 하여 계산하는 것입니다.

순손익가치 계산시 평가기준일 이전 1년이 되는 사업연도
[사전-2017-법령해석재산-0698 [법령해석과-3242] 생산일자 : 2017.11.10.]

[요지]
상속세 및 증여세법 시행령 제56조 제1항에 따른 비상장주식의 순손익가치 계산시 평가기준일이 되는 사업연도는 포함하지 아니함.

[답변내용]
개인사업자가 「상속세 및 증여세법 시행령」(2017.05.29. 대통령령 제28074호로 개정된 것) 제59조 제2항 및 제3항에 따라 영업권을 평가함에 있어 같은 령 제56조 제1항을 준용하여 "최근 3년간의 순손익액의 가중평균액"을 계산할 때, 평가기준일이 2017년 7월 18일인 경우 "평가기준일 이전 1년이 되는 사업연도"라 함은 2016년 과세기간을 말하는 것임.

03 영업권 평가 실무 절차

1) 개인사업자 결산

개인사업자의 결산을 마무리해야 한다. 결산은 개인사업자의 재무상태를 종합적으로 정리하는 과정으로, 기업의 순이익, 부채, 자산 등을 파악하는 데 필요한 절차이다. 결산에서 확정된 순이익은 영업권 평가의 기초 자료로 사용된다.

2) 영업권 가평가 및 예상 세액 검토

개인사업자의 영업권 평가액에 따라 대표자 및 법인의 세금이 연결되므로 예상 세금 절감액을 판단하기 위해 영업권 탁상감정평가를 선행한다. 사업자등록증과 약 3개년치 재무제표로 탁상감정평가 요청하며, 자산총계가 낮고 영업이익이 높을수록 영업권 평가를 높게 받을 가능성이 있다.

상증법상 보충적 평가방법의 경우 직전 3개년에 대한 평가이므로 감정평가업자에게 감정한 가액 보다 평가액이 낮게 나오는 편이다. 업권 가치를 보다 정확하게 산정하기 위해서는 감정평가를 활용하는 것이 일반적이다.

3) 영업권 본 평가 후 법인전환

영업권 본 평가가 완료되면, 법인 설립 절차를 진행해야 한다. 법인전환은 기존 개인사업자의 자산과 부채를 법인으로 이전하는 방식으로 이루어진다. 현물출자의 방식의 경우 개인사업자가 보유한 영업권 및 자산, 부채 등을 출자하여 그에 상응하는 법인의 주식을 발행 받는다.

평가된 영업권 가치는 법인의 무형자산으로 계상된다. 법인의 재무제표에 반영되며, 이후 법인의 주식 가치 산정에도 영향을 미친다. 영업권을 법인 자산으로 계상할 때 세법에 따라 적절히 처리해야 하며, 법인 설립 후 영업권을 상각하거나 양도할 때 발생할 수 있는 세금 문제를 고려해야 한다.

> 사업양수도 이후 평가하여 유상취득하는 영업권을 자산으로 인식할 수 있는지 여부
> [[사전-2019-법령해석법인-0096 [법령해석과-0855] 생산일자 : 2019.04.04.]
>
> [요지]
> 세법상 영업권은 사업의 양도·양수과정에서 양도·양수자산과는 별도로 양도사업에 관한 영업상의 이점 등을 감안하여 적절한 평가방법에 따라 유상으로 취득하는 경우 인식할 수 있는 것임.
>
> [답변내용]
> 내국법인이 특수관계자인 개인사업자와 사업의 포괄양수도계약을 체결하면서 사업양수도 시 미평가된 영업권을 사업 양수도일 이후 그 가액을 확정하여 지급하기로 약정한 경우로서 내국법인의 신규매장 오픈 준비 및 경영지원팀의 공석 등 법인의 내부사정으로 사업양수도 이후 상당기간(2년) 경과하여 영업권 가액을 확정하고 지급하는 경우에는 「법인세법 시행령」 제24조 제1항 제2호 가목에 따른 영업권에 해당하지 아니하는 것임.

04 영업권 세무처리

영업권은 법인전환 시 무형자산으로 회계 처리되며, 감가상각의 대상이 된다. 반면, 개인은 법인전환 시 영업권의 양도에 대해 소득세를 납부해야 하므로 법인과 개인 모두 세금 관리가 필요하다.

1) 법인의 영업권 세무처리

① 원천징수 의무 (기타소득)

법인으로 전환하면서 개인이 영업권을 법인에 양도하는 경우, 원천징수의무자인 법인이 개인에게 영업권의 대가로 기타소득을 지급할 때에는 그 기타소득금액에 원천징수 세율을 적용하여 계산한 소득세를 원천징수 해야 한다.

영업권 양도시 기타소득 수입시기 및 원천징수 시기
서면-2014-소득세과-175 생산일자 : 2014.04.03.

[요지]
기타소득에 해당하는 영업권을 양도하고 대금을 5년간 분할하여 지급받는 경우, 영업권 양도로 인한 기타소득의 수입시기는 양도대금이 확정된 경우, 그 대금을 청산한 날, 자산을 인도한 날 또는 사용·수익일 중 빠른 날인 것이며, 원천징수 시기는 기타소득을 지급할 때에 원천징수 하는 것임.

영업권을 분할하여 지급하는 경우 원천징수 여부 등
사전-2015-법령해석소득-0088 생산일자 : 2015.05.01.

[요지]
개인사업자가 법인으로 전환할 때 법인이 영업권만을 별도로 양수하고 대금을 지연지급하는 경우 개인사업자가 미지급된 영업권의 대가를 종합소득에 합산하여 신고하기 전이라면 영업권의 대가를 지급하는 때에 원천징수 하는 것임.

② 무형자산 감가상각

영업권은 법인전환 후 법인의 무형자산으로 계상되며 감가상각 대상이 된다. 법인세법상 무형자산으로 5년간 감가상각하여 비용처리 하여 법인세를 절감할 수 있다.

내용연수를 초과하여 감가상각 할 수 있는지 여부
[법인세과-943] 생산일자 : 2010.10.13.

[요지]
내국법인이 영업권에 대한 감가상각비를 내용연수를 경과하여 결산서에 계상하더라도 감가상각 의제규정이 적용되는 경우를 제외하고는 상각범위액 내에서 손금에 산입할 수 있는 것임.

[회신]
내국법인이 영업권에 대한 감가상각비를 「법인세법 시행규칙」 별표3의 내용연수를 경과하여

결산서에 계상하더라도 감가상각 의제규정이 적용되는 경우를 제외하고는 같은 법 시행령 제26조에 따른 상각범위액 내에서 손금에 산입할 수 있는 것입니다. 이 경우, 영업권에 대한 감가상각방법은 같은 법 시행령 제26조 제2항 1호의 정액법에 의하여 상각범위액을 계산하는 것입니다.

[질의내용]
○ 법인이 개인으로부터 영업권을 인수하면서 인수대금을 50년간 발생할 영업수익으로 분할 지급할 경우 50년간 영업권을 상각할 수 있는지 여부

2) 개인의 영업권 세무처리

① 종합소득세 신고 의무

개인사업자가 법인으로 전환하면서 영업권을 양도하게 되면, 이로 인해 발생하는 기타소득(연간 300만원 초과시)은 종합소득세의 과세 대상이 된다. 영업권을 법인에 양도하는 과정에서 발생한 이익은 개인의 소득으로 간주 되어 연간 소득에 대해 종합소득세를 신고 해야 하며, 소득 규모에 따라 6%에서 45%의 누진세율이 적용된다.

영업권 양도시 소득구분
서면인터넷방문상담1팀-1240 생산일자 : 2007.09.06.

[요지]
영업권(점포임차권 포함)을 양도하고 얻은 소득은 기타소득에 해당하며, 사업용 고정자산(토지, 건물, 부동산에 관한 권리를 말함)과 함께 양도하는 영업권은 양도소득에 해당함.

영업권 양도 후 대금이 확정되는 경우 기타소득의 수입시기
[소득세과-335] 생산일자 : 2011.04.11.

[요지]
영업권 양도 후 대금이 확정되는 경우 기타소득의 수입시기는 그 대금을 청산한 날, 자산을

인도한 날 또는 사용·수익일 중 빠른 날로 하는 것임.

[회신]
개인사업자가 영업권을 법인에게 양도한 후 대금을 청산하기 전에 자산을 인도 또는 사용·수익하였으나 대금이 그 이후 확정된 경우, 그 기타소득의 수입시기는「소득세법」제39조 제1항 및 같은법 시행령 제50조 제1항 제1호에 따라 그 대금을 청산한 날, 자산을 인도한 날 또는 사용·수익일 중 빠른 날로 하는 것입니다.

② 기타소득의 필요경비 의제

영업권을 양도한 대가는 기타소득으로 분류되며 필요경비 60%를 인정 받을 수 있다. 종합소득세 신고시 합산되는 소득은 필요경비 60%를 공제한 기타소득금액이므로 영업권 양도는 세부담을 줄 일 수 있는 방법 중 하나이다.

③ 세금계산서 발행 및 수취

부가가치세가 과세 되는 사업을 영위하는 사업자가 사업과 관련된 영업권을 양도하는 경우에는 부가가치세가 과세 되는 것이나, 사업장별로 그 사업에 관한 모든 권리와 의무를 포괄적으로 승계시키는 경우에는 부가가치세가 과세 되지 않는다. 따라서 세금계산서 발행 및 수취 의무는 발생하지 않는다.

05 영업권 관련 주요 예규판례

영업권을 신고조정으로 손금산입 할 수 있는지 여부
사전-2017-법령해석법인-0130 [법령해석과-1310] 생산일자 : 2017.05.19.

[요지]
외국법인의 국내지점이 영업권을 취득하였으나 기업회계기준에 따라 별도로 장부상 자산으로 계상하지 않은 경우에도 손금산입 가능함.

[답변내용]
외국법인의 국내지점이 특수관계인으로부터 자산을 양수하면서 법인세법상 감가상각자산인 영업권을 취득하였으나 기업회계기준에 따라 별도로 자산으로 계상하지 않은 경우, 동 영업권은 「법인세법 시행령」 제19조 제5호의2 규정에 따라 손금에 산입할 수 있는 것임.

[질의내용]
○ 외국법인의 국내지점이 특수관계자로부터 사업을 양수하면서 기업회계기준에 따라 영업권을 장부상 별도로 자산 계상하지 않은 경우
　- 동 영업권 가액을 법인세법 시행령 제19조 제5호의2의 규정에 따라 신고조정으로 손금산입 할 수 있는지 여부

영업권 양도대금의 잔금을 정산하여 지급하기로 약정한 경우 영업권 양도대금의 수입시기
기준-2019-법령해석소득-0537 [법령해석과-2372] 생산일자 : 2019.09.16.

[요지]
영업권 양도대금을 정하고 청산시 정산하기로 하는 경우는 소득령§50①1호 단서의 양도대금이 확정되지 아니한 경우에 해당하지 아니함.

[회신]
영업권 양도대금을 정하고 잔금 청산시 정산하기로 약정한 경우 영업권 양도에 따른 소득의 수입시기는 그 대금을 청산한 날, 자산을 인도한 날 또는 사용·수익일 중 빠른 날로 하는 것입니다.

영업권대가를 분할지급하면서 약정에 따라 부가가치세 명목으로 지급한 금전의 원천징수 여부
사전-2018-법령해석소득-0632 [법령해석과-218] 생산일자 : 2019.01.30.

[요지]
영업권 거래 당사자가 영업권 대가 중 부가가치세를 지급하는 것으로 약정하고 이를 지급하더라도 그 지급액의 100/110의 상당액에 대해 「소득세법」 제145조 제1항에 따라 원천징수하는 것임.

현물출자 시 양도가액에 영업권가액 포함 여부
사전-2018-법령해석법인-0138 [법령해석과-3106] 생산일자 : 2018.11.29.

[요지]

합작투자계약에 따라 내국법인이 법인을 설립한 후 특정 사업부문을 현출출자하고, 투자자는 현물출자주식 양수 및 유상증자 참여를 통해 투자하는 경우 특정 사업부문의 영업권가액은 출자법인의 양도가액에 포함됨.

[답변내용]

내국법인이 특정사업을 영위할 목적으로 외국법인과 합작투자계약을 체결하고, 합작투자계약에 따라 내국법인이 합작투자를 위한 법인을 설립한 후 내국법인은 특정사업부문을 현물출자하고, 외국법인은 내국법인이 현물출자로 취득한 주식 양수 및 합작투자법인에 대한 유상증자 참여를 통해 신주를 인수하는 방법으로 현금을 투자하는 경우로서

내국법인이 합작투자계약에 따라 현물출자 시 해당 사업부문의 이전되는 자산과는 별도로 「법인세법 시행규칙」 제12조 제1항 제1호에 따른 영업권의 대가를 수수한 경우 특정사업부문의 영업권가액은 출자법인의 양도가액에 포함되는 것임.

법인전환하면서 장기할부판매조건으로 공급하는 영업권에 대한 부가가치세 적용방법 등
[법규부가2014-277] 생산일자 : 2014.08.06.

[요지]

장기할부판매조건으로 양도하는 영업권은 대가의 각 부분을 받기로 한 때 또는 그 공급시기 도래전에 선발행세금계산서를 발급할 수 있으며, 자기의 과세사업과 관련하여 수취한 세금계산서상의 매입세액은 공제가능한 것임.

[답변내용]

개인사업자가 제조업에 사용하던 토지 및 공장건물을 제외한 모든 자산과 부채를 포괄적으로 승계하는 방식으로 법인전환하면서 영업권을 별도 평가하여 신설법인에 「부가가치세법 시행규칙」 제17조에 따른 장기할부판매조건으로 양도하는 경우 같은 법 시행령 제28조 제3항 제1호에 따라 대가의 각 부분을 받기로 한 때를 공급시기로 하여 세금계산서를 발급하여야 하는 것입니다.

다만, 해당 공급시기가 도래하기 전에 세금계산서를 발급하는 경우에는 그 발급하는 때가 공급시기가 되는 것임. 또한 사업을 양수한 법인사업자가 자기의 사업을 위하여 사용하였거나 사용할 목적으로 공급받은 재화(영업권)에 대한 부가가치세액은 자기의 매출세액에서 공제할 수 있는 것임.

사업의 포괄양수도 이후 금액이 확정되는 영업권의 자산 인식시기
[법규법인2014-170] 생산일자 : 2014.06.02.

[요지]
내국법인이 사업의 양수과정에서 양수자산과는 별도로 그 사업에 관한 영업상의 비법, 이점 등을 감안하여 적절한 평가방법에 따라 <u>유상으로 취득하기로 한 금액으로서 그 가액이 사업양수일 이후에 확정되는 경우에는 그 금액이 확정되는 시점에 영업권으로 계상할 수 있는</u> 것임.

[답변내용]
내국법인이 사업의 양수과정에서 양수자산과는 별도로 그 사업에 관한 영업상의 비법, 신용·명성·거래선 등 영업상의 이점 등을 감안하여 적절한 평가방법에 따라 유상으로 취득하기로 한 금액으로서 그 가액이 사업양수일 현재 진행 중인 건설용역계약의 체결 여부에 따라 추후에 확정되는 경우에는 그 금액이 확정되는 시점에 법인세법 시행령 제24조 제1항 제2호 가목에 따른 영업권으로 계상할 수 있는 것임.

개인사업자가 사업 양도 시 영업권을 미계상하는 경우 부당행위계산 적용 여부 등
[소득세과-313] 생산일자 : 2013.05.20.

[요지]
제조업을 운영하는 개인사업자가 사업을 양도하는 경우 영업권의 양도로 인하여 발생하는 소득은 기타소득에 해당하나 <u>사업용고정자산과 함께 양도하는 경우 양도소득에 해당하는 것이며, 기타소득인 영업권을 특수관계법인에게 무상양도하는 경우 소득세법 제41조에 따라 부당행위계산부인 규정이 적용되는 것임.</u>

[회신]
1. 제조업을 운영하는 개인사업자가 그 사업을 양도하는 경우 영업권(점포임차권 포함)의 양

> 도로 인하여 발생하는 소득은 소득세법 제21조 제1항 제7호 및 같은 법 시행령 제41조에 의하여 기타소득에 해당하는 것입니다. 다만, 사업용 고정자산(소득세법 제94조 제1항 제1호 및 제2호의 자산을 말함)과 함께 양도하는 경우에는 같은 법 제94조 제1항 제4호에 의하여 양도소득에 해당하는 것입니다.
> 2. 기타소득인 영업권을 특수관계에 있는 법인에게 무상양도하는 경우 소득세법 제41조에 따라 부당행위계산부인 규정이 적용되며, 당해 영업권의 시가는 법인세법 시행령 제89조 제1항에 의한 가액으로 하고, 시가가 불분명한 경우에는 같은 조 제2항에 의하여 평가한 가액에 의하는 것입니다.

■ 영업권과 관련한 사례해설

1. 법인전환 타당성 검토 (영업권 평가 사례)

(1) 검토 예제

개인기업 오성당은 도소매업을 영위하고 있으며, 매출이 계속 증가하고 있다. 2026년 성실신고확인대상사업자로의 전환이 예상되는 상황에서 법인전환을 고려해보기로 했다.

▶업체명 : 오성당
▶업 태 : 도소매업
▶사업장 : 임차
▶2025년도 예상 매출액 : 14억
▶2025년도 예상 당기순이익 : 2.65억

(2) 타당성 검토

① 개인사업자인 경우 예상세금

2025년 말 기준 예상 당기순이익은 2.65억으로, 예상되는 개인 종합소득세는 다음과 같다(38% 세율구간 해당).

종합소득세	80,760,000원
지방소득세	8,076,000원
합계	88,836,000원

* 소득공제 및 세액공제·세액감면은 고려하지 않음.

② 법인사업자인 경우 예상세금
2025년말 기준 예상 당기순이익은 2.65억으로, 예상되는 법인소득세는 다음과 같다.
(19% 세율구간 해당)

법인소득세	30,350,000원
지방소득세	3,035,000원
합계	33,385,000원

* 세액공제·세액감면은 고려하지 않음.

(3) 전환여부 결정

① 기업의 당기순이익에 대한 소득세액을 고려할 때, 법인으로의 전환이 보다 유리하다.
② 개인 기업 연수입금액이 성실신고확인대상사업자 전환 기준인 15억원을 넘어설 경우, 납세자는 성실신고확인대상사업자에 해당되어 성실신고확인비용 등을 추가로 부담해야 한다. 뿐만 아니라 성실신고확인대상사업자가 성실신고확인서를 제출하지 않는 경우 추가적인 가산세 부담 및 세무조사 대상으로 선정될 수 있다는 점에서 세무 관리에 더 큰 주의를 요한다.
③ 사업이 확장되는 시점에 맞춰 법인으로 전환함으로써, 기업의 신뢰도가 상승할 수 있다.

2) 전환방법 선택

(1) 전환방법 결정

부동산이 없는 개인사업자이지만, 높은 영업이익, 강력한 브랜드 이미지, 고객 신뢰, 안정적인 거래 관계, 그리고 시장 점유율 등을 기반으로 평가한 영업권을 법인에게 양도하는 사업양수도 방식의 법인전환을 고려하였다.

이 과정에서 영업권은 법인으로 이전되며, 법인은 그 대가를 개인사업자 대표에게 기타소득으로 지급한다. 법인은 이 영업권을 무형자산으로 자산 항목에 계상하여 재무제표 상의 자산가치를 높일 수 있으며, 감가상각을 통해 절세 효과를 누릴 수 있다.

(2) 전환시기 결정

성실신고확인대상사업자가 되기 전 법인으로 전환하는 것이 유리하다. 개인기업 오성당의 2025년 예상 수입금액은 14억원으로, 전환 기준금액인 15억원을 곧 넘어설 것으로 예상된다. 시기를 놓쳐 성실신고확인대상사업자로 전환된 이후 법인으로 전환하게 된다면, 3년간 성실신고확인서를 첨부하여 법인세를 신고해야 한다.

법인 전환시 개인 기업은 폐업 절차를 밟는다. 이 때 폐업일의 다음달 25일까지 폐업에 따른 부가가치세 확정 신고가 마무리되어야 하므로, 폐업일은 부가가치세 확정 신고 기간의 말일로 일치시키는 것이 실무상 간편하다.

3) 회계처리 방법

(1) 25.06.30. 현재 개인기업 오성당의 재무상태표

- 일반적인 포괄양도양수도의 방법 (영업권 평가)

과목	금액	과목	금액
현금	5,065,845	외상매입금	170,568,745
외상매출금	150,654,870	미지급금	53,554,865
미수금	12,052,390	예수금	4,954,532
재고자산	189,954,528	선수금	13,654,871
비품	20,300,000	임차보증금	10,000,000
감가상각누계액	(16,258,745)	장기차입금	40,000,000
		부채총계	292,733,013
		자본금	69,035,875

과목	금액	과목	금액
		자본총계	69,035,875
자산총계	361,768,888	부채및자본총계	361,768,888

*1. 영업권은 감정평가 받았으며, 영업권 평가액은 6.2억으로 가정하였음.

*2. 재고자산 시가는 장부가액과 동일하다고 가정함.

*3. 포괄 사업양수도에 해당하므로, 영업권은 세금계산서 발행하지 않음.

*4. 과밀억제권역 밖의 설립으로 가정함.

(2) 전환법인 회계처리

차 변		대 변	
		외상매입금	170,568,745
현금	5,065,845	미지급금	53,554,865
외상매출금	150,654,870	미지급금(영업권)	620,000,000
미수금	12,052,390	예수금	4,954,532
재고자산	189,954,528	선수금	13,654,871
비품	4,041,255	임차보증금	10,000,000
영업권	620,000,000	장기차입금	40,000,000
		자본금	69,035,875
계	981,768,888	계	981,768,888

(3) 설명

① 개인사업자로부터 양도받은 영업권 6.2억원은 신설법인의 무형자산으로 계상하였다.

② 영업권은 전액 미지급하였다고 가정하고 미지급금에 계상되었다.

③ 신설법인의 자본금은 69,035,875원으로 개인사업자의 자본금은 그대로 이전되었다.

④ 개인사업지에게 영업권 내가를 지급할 때 기타소득으로 원천징수한다.

(4) 개인사업자 종합소득세 신고

① 영업권 양도로 지급 받은 대가는 기타소득에 해당하며, 필요경비 60% 인정받을 수 있다.

② 다음 해 5월에 종합소득신고 대상 소득과 기타소득을 포함하여 종합소득세 신고를 해야 한다.

4) 예상되는 소요비용

(1) 취득세

해당없음.

(2) 양도소득세

해당없음.

(3) 등록면허세(지방교육세 포함) * 과밀억제권역 밖 설립 가정함.

① 등록면허세 = 69,035,875원 × 0.4% = 276,143원

② 지방교육세 = 276,143원 × 20% = 55,228원

(4) 수수료 : 영업권 감정평가 수수료 및 법무사 법인설립 수수료

QR제공 서식 리스트업

주식회사 표준정관

법인설립 신고 및 사업자등록신청서

사업양도신고서

포괄양도양수계약서

법인전환공문

현물출자계약서

중소기업 통합계약서

국민주택채권 매입대상자와 매입기준

이월과세적용신청서

지방세감면신청서

※ 한국세무사회 유형별 법인전환 참고자료

업무기준표(사업양수도)

업무기준표(현물출자)

업무기준표(중소기업통합)

체크리스트(사업양수도)

체크리스트(현물출자)

체크리스트(중소기업통합)

표준용역계약서(사업양수도)

표준용역계약서(현물출자)

표준용역계약서(중소기업통합)

[법인전환 세무자료실]

https://m.site.naver.com/1c9tv

법인전환 세무

발행일 : 2025년 2월
저　자 : 신영은 (e-mail: yes_tax@kakao.com)
　　　　황정예 (e-mail: happytaxlab@naver.com)
　　　　지다연 (e-mail: gold-tax@naver.com)
　　　　이정희 (e-mail: eetax@naver.com)
감　수 : 김진기, 이형춘, 이래현
발행인 : 구 재 이
발행처 : 한국세무사회
주　소 : 서울시 서초구 명달로 105(서초동)
등　록 : 1991.11.20. 제21-286호
TEL. 02-597-2941　　FAX. 0508-118-1857
ISBN 979-11-5520-190-9　　부가기호 93320

저 자 와
협의하에
인지생략

〈이 책의 내용을 한국세무사회의 허락없이 무단복제 출판하는 것을 금합니다.〉
본서는 항상 그 완전성이 보장되는 것은 아니기 때문에 실제 적용할 경우에는
충분히 검토하시고 저자 또는 전문가와 상의하시기 바랍니다.

정가 9,000원